U0516456

後晉　劉　昫　等撰

舊唐書

第一四册

卷一七〇至卷一八三（傳）

中　華　書　局

舊唐書卷一百七十

列傳第一百二十

裴度

裴度字中立，河東聞喜人。祖有鄰，濮州濮陽令。父溆，河南府澠池丞。度，貞元五年進士擢第，登宏辭科。應制舉賢良方正、能直言極諫科，對策高等，授河陰縣尉。遷監察御史，密疏論權倖，語切忤旨，出爲河南府功曹。遷起居舍人。元和六年，以司封員外郎知制誥，尋轉本司郎中。

七年，魏博節度使田季安卒，其子懷諫幼年不任軍政，牙軍立小將田興爲留後。興布心腹於朝廷，請守國法，除吏輸常賦，憲宗遣度使魏州宣諭。興承僭侈之後，車服垣屋，有踰制度，視事齋閤，尤加宏敞。興惡之，不於其間視事，乃除舊採訪使廳居之，請度爲壁記，述興謙降奉法，魏人深德之。興又請度徧至屬郡，宣述詔旨，魏人郊迎感悅。使還，拜中書舍人。

九年十月，改御史中丞。宣徽院五坊小使，每歲秋按鷹犬於畿甸，所至官吏必厚邀供餉，小不如意，卽恣其須索，百姓畏之如寇盜。先是，貞元末，此輩暴橫尤甚，乃至張網羅於民家門及井，不令出入汲水，曰：「驚我供奉鳥雀。」又羣聚於賣酒食家，肆情飲啖。將去，留蛇一篋，誡之曰：「吾以此蛇致供奉鳥雀，可善飼之，無使飢渴。」主人賂而謝之，方肯攜蛇篋而去。至元和初，雖數治其弊，故態未絕。小使嘗至下邽縣，縣令裴寰性嚴刻，嫉其凶暴，公館之外，一無曲奉。小使怒，構寰出慢言，及上聞，憲宗怒，促令攝寰下獄，欲以大不敬論。宰相武元衡等以理開悟，帝怒不解。度入延英奏事，因極言論列，言寰無罪，上愈怒曰：「如卿之言，寰無罪卽決五坊小使；如小使無罪，卽決裴寰。」度對曰：「按罪誠如聖旨，但以裴寰爲令長，憂惜陛下百姓如此，豈可加罪？」上怒色遽霽。翌日，令釋寰。

尋以度兼刑部侍郎，奉使蔡州行營，宣諭諸軍。旣還，帝問諸將之才，度曰：「臣觀李光顏見義能勇，終有所成。」不數日，光顏奏大破賊軍於時曲，帝尤歎度之知人。

十年六月，王承宗、李師道俱遣刺客刺宰相武元衡，亦令刺度。是日，度出通化里，盜三以劍擊度，初斷韡帶，次中背，纔絕單衣，後微傷其首，度墮馬。會度帶氈帽，故創不至深。賊又揮刃追度，度從人王義乃持賊連呼甚急，賊反刃斷義手，乃得去。度已墮溝中，賊謂度已死，乃捨去。居三日，詔以度爲門下侍郎、同中書門下平章事。

度勁正而言辯，尤長於政體，凡所陳諭，感動物情。自魏博使還，宣達稱旨，帝深嘉屬。又自蔡州勞軍還，益聽其言。尙以元衡秉政，大用未果，自盜發都邑，便以大計屬之。初，元衡遇害，獻計者或請罷度官以安二鎭之心，憲宗大怒曰：「若罷度官，是姦計得行，朝綱何以振舉？吾用度一人，足以破此二賊矣。」度亦以平賊爲己任。度以所傷請告二十餘日，詔以衞兵宿度私第，中使問訊不絕。未拜前一日，宣旨謂度曰：「不用宣政參假，卽延英對來。」及度入對，撫諭周至。時羣盜干紀，變起都城，朝野恐駭。及度命相制下，人情始安，以爲必能殄寇。自是誅賊之計，日聞獻替，用軍愈急。

十一年，莊憲皇后崩，度爲禮儀使。上不聽政，欲準故事置冢宰以總百司。度獻議曰：「冢宰是殷、周六官之首，旣掌邦理，實統百司。故王者諒闇，百官有權聽之制。後代設官，旣無此號，不可虛設。且國朝故事，或置或否，古今異制，不必因循。」敕旨曰：「諸司公事，宜權取中書門下處分。」識者是之。

六月，蔡州行營唐鄧節度使高霞寓兵敗于鐵城，中外恟駭。先是詔羣臣各獻誅吳元濟可否之狀，朝臣多言罷兵赦罪爲便，翰林學士錢徽、蕭俛語尤切，唯度言賊不可赦。及霞寓敗，宰相以上必厭兵，欲以罷兵爲對。延英方奏，憲宗曰：「夫一勝一負，兵家常勢。若帝王之兵不合敗，則自古何難於用兵，累聖不應留此凶賊。今但論此兵合用與否，及朝廷制置當否，卿等唯須要害處置。將帥有不可者，去之勿疑；兵力有不足者，速與應接。何可以一將不利，便沮成計？」於是宰臣不得措言，朝廷無敢言罷兵者，故度計得行。

王稷家二奴告稷換父遺表，隱沒進奉物。留其奴於仗內，遣中使往東都檢責稷之家財。度奏曰：「王鍔身歿之後，其家進奉已多。今因其奴告檢責其家事，臣恐天下將帥聞之，必有以家爲計者。」憲宗即日遣中使還，二奴付京兆府決殺。

十二年，李愬、李光顏屢奏破賊，然國家聚兵淮右四年，度支供餉，不勝其弊，諸將玩寇相視，未有成功，上亦病之。宰相李逢吉、王涯等三人以勞師弊賦，意欲罷兵，見上互陳利害。度獨無言，帝問之，對曰：「臣請身自督戰。」明日延英重議，逢吉等出，獨留度，謂之曰：「卿必能爲朕行乎？」度俛伏流涕曰：「臣誓不與此賊偕全。」上亦爲之改容。度復奏曰：「臣昨見吳元濟乞降表，料此逆賊，勢實窘蹙。但諸將不一，未能迫之，故未降耳。若臣自赴行營，則諸將各欲立功以固恩寵，破賊必矣！」上然之。翌日，詔曰：

輔弼之臣，軍國是賴。興化致理，秉鈞以居；取威定功，則分閫而出。所以同君臣之體，一中外之任焉。屬者問罪汝南，致誅淮右，蓋欲刷其汙俗，弔彼頑人。雖挐地求生者實繁有徒，而嬰城執迷者未翦其類，何獸困而猶鬬，豈鳥窮之無歸歟？由是遙聽鼓鼙，更張琴瑟，煩我台席，董茲戎旃。朝議大夫、守中書侍郎、同平章事、飛騎尉、賜紫金魚袋裴度，爲時降生，協朕夢卜，精辨宣力，堅明納忠。當軸而才謀老成，運籌而智略有定。司其樞務，備知四方之事；付以兵要，必得萬人之心。是用禱於上玄，揀此吉日，帶丞相之印綬，所以尊其名；賜諸侯之斧鉞，所以重其命。爾宜宣布清問，恢壯皇猷，感勵連營，蕩平多壘，招懷孤疾，字撫夷傷。況淮西一軍，素効忠節，過海赴難，史册書勳。建中初，攻破襄陽，擒滅崇義。比者脅於凶逆，歸命無由。每念前勞，常思安撫。所以內輟輔臣，俾爲師率，實欲保全慰諭，各使得宜。汝往欽哉！無越我丕訓。可門下侍郎、同中書門下平章事、蔡州刺史，充彰義軍節度、申光蔡觀察等使，仍充淮西宣慰招討處置使。

詔出，度以韓弘爲淮西行營都統，不欲更爲招討，請祇稱宣慰處置使。又以此行既兼招撫，請改「翦其類」爲「革其志」。又以弘已爲都統，請改「更張琴瑟」爲「近輟樞衡」，請改「煩我台席」爲「授以成算」，皆從之。仍奏刑部侍郎馬總爲宣慰副使，太子右庶子韓愈爲彰義行軍司馬，司勳員外郎李正封、都官員外郎馮宿、禮部員外郎李宗閔等爲兩使判官書記，皆從之。

初，德宗朝政多僻，朝官或相過從，多令金吾伺察密奏，宰相不敢於私第見賓客。及度輔政，以羣賊未誅，宜延接奇士，共爲籌畫，乃請於私居接延賓客，憲宗許之。自是天下賢俊，得以効計議於丞相，接士於私第，由度之請也。

自討淮西，王師屢敗。論者以殺傷滋甚，轉輸不逮，擬議密疏，紛紜交進。度以腹心之疾，不時去之，終爲大患，不然，兩河之盜，亦將視此爲高下，遂堅請討伐，上深委信，故聽之不疑。

度既受命，召對於延英，奏曰：「主憂臣辱，義在必死。賊滅，則朝天有日；賊在，則歸闕無期。」上爲之惻然流涕。十二年八月三日，度赴淮西，詔以神策軍三百騎衞從，上御通化門慰勉之。度樓下銜涕而辭，賜之犀帶。度名雖宣慰，其實行元帥事，仍以郾城爲治所。上以李逢吉與度不協，乃罷知政事，出爲劍南東川節度。

既離京，淮西行營大將李光顏、烏重胤謂監軍梁守謙曰：「若俟度至而有功，卽非我利。可疾戰，先事立功。」是月六日，將出兵，與賊戰於賈店，爲賊所敗。度二十七日至郾城，巡撫諸軍，宣達上旨，士皆賈勇。時諸道兵皆有中使監陣，進退不由主將，戰勝則先使獻捷，偶衄則凌挫百端。度至行營，並奏去之，兵柄專制之於將，衆皆喜悅。軍法嚴肅，號令畫一，以是出戰皆捷。度遣使入蔡州，元濟與度書曰：比密有降款，而索日進隔河大呼，遂令三軍防元濟，故歸首無路。十月十一日，唐鄧節度使李愬，襲破懸瓠城，擒吳元濟。度先遣宣慰副使馬總入城安撫。明日，度建彰義軍節，領洄曲降卒萬人繼進，李愬具櫜鞬以軍禮迎度，拜之路左。度既視事，蔡人大悅。舊令：途無偶語，夜不燃燭，人或以酒食相過從者，以軍法論。度乃約法，唯盜賊、鬭殺外，餘盡除之，其往來者，不復以晝夜爲限，於是蔡之遺黎始知有生人之樂。

初，度以蔡卒爲牙兵，或以爲反側之子，其心未安，不可自去其備。度笑而答曰：「吾受命爲彰義軍節度使，元惡就擒，蔡人卽吾人也。」蔡之父老，無不感泣，申、光之民，卽時平定。

十一月二十八日，度自蔡州入朝，留副使馬總爲彰義軍留後。初，度入蔡州，或譖度沒入元濟婦女珍寶，聞上頗疑之。上欲盡誅元濟舊將，封二劍以授梁守謙，使往蔡州。度迴至郾城遇之，乃復與守謙入蔡州，量罪加刑，不盡如詔。守謙固以詔止，度先以疏陳，乃徑赴闕下。二月，詔加度金紫光祿大夫、弘文館大學士，賜勳上柱國，封晉國公，食邑三千戶，復知政事。

憲宗以淮西賊平，因功臣李光顏等來朝，欲開內宴，詔六軍使修麟德殿之東廊。軍使張奉國以公費不足，出私財以助用，訴於執政。度從容啓曰：「陛下營造，有將作監等司局，豈可使功臣破產營繕？」上怒奉國泄漏，乃令致仕。其浚龍首渠，起凝暉殿，雕飾綺煥，徙佛寺花木以植于庭。有程异、皇甫鎛者，姦纖用事，二人領度支鹽鐵，數貢羨餘錢，助帝營造。帝又以异、鎛平蔡時供饋不乏，二人並命拜同平章事。度延英面論曰：「程异、皇甫鎛，錢穀吏耳，非代天理物之器也。陛下徇耳目之欲，拔置相位，天下人騰口掉舌，以爲不可，於陛下無益。願徐思其宜。」帝不省納，度三上疏論之，請罷己相位，上都不省，事見鎛傳。

又賈人張陟負五坊使楊朝汶息利錢潛匿，朝汶於陟家得私簿記，有負錢人盧載初，云是故西川節度使盧坦大夫書迹，朝汶卽捕坦家人拘之。坦男不敢申理，卽以私錢償之。及徵驗書迹，乃故鄭滑節度盧羣手書也。坦男理其事，朝汶曰：「錢已進過，不可復得。」御史中丞蕭俛及諫官上疏陳其暴橫之狀，度與崔羣因延英對，極言之。憲宗曰：「且欲與卿商量東軍，此小事我自處置。」度奏曰：「用兵小事也，五坊追捕平人大事也。兵事不理，祇憂山東；五坊使暴橫，恐亂輦轂。」上不悅。帝久方省悟，召楊朝汶數之曰：「向者爲爾使我羞見宰相。」遽命誅之。

初，淮、蔡既平，鎭、冀王承宗甚懼，度遣辯士遊說，客於趙、魏間，使說承宗，令割地入質以效順。故承宗求援於田弘正，由度使客諷動之，故兵不血刃，而承宗鼠伏。

十三年，李師道翻覆違命，詔宣武、義成、武寧、橫海四節度之師與田弘正會軍討之。弘正奏請取黎陽渡河，會李光顏等軍齊進。帝召宰臣於延英議可否，皆曰：「閫外之事，大將制之，既有奏陳，宜遂其請。」度獨以爲不可，奏曰：「魏博一軍，不同諸道。過河之後，却退不得，便須進擊，方見成功。若取黎陽渡河，既纔離本界，便至滑州，徒有供餉之勞，又生顧望之勢。況弘正、光顏並少威斷，更相疑惑，必恐遷延。然兵事不從中制，一定處分，或慮不可。若欲於河南持重，則不如河北養威。不然，則且秣馬厲兵，候霜降水落，於楊劉渡河，直抵鄆州。但得至陽穀已來下營，則兵勢自盛，賊形自撓。」上曰：「卿言是矣。」乃詔弘正取楊劉渡河。及弘正軍既濟河而南，距鄆州四十里築壘，賊勢果蹙。頃之，誅師道。

度執性不回，忠於事上，時政或有所闕，靡不極言之，故爲姦臣皇甫鎛所構，憲宗不悦。十四年，檢校左僕射、同中書門下平章事、太原尹、北都留守、河東節度使。穆宗即位，長慶元年秋，張弘靖爲幽州軍所囚，田弘正於鎮州遇害，朱克融、王廷凑復亂河朔，詔度以本官充鎮州四面行營招討使。時驕主荒僻，輔相庸才，制置非宜，致其復亂。雖李光顏、烏重胤等稱爲名將，以十數萬兵擊賊，無尺寸之功。蓋以勢既橫流，無能復振。然度受命之日，蒐兵補卒，不遑寢息。自董西師，臨於賊境，屠城斬將，屢以捷聞。穆宗深嘉其忠款，中使撫諭無虛月，進位檢校司空，兼充押北山諸蕃使。

時翰林學士元稹，交結內官，求爲宰相，與知樞密魏弘簡爲刎頸之交。稹雖與度無憾，然頗忌前達加於己上。度方用兵山東，每處置軍事，有所論奏，多爲稹輩所持。天下皆言稹恃寵熒惑上聽，度在軍上疏論之曰：

臣聞主聖臣直。今旣遇聖主，輒爲直臣，上答殊私，下塞羣謗，誓除國蠹，無以家爲。苟獻替之可行，何性命之足惜？伏惟皇帝陛下，恭承丕業，光啓雄圖，方殄頑人之風，以立太平之事。而逆豎構亂，震驚山東；姦臣作朋，撓敗國政。陛下欲掃蕩幽、鎭，宜肅清朝廷。何者？爲患有大小，議事有先後。河朔逆賊，祇亂山東；禁闈姦臣，必亂天下。是則河朔患小，禁闈患大。小者，臣等與諸戎臣必能翦滅；大者，非陛下制斷，非陛下覺悟，無計驅除。今文武百僚，中外萬品，有心者無不憤忿，有口者無不咨嗟。直以威權方重，獎用方深，無所畏避，不敢抵觸，恐事未行禍已及，不爲國計，且爲身謀。

臣比者猶思隱忍，不願發明。一則以罪惡如山，怨謗如雷〔一〕，伏料聖明，必自誅殛。一則以四方無事，萬樞且過，雖紀綱潛壞，賄賂公行，俟其貫盈，必自顚覆。今屬凶徒擾攘，宸衷憂軫，凡有制命，計於安危。痛此姦邪，恣行欺罔，干亂聖略，非止一途。又翰苑舊臣，結爲朋黨，陛下聽其所說，更訪於近臣，私相計會，更唱迭和，蔽惑聰明。所以臣自兵興已來，所陳章疏，事皆要切，所奉書詔，多有參差。惜陛下委付之意不輕，被姦臣抑損之事不少。

臣素知佞倖亦無釁嫌，祇是昨者臣請乘傳詣闕，面陳戎事，姦臣之徒，最所畏懼。知臣若到御坐之前，必能悉數其過，以此百計止臣此行。臣又請領兵齊進，逐便攻討，姦臣之黨，曲加阻礙。恐臣統率諸道，或有成功，進退皆受羈牽，意見悉遭蔽塞。復共一二憸狡，同辭合力。或兩道招撫，逗留旬時；或遣蔚州行營，拖曳日月。但欲令臣失所，使臣無成，則天下理亂，山東勝負，悉不顧矣。爲臣事君，一至於此。且陛下左右前後，忠良至多，亦有熟會典章，亦有飽諳師旅，足得任使，何獨斯人？以臣愚見，若朝中姦臣盡去，則河朔逆賊，不討而自平；若朝中姦臣尚在，則逆賊縱平無益。

臣讀國史，知代宗朝蕃戎侵軼，直犯都城。代宗不知，蓋被程元振蒙蔽，幾危社稷。當時柳伉，乃太常一博士耳，猶能抗表歸罪，爲國除害。今臣所處，兼總將相，豈肯坐觀凶邪，有噎日月。不勝感憤嫉惡之至！謹附中使趙奉國以聞。倘陛下未信忠言，猶惑姦黨，伏乞出臣此表，令三事大夫與百僚集議。彼不受責，臣合伏辜，天鑒孔明，照臣肝血。但得天下之人知臣不負陛下，則雖死之日，猶生之年。

繼上三章，辭情激切。穆宗雖不悅，然懼大臣正議，乃以魏弘簡爲弓箭庫使，罷元稹內職。然寵稹之意未衰，俄拜稹平章事，尋罷度兵權，守司徒、同平章事，充東都留守。諫官相率伏閤詣延英門者日二三。帝知其諫，不即被召，皆上疏言：時未偃兵，度有將相全才，不宜置之散地。帝以章疏旁午，無如之何，知人情在度，遂詔度自太原由京師赴洛。及元稹爲相，請上罷兵，洗雪廷湊、克融，解深州之圍，蓋欲罷度兵柄故也。

二年三月，度至京師，既見，先叙克融、廷湊暴亂河朔，受命討賊無功；次陳除職東都，許令入覲。辭和氣勁，感動左右。度伏奏龍墀，涕泗嗚咽，帝爲之動容，口自諭之曰：「所謝知，朕於延英待卿。」初，人以度無左右之助，爲姦邪排擯，雖度勳德，恐不能感動人主。及度奏河北事，慷慨激切，揚於殿廷，在位者無不聳動。雖武夫貴介，亦有咨嗟出涕者。翌日，以度守司徒、揚州大都督府長史，充淮南節度使，進階光祿大夫。

時朱克融、王廷湊雖受朝廷節鉞，未解深州之圍。度初發太原，與二鎮書，諭以大義。克融解圍而去，廷湊亦退舍。有中使自深州來言之，穆宗甚喜，即日又遣中使往深州取牛元翼，更命度致書與廷湊。度沿路奉詔，中使得度書云：「朝謝後，即歸留務。恐廷湊知度無兵權，即背前約，請度易之。」中使乃進度書草具奏其事。及度至京師，進對明辯〔三〕，帝方憂深州之圍，遂授度淮南節度使。

先是監軍使劉承偕恃寵淩節度使劉悟，三軍憤發大譟，擒承偕，欲殺之。已殺其二傔，悟救之獲免，而囚承偕。詔遣歸京，悟託以軍情，不時奉詔。至是，宰臣延英奏事，度亦在列，上顧謂度曰：「劉悟拘承偕而不遣，如何處置？」度辭以藩臣不合議軍國事。上固問之，且曰：「劉悟負我，我以僕射寵之，近又賜絹五萬疋〔三〕，不思報功，翻縱軍衆凌辱監軍，我實難奈此事。」度對曰：「承偕在昭義不法，臣盡知之，昨劉悟在行營與臣書，數論其事。是時有中使趙弘亮在臣軍，仍持悟書將去，欲自奏，不知奏否？」上曰：「我都不知，悟何不密奏其事，我豈不能處置？」度曰：「劉悟武臣，不知大臣體例。雖然，臣竊以悟縱有密奏，陛下必不能處置。今日事狀如此，臣等面論，陛下猶未能決，悟單辭豈能動聖聽哉？」上曰：「前事勿論，直言此時如何處置？」度曰：「陛下必欲收忠義之心，使天下戎臣爲陛下死節，唯有下半紙詔書，言任使不明，致承偕亂法如此，令悟集三軍斬之。如此，則萬方畢命，羣盜破膽，天下無事矣。苟不能如此，雖與劉悟改官賜絹，臣亦恐於事無益。」上俛首良久，曰：「朕不惜承偕。緣是太后養子，今被囚縶，太后未知，如卿處置未得，可更議其宜。」度與王播等復奏曰：「但配流遠惡處，承偕必得出。」上以爲然，承偕果得歸。

度方受册司徒，徐州奏節度副使王智興自河北行營率師還，逐節度使崔羣，自稱留後。朝廷駭懼，即日宣制，以度守司徒、同平章事，復知政事，乃以宰相王播代度鎮淮南。度與李逢吉素不協，度自太原入朝，而惡度者以逢吉善於陰計，足能構度，乃自襄陽召逢吉入朝，爲兵部尚書。度既復知政事，而魏弘簡、劉承偕之黨在禁中。逢吉用族子仲言之謀，因醫人鄭注與中尉王守澄交結，內官皆爲之助。五月，左神策軍奏告事人李賞稱和王府司馬于方受元稹所使，結客欲刺裴度。詔左僕射韓皐、給事中鄭覃與李逢吉三人鞫于方之獄，未竟，罷元稹爲同州刺史，罷度爲左僕射，李逢吉代度爲宰相。自是，逢吉之黨李仲言、張又新、李續等，內結中官，外扇朝士，立朋黨以沮度，時號「八關十六子」，皆交結相關之人數也。而度之醜聲日聞，俄出度爲山南西道節度使，不帶平章事。

長慶四年，襄陽節度使牛元翼卒。其家先在鎮州，朝廷累遣中使取之，王廷湊遷延不遣。至是，聞元翼卒，乃盡屠其家。昭愍皇帝聞之，嗟惋累日，因歎宰輔非才，致姦臣悖逆如此。翰林學士韋處厚上言曰：

臣聞汲黯在朝，淮南不敢謀叛；干木處魏，諸侯不敢加兵。王霸之理，皆以一士而止百萬之師，以一賢而制千里之難。臣伏以裴度勳高中夏，聲播外夷，廷湊、克融皆憚其用，吐蕃、迴鶻悉服其名。今若置之巖廊，委其參決，西夷北虜，未測中華；河北山東，必稟廟算。況幽、鎮未靜，尤資重臣。管仲曰：人離而聽之則愚，合而聽之則聖。理亂之本，非有他術，順人則理，違人則亂。伏承陛下當食歎息，恨無蕭、曹。今有一裴度尚不留驅使，此馮生所以感悟漢文，云雖有廉頗、李牧不能用也。

夫御宰相，當委之信之，親之禮之。如於事不效，於國無勞，則置之散僚，黜之遠郡。如此，則在位者不敢不勵，將進者不敢苟求。陛下存終始之分，但不永棄，則君臣之厚也。今進皆負四海責望，退不失六部尚書，不肖者無因而勸。臣與李逢吉素無讎嫌，臣嘗被裴度因事貶黜。今之所陳，上答聖明，下達羣議，披肝感激，伏地涕流。伏望鑒臣愛君，矜臣體國，則天下幸甚。

昭愍憫然省悟，見度奏狀不帶平章事，謂處厚曰：「度曾爲宰相，何無平章事？」處厚因奏：「爲逢吉所擠，度自僕射出鎮興元，遂於舊使銜中減落。」帝曰：「何至是也。」翌日下制，復兼同平章事。

然逢吉之黨，巧爲毀沮，恐度復用。有陳留人武昭者，性果敢而辯舌。度之討淮西也，昭求進於軍門，乃令入蔡州說吳元濟。元濟臨之以兵，昭氣色自若，善待而還。度以爲可用，署之軍職，隨度鎮太原，奏授石州刺史。罷郡，除袁王府長史。昭既在散位，心微悒鬱，而有怨逢吉之言。而姦邪之黨，使衛尉卿劉遵古從人安再榮告事（四），言武昭欲謀害李逢吉。獄具，而武昭死，蓋欲訐度舊事以汙之也。然士君子公論，皆佑度而罪逢吉。天子漸明其端，每中使過興元，必傳密旨撫諭，且有徵還之約。

寶曆元年十一月，度疏請入覲京師。明年正月，度至，帝禮遇隆厚，數日，宣制復知政事。而逢吉黨有左拾遺張權輿者，尤出死力。度自興元請入朝也，權輿上疏曰：「度名應圖讖，宅據岡原，不召自來，其心可見。」先是姦黨忌度，作謠辭云：「非衣小兒坦其腹，天上有口被驅逐。」「天口」言度嘗平吳元濟也。又帝城東西，橫亙六崗，合易象乾卦之數。度平樂里第，偶當第五崗，故權輿取爲語辭。昭愍雖少年，深明其誣謗，獎度之意不衰，姦邪無能措言。

時昭愍欲行幸洛陽，宰相李逢吉及兩省諫官，累疏論列，帝正色曰：「朕去意已定。其從官宮人，悉令自備糗糧，不勞百姓供饋。」逢吉頓首言曰：「東都千里而近，宮闕具存，以時巡遊，固亦常典。但以法駕一動，事須備儀，千乘萬騎，不可減省。縱不費用絕廣，亦須豐儉得宜，豈可自備糗糧，頓失大體？今干戈未甚戢，邊鄙未甚寧，恐人心動搖，伏乞稍迴宸慮。」帝不聽，令度支員外郎盧貞往東都已來檢計行宮及洛陽大內。朝廷方懷憂恐，會度自興元來，因延英奏事，帝語及巡幸。度曰：「國家營創兩都，蓋備巡幸。然自艱難已來，此事遂絕。東都宮闕及六軍營壘、百司廨署，悉多荒廢。陛下必欲行幸，亦須稍稍修葺。一年半歲後，方可議行。」帝曰：「羣臣意不及此，但云不合去。若如卿奏，不行亦得，何止後期〔三〕。」旋又朱克融、史憲誠各請以丁匠五千，助修東都，帝遂停東幸。

幽州朱克融執留賜春衣使楊文端，奏稱衣段疏薄；又奏今歲三軍春衣不足，擬於度支請給一季春衣，約三十萬端匹；又請助丁匠五千修東都。上憂其不遜，問宰臣曰：「克融所奏，如何處分？我欲遣一重臣往宣慰，便索春衣使，可乎？」度對曰：「克融家本凶族，無故又行凌悖，必將滅亡，陛下不足爲慮。譬如一豺虎，於山林間自吼自躍，但不以爲事，則自無能爲。此賊祇敢於巢穴中無禮，動卽不得。今亦不須遣使宣慰，亦不要索所留敕使，但更緩旬日已來，與一詔云：『聞中官到彼稍失去就，待到，我當有處分。所賜卿春衣，有司製造不謹，我甚要知之，已令科處。』所請丁匠五千人及兵馬赴東都，固是虛語。臣料賊中，必出不得。今欲直挫其姦意，卽報云：『卿所請丁匠修宮闕，可速遣來，已敕魏博等道，令所在排比供擬。』料得此詔，必章惶失計。若未能如此，猶示含容，則報云：『東都宮闕，所要修葺，事在有司，不假卿遣丁匠遠來。又所言三軍春衣，自是本道常事。比來朝廷或有事賜與，皆緣徵發，須是優恩，若尋常則無此例。我固不惜三二十萬端疋，祇是事體不可獨與范陽。卿宜知悉。』祇如此處分卽得，陛下更不要介意。」上從之，遂進詔草，至皆如度所料。不旬日，幽州殺克融幷其二子。

時帝童年驕縱，倦接羣臣，度從容奏曰：「比者，陛下每月約六七度坐朝。天下人心，無不知陛下躬親庶政，乃至河北賊臣遠聞，亦皆聳聽。自兩月已來，入閤開延英稍稀，或恐大段公事須稟睿謀者，有所擁滯。伏冀陛下乘涼數坐，以廣延問。伏以頤養聖躬，在於順適時候。若飲食有節，寢興有常，四體唯和，萬壽可保。道書云：『春夏早起，取雞鳴時；秋冬晏起，取日出時。』蓋在陽則欲及陰涼，在陰則欲及温暖。今陛下憂勤庶政，親覽萬機，每御延英，召臣等奏對，方屬盛夏，宜在淸晨。如至巳午之間，卽當炎赫之際，雖日昃忘食，不憚其勞，仰瞻扆旒，亦似煩熱。臣等已曾陳論，切望聽納。」自後，視事稍頻。

未幾，兼領度支。屬盜起禁闈，宮車晏駕，度與中貴人密謀，誅劉克明等，迎江王立爲天子。以功加門下侍郎、集賢殿大學士、太淸宮使，餘如故。以贊導之勳，進階特進。時滄景節度使李全略死，其子同捷竊弄兵柄，以求繼襲，度請行誅伐，踰年而同捷誅。因拜疏上陳調兵食非宰相事，請歸諸有司，詔從之，賜實封三百戶。

度年高多病，上疏懇辭機務，恩禮彌厚。文宗遣御醫診視，日令中使撫問。四年六月，詔曰：

昔漢以孔光降置几之詔，晉以鄭沖申奉册之命。雖優隆耆德，顯重元臣，而議政不及於咨詢，用禮止在於安逸。朕勤求至理，所寶唯賢，顧諟舊勞，敢不加敬。由是委宰制於大政，釋參決於繁務，時因聽斷，誠望弼諧，遷秩上公，式是殊寵。特進、守司徒、兼門下侍郎、同中書門下平章事，充集賢殿大學士、上柱國、晉國公、食邑三千戶、食實封三百戶裴度，稟河嶽之英靈，受乾坤之間氣，珪璋特達，城府洞開。外茂九功，內苞一德，器爲社稷之鎭，才實邦國之楨。故能祗事累朝，宣融景化。在憲宗時，掃滌區宇，爾則有出車殄寇之勳。在穆宗時，混同文軌，爾則有參戎入輔之績。在敬宗時，皐康兆庶，爾則有活國庇人之勤。迨弼朕躬，總齊方夏，爾則有弔伐底寧之力。皆不遺廟算，布在簡編，功利及人，不可悉數。而朝論益重，我心實知。方用皐陶之謨，適値留侯之疾，瀝懇牢讓，備列奏章，塞詔上言，動形顏色。果聞勿藥之喜，更俟調鼎之功，而體力未和，音容尙阻。不有優崇之命，孰彰寵待之恩？宜其協贊機衡，弘敷教典，論道而儀刑卿士，宣德而鎭撫華夷。嗇養精神，保綏福履，爲國元老，毗予一人。可司徒、平章軍國重事，待疾損日，每三日、五日一度入中書。散官勳封實封如故。仍備禮册命。

度表辭曰：「伏以公台崇禮，典册盛儀，庸臣當之，實謂忝越。況累承寵命，亦爲便蕃，前後三度，已行此禮。令臣猶參樞近，竊懼無以弼諧，重此勞煩，有靦面目。伏乞天恩且課臣効官，責臣實事，册命之儀，特賜停罷。則素餐高位，空負恥於中心；弁冕輕車，免譏誚於衆口。」優詔從之。九月，加守司徒、兼侍中、襄州刺史，充山南東道節度觀察、臨漢監牧等使。

度素稱堅正，事上不回，故累爲姦邪所排，幾至顚沛。及晚節，稍浮沉以避禍。初，度支鹽鐵使王播，廣事進奉以希寵，度亦掇拾羨餘以効播，士君子少之。復引韋厚叔、南卓爲補闕拾遺，俾彌縫結納，爲自安之計。而後進宰相李宗閔、牛僧孺等不悅其所爲，故因度謝病罷相位，復出爲襄陽節度。

初，元和十四年，於襄陽置臨漢監牧，廢百姓田四百頃，其牧馬三千二百餘匹。度以牧馬數少，虛廢民田，奏罷之，除其使名。八年三月，以本官判東都尚書省事，充東都留守。九年十月，進位中書令。十一月，誅李訓、王涯、賈餗、舒元輿等四宰相，其親屬門人從坐者數十百人，下獄訊劾，欲加流竄，度上疏理之，全活者數十家。

自是，中官用事，衣冠道喪。度以年及懸輿，王綱版蕩，不復以出處爲意。東都立第於集賢里，築山穿池，竹木叢萃，有風亭水榭，梯橋架閣，島嶼迴環，極都城之勝概。又於午橋創別墅，花木萬株，中起涼臺暑館，名曰綠野堂。引甘水貫其中，釃引脈分，映帶左右。度視事之隙，與詩人白居易、劉禹錫酣宴終日，高歌放言，以詩酒琴書自樂，當時名士，皆從之遊。每有人士自都還京，文宗必先問之曰：「卿見裴度否？」

上以其足疾，不便朝謁，而年未甚衰，開成二年五月，復以本官兼太原尹、北都留守、河東節度使。詔出，度累表固辭老疾，不願更典兵權，優詔不允。文宗遣吏部郎中盧弘往東都宣旨曰：「卿雖多病，年未甚老，爲朕臥鎮北門可也。」促令上路，度不獲已之任。三年冬，病甚，乞還東都養病。四年正月，詔許還京，拜中書令。以疾未任朝謝，詔曰：「司徒、中書令度，緯有大勳，累居台鼎。今以疾恙，未任謝上，其本官俸料，宜自計日支給。」又遣國醫就第診視。屬上已曲江賜宴，羣臣賦詩，度以疾不能赴。文宗遣中使賜度詩曰：「注想待元老，識君恨不早。我家柱石衰，憂來學丘禱。」仍賜御札曰：「朕詩集中欲得見卿唱和詩，故令示此。卿疾恙未痊，固無心力，但異日進來。春時俗說難於將攝，勉加調護，速就和平。千百胸懷，不具一二。藥物所須，無憚奏請之煩也。」御札及門，而度已薨，四年三月四日也。上聞之，震悼久之，重令繕寫，置之靈座。時年七十五，册贈太傅，輟朝四日，賵賻加等。詔京兆尹鄭復監護喪事，所須皆官給。上怪度無遺表，中使問之，家人進其稿草，其旨以未定儲貳爲憂，言不及家事。

度始自書生以辭策中科選，數年之間，翔泳淸切。逢時艱否，而能奮命決策，橫身討賊，爲中興宗臣。當元和、長慶間，亂臣賊子，蓄銳喪氣，憚度之威稜。度狀貌不踰中人，而風彩俊爽，占對雄辯，觀聽者爲之聳然。時有奉使絶域者，四夷君長必問度之年齡幾何，狀貌孰似，天子用否？其威名播於憬俗，爲華夷畏服也如此。時威望德業，侔於郭子儀，出入中外，以身繫國之安危、時之輕重者二十年。凡命將相，無賢不肖，皆推度爲首，其爲士君子愛重也如此。雖江左王導、謝安坐鎭雅俗，而訏謨方略，度又過之。有子五人，識、譔、讓、諗、議。

識以廕授官，累遷至通議大夫、檢校右散騎常侍、壽州刺史、本州團練使、上柱國、襲晉國公、食邑三千戶、實封一百五十戶，賜紫金魚袋。大中初，改潭州刺史、御史中丞，充河南都團練觀察使。八年，加檢校戶部尚書、鳳翔尹、鳳翔隴右節度使。十一年，本官移許州刺史、忠武軍節度、陳許觀察等使。

譔，長慶元年登進士第。

讓初任京兆府參軍，大和中度鎭襄陽，奏乞讓從行。

諗，大中五年自大中大夫檢校右散騎常侍、御史大夫、宣州刺史、宣歙觀察使、上柱國、河東男、食邑三百戶，賜紫金魚袋，入朝權知刑部侍郎。兄弟並列方鎭，時人榮之。

史臣曰：德宗懲建中之難，姑息藩臣，貞元季年，威令衰削。章武皇帝志攄宿憤，廷訪嘉猷。始得杜邠公，用高崇文誅劉闢。中得武丞相，運籌訓戎，贊成睿斷。終得裴晉公，耀武伸威，竟殄兩河宿盜。雄哉，章武之果斷也！晉公以書生素業，致位台衡，逢時遘屯，扼腕凶醜，誓以身徇，不亦壯乎！夫人臣事君，唯忠與義，大則以訏謨排禍難，小則以讜正匡過失，內不慮身計，外不恤人言，古之所難也。晉公能之，誠社稷之良臣，股肱之賢相。元和中興之力，公胡讓焉。昔仲尼歎周室陵遲，齊桓霸翼而有微管之論。當承宗、師道之濟惡也，姦人徧四海，刺客滿京師，乃至闢吏禁兵，附賊陰計，議臣言未出口，刃已揕胸。苟非死義之臣，孰肯橫身冒難，以輔天子者？苟裴令不用元和之世，則時運未可知也。臣所以明左衽之歎，宣聖獎賢之深。

贊曰：晉公伐叛，以身犯難。用之則治，捨之則亂。公去巖廊，復失冀方。潁、植之謀，信爲不臧。

校勘記

〔一〕怨謗如雷　「雷」字各本原作「電」，據册府卷四〇七、全唐文卷五三七改。

〔二〕進對明辯　「對」字各本原作「退」，據册府卷三二三改。

〔三〕五萬疋　各本原作「五百萬疋」，據册府卷三二三刪「百」字。

〔四〕劉遵古　「古」字各本原作「吉」，據本書卷一六六元稹傳、卷一六七李逢吉傳改。

〔五〕何止後期　「何」字各本原無，據册府卷三二八補。

舊唐書卷一百七十一

列傳第一百二十一

李渤 張仲方 裴潾 張皐附 李中敏 李甘 高元裕 兄少逸

李漢 李景儉

李渤字濬之，後魏橫野將軍申國公發之後。祖玄珪，衞尉寺主簿。父鈞，殿中侍御史，以母喪不時舉，流于施州。渤恥其家汚，堅苦不仕，勵志於文學，不從科舉，隱於嵩山，以讀書業文爲事。元和初，戶部侍郎鹽鐵轉運使李巽、諫議大夫韋況更薦之，以山人徵爲左拾遺。渤託疾不赴，遂家東都。朝廷政有得失，附章疏陳論。又撰禦戎新錄二十卷，表獻之。九年，以著作郎徵之，詔曰：「特降新恩，用淸舊議。」渤於是赴官。歲餘，遷右補闕。連上章疏忤旨，改丹王府諮議參軍，分司東都。十二年，遷贊善大夫，依前分司。

十三年，遣人上疏，論時政凡五事：一禮樂，二食貨，三刑政，四議都，五辯讎。渤以散秩在東都，以上章疏爲己任，前後四十五封。再遷爲庫部員外郎。

時皇甫鎛作相，剝下希旨。會澤潞節度使郗士美卒，渤充弔祭使，路次陝西，渤上疏曰：「臣出使經行，歷求利病。竊知渭南縣長源鄉本有四百戶，今纔一百餘戶，閿鄉縣本有三千戶，今纔有一千戶，其他州縣大約相似。訪尋積弊，始自均攤逃戶。凡十家之內，大半逃亡，亦須五家攤稅。似投石井中，非到底不止。攤逃之弊，苛虐如斯，此皆聚斂之臣剝下媚上，唯思竭澤，不慮無魚。乞降詔書，絕攤逃之弊。其逃亡戶以其家產錢數爲定，徵有所欠，乞降特恩免之。計不數年，人必歸於農矣。夫農者，國之本，本立然後可以議太平。若不由茲，而云太平者，謬矣。」又言道途不修，驛馬多死。憲宗覽疏驚異，即以飛龍馬數百匹，付畿內諸驛。渤既以草疏切直，大忤宰相，乃謝病東歸。

穆宗即位，召爲考功員外郎。十一月定京官考，不避權幸，皆行升黜，奏曰：

宰臣蕭俛、段文昌、崔植，是陛下君臨之初，用爲輔弼，安危理亂，決在此時。況陛下思天下和平，敬大臣禮切，固未有昵比左右、侈滿自賢之心。而宰相之權，宰相之事，陛下一以付之，實君義臣行，千載一遇之時也。此時若失，他更無時。而俛等上不能推至公，申炯誡，陳先王道德，以沃君心。又不能正色匪躬，振舉舊法，復百司之本，俾敎化大立。臣聞政之興廢，在於賞罰。俛等作相已來，未聞奬一人德義，舉守官奉公者，使天下在官之徒有所激勸。又不聞黜一人職事不理、持祿養驕者，使尸祿之徒有所懼。如此，則刑法不立矣。邪正莫辯，混然無章，教化不行，賞罰不設，天下之事，復何望哉！

「昨陛下遊幸驪山，宰相、翰林學士是陛下股肱心腹，宜皆知之。蕭俛等不能先事未形，忘軀懇諫，而使陛下有忽諫之名流於史册，是陷君於過也。孔子曰：「所謂大臣者，以道事君，不可則止。」若俛等言行計從，不當如是。若言不行，計不從，須奉身速退，不宜尸素於化源。進退戾也，何所避辭？其蕭俛、段文昌、崔植三人幷翰林學士杜元穎等，並請考中下。

御史大夫李絳、左散騎常侍張惟素、右散騎常侍李益等諫幸驪山，鄭覃等諫畋遊，是皆恐陛下行幸不息，恣情無度；又恐馬有銜蹶不測之變，風寒生疾之憂，急奏無所詣，國璽委於婦人中倖之手。絳等能率御史諫官論列於朝，有懇激事君之體。其李絳、張惟素、李益三人，伏請賜上下考外，特與遷官，以彰陛下優忠賞諫之美。

其崔元略冠供奉之首，合考上下；緣與于翬上下考，于翬以犯贓處死，準令須降，請賜考中中。大理卿許季同，任使于翬、韋道沖、韋正牧，皆以犯贓，或左降，或處死，合考中下；然頃者陷劉闢之亂，棄家歸朝，忠節明著，今宜以功補過，請賜考中中。少府監裴通，職事修舉，合考中上；以其請追封所生母而捨嫡母，是明罔於君，幽欺其先，請考中下。伏以昔在宰夫入寢，擅飲師曠、李調。今愚臣守官，請書宰相學士中下考。上愛聖運，下振頽綱，故臣懼不言之爲罪，不懼言之爲罪也。其三品官考，伏緣限在今月內進，輒先具如前。其四品以下官，續具條疏聞奏。

狀入，留中不下。議者以宰輔曠官，自宜上疏論列，而渤越職釣名，非盡事君之道。未幾，渤以墜馬傷足，請告，會魏博節度使田弘正表渤爲副使。杜元穎奏曰：「渤賣直沽名，動多狂躁。聖恩矜貸，且使居官。而干進多端，外交方鎮，遠求奏請，不能自安。久留在朝，轉恐生事。」乃出爲虔州刺史。

渤至州，奏還鄰境信州所移兩稅錢二百萬，免稅米二萬斛，減所由一千六百人。觀察使以其事上聞。未滿歲，遷江州刺史。張平叔判度支，奏徵久遠逋懸，渤在州上疏曰：「伏奉詔敕云，度支使所奏，令臣設計徵塡當州貞元二年逃戶所欠錢四千四百一十貫。臣當州管田二千一百九十七頃，今已旱死一千九百頃有餘，若更勒徇度支使所爲，必懼史官書陛下於大旱中徵三十六年前逋懸。臣任刺史，罪無所逃。臣旣上不副聖情，下不忍鞭笞黎庶，不敢輕持符印，特乞放臣歸田。」乃下詔曰：「江州所奏，實爲懇誠。若不蠲容，必難存濟。所訴逋欠並放。」長慶二年，入爲職方郎中。三年，遷諫議大夫。

敬宗沖年卽位，坐朝常晚。一日入閤，久不坐，羣臣候立紫宸門外，有耆年衰病者幾將頓仆，渤出次白宰相曰：「昨日拜疏陳論，今坐益晚，是諫官不能迴人主之意，渤之罪也。請先出閤，待罪於金吾仗。」語次喚仗，乃止。渤又以左右常侍，職參規諷，而循默無言，論之曰：「若設官不責其事，不如罷之，以省經費。苟未能罷，則請責職業。」渤充理匭使，奏曰：「事之大者聞奏，次申中書門下，次移諸司。諸司處理不當，再來投匭，卽具事奏聞。如妄訴無理，本罪外加一等。準敕告密人付金吾留身待進止。今欲留身後牒臺府，冀止絕凶人。」從之。

長慶、寶曆中，政出多門，事歸邪倖。渤不顧患難，章疏論列，曾無虛日。帝雖昏縱，亦爲之感悟。轉給事中，面賜金紫。

寶曆元年，改元大赦。先是，鄠縣令崔發聞門外喧鬬，縣吏言五坊使下毆擊百姓。發怒，命吏捕之，曳抨既至，時已曛黑，不問色目。良久與語，乃知是一內官。天子聞之怒，收發繫御史臺。御樓之日，放繫囚，發亦在雞竿下。時有品官五十餘人，持仗毆發，縱橫亂擊，發破面折齒，臺吏以席蔽之，方免。是日繫囚皆釋，發獨不免。渤疏論之曰：「縣令不合曳中人，中人不合毆御囚，其罪一也。然縣令所犯在恩前，中人所犯在恩後。中人橫暴，一至於此，是朝廷馴致使然。若不早正刑書，臣恐四夷之人及藩鎮奏事傳道此語，則慢易之心萌矣。」渤又宣言于朝云：「郊禮前一日，兩神策軍於青城內奪京兆府進食牙盤，不時處置，致有毆擊崔發之事。」上聞之，按問左右，皆言無奪食事。以渤黨發，出爲桂州刺史、兼御史中丞，充桂管都防禦觀察使。

渤雖被斥，正論不已，而諫官繼論其屈。後宰相李逢吉、竇易直、李程因延英上語及崔發，逢吉等奏曰：「崔發凌轢中人，誠大不敬。然發母是故相韋貫之姊，年僅八十。自發下獄，積憂成疾。伏以陛下孝治天下，稍垂恩宥。」帝愍然良久，曰：「比諫官論奏，但言發屈，未嘗言不敬之罪，亦不言有老母。如卿等言，寧無愍惻。」卽遣中使送發至其家，兼撫問發母。韋夫人號哭，對中使杖發四十，拜章謝恩，帝又遣中使慰安之。

渤在桂管二年，風恙求代，罷歸洛陽。大和五年，以太子賓客徵至京師。月餘卒，時年五十九，贈禮部尚書。渤孤貞力行，操尙不苟合，而闒茸之流，非其沽激。至於以言擯退，終不息言，以救時病，服名節者重之。

子祝，會昌中登進士第，辟諸侯府。

張仲方，韶州始興人。祖九皐，廣州刺史、殿中監、嶺南節度使。父抗，贈右僕射。仲方伯祖始興文獻公九齡，開元朝名相。仲方，貞元中進士擢第，宏辭登科，釋褐集賢校理，丁母憂免。服闋，補祕書省正字，調授咸陽尉。出爲邠州從事，入朝歷侍御史、倉部員外郎。

會呂温、羊士諤誣告宰相李吉甫陰事，二人俱貶，仲方坐呂温貢舉門生，出爲金州刺史。吉甫卒，入爲度支郎中。時太常定吉甫謚爲「恭懿」，博士尉遲汾請爲「敬憲」，仲方駁議曰：

古者，易名請謚，禮之典也。處大位者，取其巨節，蔑諸細行，垂範當代，昭示後人，然後書之，垂于不朽。善善惡惡，不可以誣，故稱一字，則至明矣，定褒貶是非之宜，泯同異紛綸之論。

贈司徒吉甫，稟氣生材，乘時佐治，博涉多藝，含章炳文。燮贊陰陽，經緯邦國。惜乎通敏資性，便媚取容。故載踐樞衡，疊致台衮，大權在己，沈謀罕成，好惡徇情，輕諾寡信。諂淚在瞼，遇便則流；巧言如簧，應機必發。

夫人臣之翼戴元后者，端恪致治，孜孜夙夜，緝熙庶績，平章百揆。兵者凶器，不可從我始；及乎伐罪，則料敵以成功。至使內有害輔臣之盜，外有懷毒蠆之孽。師徒暴野，戎馬生郊。皇上旰食宵衣，公卿大夫且慚且恥。農人不得在畝，緝婦不得在桑。

耗斂賦之常資，散帑廩之中積，徵邊徼之備，竭運輓之勞。僵尸血流，胔骼成岳，酷毒之痛，號訴無辜，剿絕羣生，逮今四載。禍胎之兆，實始其謀，遺君父之憂，而豈謂之先覺者乎？

夫論大功者，不可以妄取，不可以枉致。爲資畫者，體理不顯不競，而豈妨令美。當削平西蜀，乃言語侍從之臣；擒翦東吳，則訏謨廊廟之輔。較其功則有異，言其力則不倫。何捨其所重而錄其所輕，收其所小而略其所大？且奢靡是嗜，而曰愛人以儉；受授無守，而曰慎才以補。斥諫諍之士于外，豈不近之蔽聰乎？舉忠烈之廟于內，豈不近之暱愛也？焉有蔽聰暱愛，家範無制，而能垂法作程，憲章百度乎？

謹按謚法，敬以直內，內而不肅，何以刑于外？憲者，法也。戴記曰：「憲章文武。」又曰：「發慮憲。」義以爲敬恪終始，載考歷位，未嘗劾一法官，議一小獄。及居重位，以安和平易寬柔自處。考其名與其行不類，研其事與其道不侔。一定之辭，惟精惟審，異日詳制，貽諸史官。請俟蔡寇將平，天下無事，然後都堂聚議，謚亦未遲。

憲宗方用兵，惡仲方深言其事，怒甚，貶爲遂州司馬，量移復州司馬。遷河東少尹。未幾，拜鄭州刺史。

滎陽大海佛寺有高祖爲隋鄭州刺史日，爲太宗疾祈福於此寺，造石像一軀，凡刊勒十六字以誌之。歲久刓缺，滎陽令李光慶重加修飾，仲方再刊石記之以聞。

及敬宗卽位，李程作相，與仲方同年登進士第，召仲方爲右諫議大夫。敬宗童年戲慢，詔淮南王播造上巳競渡船三十隻。播將船材于京師造作，計用半年轉運之費方得成。仲方詣延英面論，言甚懇激，帝只令造十隻以進。帝又欲幸華淸宮，仲方諫曰：「萬乘所幸，出須備儀。無宜輕行，以失威重。」帝雖不從，慰勞之。大和初，出爲福州刺史、兼御史中丞、福建觀察使。三年，入爲太子賓客。五年四月，轉右散騎常侍。七年，李德裕輔政，出爲太子賓客分司。八年，德裕罷相，李宗閔復召仲方爲常侍。

九年十一月，李訓之亂，四宰相、中丞、京兆尹皆死。翌日，兩省官入朝，宣政衙門未開，百官錯立於朝堂，無人吏引接，逡巡，閤門使馬元贄斜開宣政衙門傳宣曰：「有敕召左散騎常侍張仲方。」仲方出班，元贄宣曰：「仲方可京兆尹。」然後衙門大開喚仗。月餘，鄭覃作相，用薛元賞爲京兆尹，出仲方爲華州刺史。開成元年五月，入爲祕書監。外議以鄭覃黨李德裕排擯仲方，覃恐涉朋黨，因紫宸奏事，覃啓曰：「丞郎闕人，臣欲用張仲方。」文宗曰：「中臺侍郎，朝廷華選。仲方作牧守無政，安可以丞郎處之？」累加銀靑光祿大夫、上柱國、曲江縣開國伯，食邑七百戶。二年四月卒。

仲方貞確自立，綽有祖風。自駁謚之後，爲德裕之黨擯斥，坎坷而歿，人士悲之。有文集三十卷。

兄仲端，位終都昌令。弟仲孚，登進士第，爲監察御史。

裴潾，河東人也。少篤學，善隸書。以門蔭入仕。元和初，累遷右拾遺，轉左補闕。元和中，兩河用兵。初，憲宗寵任內官，有至專兵柄者，又以內官充館驛使。有曹進玉者，恃恩暴戾，遇四方使多倨，有至捽辱者，宰相李吉甫奏罷之。十二年，淮西用兵，復以內官爲使。潾上疏曰：「館驛之務，每驛皆有專知官。畿內有京兆尹，外道有觀察使、刺史，迭相監臨，臺中又有御史充館驛使，專察過闕。伏知近有敗事，上聞聖聰。但明示科條，督責官吏，據其所犯，重加貶黜，敢不惕懼，日夜厲精。若令宮闈之臣，出參館驛之務，則內臣外事，職分各殊，切在塞侵官之源，絕出位之漸。事有不便，必誠以初；令或有妨，不必在大。當掃靜妖氛之日，開太平至理之風，澄本正名，實在今日。」言雖不用，帝意嘉之，遷起居舍人。

憲宗季年銳於服餌，詔天下搜訪奇士。宰相皇甫鎛與金吾將軍李道古挾邪固寵，薦山人柳泌及僧大通、鳳翔人田佐元，皆待詔翰林。憲宗服泌藥，日增躁渴，流聞于外。潾上疏諫曰：

臣聞除天下之害者，受天下之利；共天下之樂者，饗天下之福。故上自黃帝、顓頊、堯、舜、禹、湯，下及周文王、武王，咸以功濟生靈，德配天地，故天皆報之以上壽，垂祚於無疆。伏見陛下以大孝安宗廟，以至仁牧黎元。自踐祚已來，剗積代之妖凶，開削平之洪業。而禮敬宰輔，待以終始，內能大斷，外寬小故。夫此神功聖化，皆自古聖主明君所不及，陛下躬親行之，實光映千古矣。是則天地神祇，必報陛下以山岳之壽；宗廟聖靈，必福陛下以億萬之齡；四海蒼生，咸祈陛下以覆載之永。自然萬靈保祐，聖壽無疆。

伏見自去年已來，諸處頻薦藥術之士，有韋山甫、柳泌等，或更相稱引，迄今狂謬，薦送漸多。臣伏以眞仙有道之士，皆匿其名姓，無求於代，潛遁山林，滅影雲壑，唯恐人見，唯懼人聞。豈肯干謁公卿，自鬻其術？今者所有誇衒藥術者，必非知道之士，咸爲求利而來，自言飛鍊爲神，以誘權貴賄賂。大言怪論，驚聽惑時，及其假僞敗露，曾不恥於逃遁。如此情狀，豈可保信其術，親餌其藥哉？禮曰：「夫人食味別聲，被色而生者也。」春秋左氏傳曰：「味以行氣，氣以實志。」又曰：「水火醯醢鹽梅，以烹魚肉。宰夫和之，齊之以味。君子食之，以平其心。」夫三牲五穀，稟自五行，發爲五味，蓋天地生之所以奉人也，是以聖人節而食之，以致康強逢吉之福。若夫藥石者，前聖以之療疾，蓋非常食之物。況金石皆含酷烈熱毒之性，加以燒治，動經歲月，既兼烈火之氣，必恐難爲防制。若乃遠徵前史，則秦、漢之君，皆信方士，如盧生、徐福、欒大、李少君，其後皆姦僞事發，其藥竟無所成。事著史記、漢書，皆可驗視。禮曰：「君之藥，臣先嘗之；親之藥，子先嘗之。」臣子一也，臣願所有金石，鍊藥人及所薦之人皆先服一年，以考其眞僞，則自然明驗矣。

伏惟元和聖文神武法天應道皇帝陛下，合日月照臨之明，稟乾元利貞之德，崇正若指南，受諫如轉規，是必發精金之刃，斷可疑之網。所有藥術虛誕之徒，伏乞特賜罷遣，禁其幻惑。使浮雲盡徹，朗日增輝，道化侔羲、農，悠久配天地，實在此矣。伏以貞觀已來，左右起居有褚遂良、杜正倫、呂向、韋述等，咸能竭其忠誠，悉心規諫。小臣謬參侍從，職奉起居，侍從之中，最近左右。傳曰：「近臣盡規。」則近侍之臣，上達忠款，實其本職也。

疏奏忤旨，貶爲江陵令。

穆宗卽位，柳泌等誅，徵潾爲兵部員外郎，遷刑部郎中。有前率府倉曹曲元衡者，杖殺百姓柏公成母。法官以公成母死在辜外，元衡父任軍使，使以父蔭徵銅。柏公成私受元衡資貨，母死不聞公府，法寺以經恩免罪。潾議曰：「典刑者，公柄也。在官者得施於部屬之內，若非在官，又非部屬，雖有私罪，必告於官。官爲之理，以明不得擅行鞭捶於齊人也。且元衡身非在官，公成母非部屬，而擅憑威力，橫此殘虐，豈合拘於常典？柏公成取貨於讎，利母之死，悖逆天性，犯則必誅。」奏下，元衡杖六十配流，公成以法論至死，公議稱之。轉考功、吏部二郎中。

寶曆初，拜給事中。大和四年，出爲汝州刺史、兼御史中丞，賜紫。坐違法杖殺人，貶左庶子，分司東都。七年，遷左散騎常侍，充集賢殿學士。集歷代文章，續梁昭明太子文選，成三十卷，目曰大和通選，并音義、目錄一卷，上之。當時文士，非素與潾遊者，其文章少在其選，時論咸薄之。八年，轉刑部侍郎，尋改華州刺史。九年，復拜刑部侍郎。開成元年，轉兵部侍郎。二年，加集賢院學士，判院事。尋出爲河南尹，入爲兵部侍郎。三年四月卒，贈戶部尚書，謚曰敬。

潾以道義自處，事上盡心，尤嫉朋黨，故不爲權幸所知。憲宗竟以藥誤不壽，君子以潾爲知言。穆宗雖誅柳泌，既而自惑，左右近習，稍稍復進方士。時有處士張皐上疏曰：

神慮澹則血氣和，嗜欲勝則疾疹作。和則必臻於壽考，作則必致於傷殘。是以古之聖賢，務自頤養，不以外物撓耳目，不徇聲色敗性情。由是和平自臻，福慶斯集。故易曰："無妄之疾，勿藥有喜。"詩曰："自天降康，降福穰穰。"此皆理合天人，著在經訓。然則藥以攻疾，無疾固不可餌之也。高宗朝，處士孫思邈者，精識高道，深達攝生，所著千金方三十卷，行之於代。其序論云："凡人無故不宜服藥，藥氣偏有所助，令人臟氣不平。"思邈此言，可謂洞於事理也。或寒暑爲寇，節宣有乖，事資醫方，尚須重慎，故禮云："醫不三代，不服其藥。"施於凡庶，猶且如此，況在天子，豈得自輕？先朝暮年，頗好方士，徵集非一，嘗試亦多，果致危疾，聞於中外，足爲殷鑒。皆陛下素所詳知，必不可更蹈前車，自貽後悔。今朝野之人，紛紜竊議，直畏忤旨，莫敢獻言。臣蓬艾微生，麋鹿同處，既非邀寵，亦又何求？但泛覽古今，粗知忠義，有聞而默，於理不安。願陛下無怒芻蕘，庶裨萬一。

穆宗歎獎其言，尋令訪皐，不獲。

李中敏，隴西人。父嬰。中敏，元和末登進士第，性剛褊敢言。與進士杜牧、李甘相善，文章趣向，大率相類。中敏累從府辟，入爲監察，歷侍御史。大和中，爲司門員外郎。

六年夏旱。時王守澄方寵鄭注，及誣構宋申錫後，人側目畏之。上以久旱，詔求致雨之方。

中敏上言曰：「仍歲大旱，非聖德不至，直以宋申錫之冤濫，鄭注之姦弊。今致雨之方，莫若斬鄭注而雪申錫。」士大夫皆危之，疏留中不下。明年，中敏謝病歸洛陽。及訓、注誅，竟雪申錫，召中敏爲司勳員外郎。尋遷刑部郎中，知臺雜。

其年，拜諫議大夫，充理匭使。上言曰：「據舊例，投匭進狀人先以副本呈匭使，或詭異難行者，不令進入。臣檢尋文案，不見本敕，所由但云貞元奉宣，恐是一時之事。臣以爲本置匭函，每日從內將出，日暮進入，意在使冤濫無告有司不爲申理者，或論時政，或陳利害，宜開其必達之路，所以廣聰明而慮幽枉也。若令有司先見，裁其可否，卽非重密其事，俾壅塞自伸於九重之意。臣伏請今後所有進狀及封事，臣但爲引進，取捨可否，斷自中旨。庶使名實在茲，以明置匭之本。」從之。尋拜給事中。

李甘字和鼎。長慶末進士擢第，又制策登科。大和中，累官至侍御史。鄭注入翰林侍講，舒元輿旣作相，注亦求入中書。甘唱於朝曰：「宰相者，代天理物，先德望而後文藝。注乃何人，敢茲叨竊？白麻若出，吾必壞之。」會李訓亦惡注之所求，相注之事竟寢。訓不獲已，貶甘封州司馬。

又有李款者，與中敏同時爲侍御史，鄭注邠寧入朝，款伏閤彈注云：「內通敕使，外結朝官，兩地往來，卜射財貨。」文宗不之省。及注用事，款亦被逐。開成中，累官至諫議大夫，出爲蘇州刺史，遷洪州刺史、江西觀察使。杜牧自有傳。

高元裕字景圭，渤海人。祖彪，父集，官卑。元裕登進士第，本名允中，大和初，爲侍御史，奏改元裕。累遷左司郎中。李宗閔作相，用爲諫議大夫，尋改中書舍人。九年，宗閔得罪南遷，元裕出城餞送，爲李訓所怒，出爲閬州刺史。時鄭注入翰林，元裕草注制辭，言注以醫藥奉君親，注怒，會送宗閔，乃貶之。訓、注既誅，復徵爲諫議大夫。

開成三年，充翰林侍講學士。文宗寵莊恪太子，欲正人爲師友，乃兼太子賓客。四年，改御史中丞，風望峻整。上言曰：「御史府紀綱之地，官屬選用，宜得實才。其不稱者，臣請出之。」監察御史杜宣猷柳瓌崔郢、侍御史魏中庸高弘簡，並以不稱，出爲府縣之職。尋而藍田縣人賀蘭進與里內五十餘人相聚念佛，神策鎮將皆捕之，以爲謀逆，當大辟。元裕疑其冤，上疏請出賀蘭進等付臺覆問，然後行刑，從之。

會昌中，爲京兆尹。大中初，爲刑部尚書。二年，檢校吏部尚書、襄州刺史，加銀青光祿大夫、渤海郡公、山南東道節度使。入爲吏部尚書，卒。元裕兄少逸、元恭。

少逸，長慶末爲侍御史，坐弟元裕貶官，左授贊善大夫，累遷左司郎中。元裕爲中丞，少逸遷諫議大夫，代元裕爲侍講學士。兄弟迭處禁密，時人榮之。會昌中，爲給事中，多所封奏。大中初，檢校禮部尚書、華州刺史、潼關防禦、鎮國軍使。入爲左散騎常侍、工部尚書，卒。

元裕子璩，登進士第。大中朝，由內外制歷丞郎，判度支。咸通中，守中書侍郎、平章事。

李漢字南紀，宗室淮陽王道明之後。道明生景融，景融生務該，務該生思，思生岌。岌已上無名位，至岌爲蜀州晉原尉。岌生荊，荊爲陝州司馬。荊生漢。

漢，元和七年登進士第，累辟使府。長慶末，爲左拾遺。敬宗好治宮室，波斯賈人李蘇沙獻沈香亭子材，漢上疏論之曰：「若以沈香爲亭子，卽與瑤臺瓊室事同。」寶曆中，王政日僻，漢與同列薛廷老因入閤廷奏曰〔一〕：「近日除授，不由中書擬議，多是宣出施行。臣恐自此紀綱大壞，姦邪恣行。願陛下各敕有司，稍存典故。」坐言忤旨，出爲興元從事。

文宗卽位，召爲屯田員外郎、史館修撰。漢，韓愈子壻，少師愈爲文，長於古學，剛訐亦類愈。預修憲宗實錄，尤爲李德裕所憎。大和四年，轉兵部員外郎。李宗閔作相，用爲知制誥，尋遷駕部郎中。

八年，代宇文鼎爲御史中丞。時李程爲左僕射，以儀注不定，奏請定制。先是，大和三年，兩省官同定左右僕射儀注：御史中丞已下，與僕射相遇，依令致敬，斂馬側立待。僕射謝官日，大夫中丞、三院御史，就幕次參見，其觀象門外立班，旣以後至爲重。大夫中丞到班後，朝堂所由引僕射就位，傳呼贊導，如大夫就列之儀。班退，贊導亦如之。御史大夫與僕射道途相遇，則分道而行。舊事，左右僕射初上，御史中丞、吏部侍郎已下羅拜。四年，中書奏曰：「僕射受中丞侍郎拜，則似太重，答郎官已下拜，則太輕。起今後，諸司四品已下官，及御史臺六品已下幷郎官，並望準故事，餘依元和七年敕處分。」可之。至是，因李程奏，漢議曰：「左右僕射初上，受左右丞、諸曹侍郎、諸司四品及御史中丞已下拜。謹按開元禮及六典，並無此儀注，不知所起之由。或以爲僕射師長百僚，此語亦無證據，唯有曹魏時賈詡讓官表中一句語耳。且尙書令是正長，尙無受拜之文。故事，與御史中丞、司隸校尉號三獨坐。伏以朝廷比肩，同事聖主，南面受拜，臣下何安？縱有明文，尙須釐革。故禮記曰：『君於士不答拜，非其臣則答之。』況御史中丞、殿中御史是供奉官，尤爲不可。儀制令雖有隔品之文，不知便是受拜否？及御史大夫，亦曾受御史已下拜，今並不行。蓋以禮數僭逼，非人臣所安。元和六年七月，詔崔邠、段平仲與當時禮官王涇、韋公肅等同議其事，理甚精詳。今請舉而行之，庶爲折衷。」時程入省，竟依舊儀，議者以漢奏爲是。

七年，轉禮部侍郎。八年，改戶部侍郎。九年四月，轉吏部侍郎。六月，李宗閔得罪罷相，漢坐其黨，出爲汾州刺史〔三〕。宗閔再貶，漢亦改汾州司馬，仍三二十年不得錄用。會昌中，李德裕用事，漢竟淪躓而卒。

漢弟潾、洸、潘，皆登進士第。潘，大中初爲禮部侍郎。漢子晛，亦登進士第。

李景儉字寬中，漢中王瑀之孫。父褚，太子中舍。景儉，貞元十五年登進士第。性俊朗，博聞強記，頗閱前史，詳其成敗。自負王霸之略，於士大夫間無所屈降。貞元末，韋執誼、王叔文東宮用事，尤重之，待以管、葛之才。叔文竊政，屬景儉居母喪，故不及從坐。韋夏卿留守東都，辟爲從事。竇羣爲御史中丞，引爲監察御史。羣以罪左遷，景儉坐貶江陵戶曹。累轉忠州刺史。

元和末入朝，執政惡之，出爲澧州刺史〔三〕。與元稹、李紳相善。時紳、稹在翰林，屢言於上前。及延英辭日，景儉自陳己屈，穆宗憐之，追詔拜倉部員外郎。月餘，驟遷諫議大夫。性既矜誕，寵擢之後，凌蔑公卿大臣，使酒尤甚。中丞蕭俛、學士段文昌相次輔政，景儉輕之，形於談謔。二人俱訴之，穆宗不獲已，貶之。制曰：「諫議大夫李景儉，擢自宗枝，嘗探儒術，荐歷臺閣，亦分郡符。動或違仁，行不由義。附權幸以虧節，通姦黨之陰謀。衆情皆疑，羣議難息。據因緣之狀，當置嚴科；順長養之時，特從寬典。勉宜省過，無或徇非。可建州刺史。」未幾元稹用事，自郡召還，復爲諫議大夫。

其年十二月，景儉朝退，與兵部郎中知制誥馮宿、庫部郎中知制誥楊嗣復、起居舍人溫造、司勳員外郎李肇、刑部員外郎王鎰等同謁史官獨孤朗，乃於史館飲酒。景儉乘醉詣中書謁宰相，呼王播、崔植、杜元穎名，面疏其失，辭頗悖慢，宰相遜言止之，旋奏貶漳州刺史。是日同飲於史館者皆貶逐。景儉未至漳州而元稹作相，改授楚州刺史。議者以景儉使酒，凌忽宰臣，詔令纔行，遽遷大郡。稹懼其物議，追還，授少府少監。從坐者皆召還。而景儉竟以忤物不得志而卒。景儉疏財尚義，雖不厲名節，死之日，知名之士咸惜之。

景儉弟景儒、景信、景仁，皆有藝學，知名於時。景信、景仁，皆登進士第。

史臣曰：仲尼有言，「不得中行而與之，必也狂狷乎！」若渤論考第，仲方駁諡，誠知後悔，不能息言，可謂狷歟？當賊注挾邪之辰，羣公結舌而寢默，而中敏、李甘、元裕，或肆其言，或奮其筆，暴揚醜迹，不憚撩鬚。謂之爲狂，卽有遺恨，比夫請劍斷佞，亦可同年而語也。南紀有良史才，足以自立，而協比權幸，顚沛終身。君子愼獨，庸可忽諸。景儉自負太過，蕩而無檢，良驥跅弛之患也。

贊曰：張、李切言，利刃決雲。裴諫方士，深誠愛君。言排賊注，高、李不羣。漢、儉朋比，夫何足云。

校勘記

〔一〕薛廷老　「廷」字各本原作「延」，據本書卷一五三薛存誠傳改。

〔二〕汾州　各本原作「邠州」，據新書卷七八淮陽王道玄傳、通鑑卷二四五改。

〔三〕澧州　各本原作「灃州」，據新書卷八一讓皇帝憲傳改。

舊唐書卷一百七十二

列傳第一百二十二

令狐楚 弟定 子緒 綯 綯子滈 渙 牛僧孺 子蔚 藂 蔚子徽 蕭俛 弟傑 俶 從弟倣 倣子廩 李石 弟福

令狐楚字殼士，自言國初十八學士德棻之裔。祖崇亮，綿州昌明縣令。父承簡，太原府功曹。家世儒素。楚兒童時已學屬文，弱冠應進士，貞元七年登第。桂管觀察使王拱愛其才，欲以禮辟召，懼楚不從，乃先聞奏而後致聘。楚以父掾太原，有庭闈之戀，又感拱厚意，登第後徑往桂林謝拱。不預宴遊，乞歸奉養，即還太原，人皆義之。李說、嚴綬、鄭儋相繼鎭太原，高其行義，皆辟爲從事。自掌書記至節度判官，歷殿中侍御史。

楚才思俊麗，德宗好文，每太原奏至，能辨楚之所爲，頗稱之。鄭儋在鎭暴卒，不及處分後事，軍中喧譁，將有急變。中夜十數騎持刃迫楚至軍門，諸將環之，令草遺表。楚在白刃之中，搦管即成，讀示三軍，無不感泣，軍情乃安。自是聲名益重。丁父憂，以孝聞。免喪，徵拜右拾遺，改太常博士、禮部員外郎。母憂去官。服闋，以刑部員外郎徵，轉職方員外郎、知制誥。

楚與皇甫鎛、蕭俛同年登進士第。元和九年，鎛初以財賦得幸，薦俛、楚俱入翰林，充學士，遷職方郎中、中書舍人，皆居內職。時用兵淮西，言事者以師久無功，宜宥賊罷兵，唯裴度與憲宗志在殄寇。十二年夏，度自宰相兼彰義軍節度、淮西招撫宣慰處置使。宰相李逢吉與度不協，與楚相善。楚草度淮西招撫使制，不合度旨，度請改制內三數句語。憲宗方責度用兵，乃罷逢吉相任，亦罷楚內職，守中書舍人。元和十三年四月，出爲華州刺史。其年十月，皇甫鎛作相，其月以楚爲河陽懷節度使。十四年四月，裴度出鎮太原。七月，皇甫鎛薦楚入朝，自朝議郎授朝議大夫、中書侍郎、同平章事，與鎛同處台衡，深承顧待。

十五年正月，憲宗崩，詔楚爲山陵使，仍撰哀册文。時天下怒皇甫鎛之奸邪，穆宗即位之四日，羣臣素服班於月華門外，宣詔貶鎛，將殺之。會蕭俛作相，託中官救解，方貶崖州。物議以楚因鎛作相而逐裴度，羣情共怒，以蕭俛之故，無敢措言。

其年六月，山陵畢，會有告楚親吏贓汚事發，出爲宣歙觀察使。楚充奉山陵時，親吏韋正牧、奉天令于翬、翰林陰陽官等同隱官錢，不給工徒價錢，移爲羨餘十五萬貫上獻。怨訴盈路，正牧等下獄伏罪，皆誅，楚再貶衡州刺史。時元稹初得幸，爲學士，素惡楚與鎛膠固希寵，稹草楚衡州制，略曰：「楚早以文藝，得踐班資，憲宗念才，擢居禁近。異端斯害，獨見不明，密隳討伐之謀，潛附奸邪之黨。因緣得地，進取多門，遂忝台階，實妨賢路。」楚深恨稹。

長慶元年四月，量移郢州刺史，遷太子賓客，分司東都。二年十一月，授陝州大都督府長史、兼御史大夫、陝虢觀察使。制下旬日，諫官論奏，言楚所犯非輕，未合居廉察之任。上知之，遽令追制。時楚已至陝州，視事一日矣，復授賓客，歸東都。時李逢吉作相，極力援楚，以李紳在禁密沮之，未能擅柄。敬宗卽位，逢吉逐李紳，尋用楚爲河南尹、兼御史大夫。

其年九月，檢校禮部尙書、汴州刺史、宣武軍節度、汴宋亳觀察等使。汴軍素驕，累逐主帥，前後韓弘兄弟，率以峻法繩之，人皆偷生，未能革志。楚長於撫理，前鎭河陽，代烏重胤移鎭滄州，以河陽軍三千人爲牙卒，卒咸不願從，中路叛歸，又不敢歸州，聚於境上。楚初赴任，聞之，乃疾驅赴懷州，潰卒亦至，楚單騎喩之，咸令櫜弓解甲，用爲前驅，卒不敢亂。及莅汴州，解其酷法，以仁惠爲治，去其太甚，軍民咸悅，翕然從化，後竟爲善地。汴帥前例，始至率以錢二百萬實其私藏，楚獨不取，以其羨財治廨舍數百間。

大和二年九月，徵爲戶部尚書。三年三月，檢校兵部尚書、東都留守、東畿汝都防禦使。其年十一月，進位檢校右僕射、鄆州刺史、天平軍節度、鄆曹濮觀察等使。奏故東平縣爲天平縣。屬歲旱儉，人至相食，楚均富贍貧，而無流亡者。

六年二月，改太原尹、北都留守、河東節度等使。楚久在并州，練其風俗，因人所利而利之，雖屬歲旱，人無轉徙。楚始自書生，隨計成名，皆在太原，實如故里。及是秉旄作鎮，邑老歡迎。楚綏撫有方，軍民胥悅。七年六月，入爲吏部尚書，仍檢校右僕射。故事，檢校高官者，便從其班。楚以正官三品不宜從二品之列，請從本班，優詔嘉之。

九年六月，轉太常卿。十月，守尚書左僕射，進封彭陽郡開國公。十一月，李訓兆亂，京師大擾。訓亂之夜，文宗召右僕射鄭覃與楚宿于禁中，商量制敕，上皆欲用爲宰相。楚以王涯、賈餗冤死，敍其罪狀浮泛，仇士良等不悅，故輔弼之命移於李石。乃以本官領鹽鐵轉運等使。

先是，鄭注上封置榷茶使額，鹽鐵使兼領之，楚奏罷之，曰：

伏以江、淮數年已來，水旱疾疫，凋傷頗甚，愁歎未平。今夏及秋，稍校豐稔，方須惠卹，各使安存。昨者忽奏榷茶，實爲蠹政。蓋是王涯破滅將至，怨怒合歸，豈有令百姓移茶樹於官場中栽植，摘茶葉於官場中造作，有同兒戲，不近人情。方在恩權，孰敢沮議？朝班相顧而失色，道路以目而吞聲。今宗社降靈，奸兇盡戮，聖明垂祐，黎庶合安。微臣蒙恩，兼領使務，官銜之內，猶帶此名。俯仰若驚，夙宵知懼。伏乞特回聖聽，下鑒愚誠，速委宰臣，除此使額。緣軍國之用或闕，山澤之利有遺，許臣條疏，續具聞奏。採造將及，妨廢爲虞。前月二十一日，內殿奏對之次，鄭覃與臣同陳論訖。伏望聖慈早賜處分，一依舊法，不用新條。唯納榷之時，須節級加價，商人轉賣，必校稍貴，卽是錢出萬國，利歸有司。既不害茶商，又不擾茶戶，上以彰陛下愛人之德，下以竭微臣憂國之心。遠近傳聞，必當感悅。

從之。

先是元和十年，出內庫弓箭陌刀賜左右街使，充宰相入朝以爲翼衞，及建福門而止。至是，因訓、注之亂，悉罷之。楚又奏：「諸道新授方鎭節度使等，具帑抹，帶器仗，就尚書省兵部參辭。伏以軍國異容，古今定制，若不由舊，斯爲改常。未聞省閣之門，忽內弓刀之器。鄭注外蒙恩寵，內蓄兇狂，首創奸謀，將興亂兆。致王璠、郭行餘之輩，敢驅將吏，直詣闕庭。震驚乘輿，騷動京國，血濺朝路，尸僵禁街。史册所書，人神共憤，既往不咎，其源尚開。前件事宜，伏乞速令停罷，如須參謝，卽具公服。」從之。又奏請罷修曲江亭絹一萬三千七百匹，回修尚書省，從之。

開成元年上巳，賜百僚曲江亭宴。楚以新誅大臣，不宜賞宴，獨稱疾不赴，論者美之。以權在內官，累上疏乞解使務。其年四月，檢校左僕射、興元尹，充山南西道節度使。二年十一月，卒于鎮，年七十二，册贈司空，謚曰文。

楚風儀嚴重，若不可犯，然寬厚有禮，門無雜賓。嘗與從事宴語方酣，有非類偶至，立命徹席，毅然色變。累居重任，貞操如初。未終前三日，猶吟詠自若。疾甚，諸子進藥，未嘗入口，曰：「修短之期，分以定矣，何須此物？」前一日，召從事李商隱曰：「吾氣魄已殫，情思俱盡，然所懷未已，強欲自寫聞天，恐辭語乖舛，子當助我成之。」即秉筆自書曰：

臣永惟際會，受國深恩。以祖以父，皆蒙褒贈；有弟有子，并列班行。全腰領以從先人，委體魄而事先帝，此不自達，誠爲甚愚。但以永去泉扃，長辭雲陛，更陳尸諫，猶進瞽言。雖號叫而不能，豈誠明之敢忘？今陛下春秋鼎盛，寰海鏡清，是修教化之初，當復理平之始。然自前年夏秋已來，貶譴者至多，誅戮者不少，望普加鴻造，稍霽皇威。歿者昭洗以雲雷，存者霑濡以雨露，使五穀嘉熟，兆人安康。納臣將盡之苦言，慰臣永蟄之幽魄。

書訖，謂其子緒、綯曰：「吾生無益於人，勿請謚號。葬日，勿請鼓吹，唯以布車一乘，餘勿加飾。銘誌但志宗門，秉筆者無擇高位。」當歿之夕，有大星隕於寢室之上，其光燭廷。楚端坐與家人告訣，言已而終。嗣子奉行遺旨。詔曰：「生爲名臣，歿有理命。終始之分，可謂兩全。鹵簿哀榮之末節，難違往意；誄謚國家之大典，須守彝章。鹵簿宜停，易名須準舊例。」後綯貴，累贈至太尉。有文集一百卷，行於時。所撰憲宗哀册文，辭情典鬱，爲文士所重。

楚弟定，字履常，元和十一年進士及第，累辟使府。大和九年，累遷至職方員外郎、弘文館直學士、檢校右散騎常侍、桂州刺史、桂管都防禦觀察等使。卒，贈禮部尚書。

緒以蔭授官，歷隨、壽、汝三郡刺史。在汝州日，有能政，郡人請立碑頌德。緒以弟綯在輔弼，上言曰：「臣先父元和中特承恩顧，弟綯官不因人，出自宸衷。臣伏覩詔書，以臣刺汝州日，粗立政勞，吏民求立碑頌，尋乞追罷。臣任隨州日，郡人乞留，得上下考。及轉河南少尹，加金紫。此名已聞於日下，不必更立碑頌，乞賜寢停。」宣宗嘉其意，從之。

綯字子直，大和四年登進士第，釋褐弘文館校書郎。開成初爲左拾遺。二年，丁父喪。服闋，授本官，尋改左補闕、史館修撰，累遷庫部、戶部員外郎。會昌五年，出爲湖州刺史。

大中二年，召拜考功郎中，尋知制誥。其年，召入充翰林學士。三年，拜中書舍人，襲封彭陽男，食邑三百戶，尋拜御史中丞。四年，轉戶部侍郎，判本司事。其年，改兵部侍郎、同中書門下平章事。綯以舊事帶尙書省官，合先省上。上日，同列集於少府監。時白敏中、崔龜從曾爲太常博士，至相位，欲榮其舊署，乃改集於太常禮院，龜從手筆志其事於壁。

綯輔政十年，累官至吏部尙書、右僕射、涼國公，食邑二千戶。十三年，罷相，檢校司空、同中書門下平章事、河中尹、河中晉絳等節度使。咸通二年，改汴州刺史、宣武軍節度使。三年冬，遷揚州大都督府長史、淮南節度副大使、知節度事。累加開府儀同三司、檢校司徒，進食邑至三千戶。

九年，徐州戍兵龐勛自桂州擅還。七月至浙西，沿江自白沙入濁河，剽奪舟船而進。綯聞勛至，遣使慰撫，供給芻米。都押衙李湘白綯曰：「徐兵擅還，必無好意。雖無詔命除討，權變制在藩方。昨其黨來投，言其數不踰二千，而虛張舟航旗幟，恐人見其實。涉境已來，心頗憂惴。計其水路，須出高郵縣界，河岸斗峻而水深狹。若出奇兵邀之，俾菼船縱火於前，勁兵奮擊於後，敗走必矣。若不於此誅鋤，俟濟淮、泗，合徐人負怨之徒，不下十萬，則禍亂非細也。」綯性懦緩，又以不奉詔命，謂湘曰：「長淮已南，他不爲暴。從他過去，餘非吾事也。」

其年冬，龐勛殺崔彥曾，據徐州，聚衆六七萬。徐無兵食，乃分遣賊帥攻剽淮南諸郡，滁、和、楚、壽繼陷。穀食既盡，淮南之民多爲賊所噉。時兩淮郡縣多陷，唯杜慆守泗州，賊攻之經年，不能下。初詔綯爲徐州南面招討使，賊攻泗州急，綯令李湘將兵五千人援之。賊聞湘來援，遣人致書于綯，辭情遜順，言「朝廷累有詔赦宥，但抗拒者三兩人耳，旦夕圖去之，卽束身請命，願相公保任之」。綯卽奏聞，請賜勛節鉞，仍誡李湘但戍淮口，賊已招降，不得立異。由是湘軍解甲安寢，去警徹備，日與賊軍相對，歡笑交言。一日，賊軍乘間，步騎徑入湘壘，淮卒五千人皆被生縶送徐州，爲賊蒸而食之。湘與監軍郭厚本爲龐勛斷手足，以徇於康承訓軍。時浙西杜審權發軍千人與李湘約會兵，大將翟行約勇敢知名。浙軍未至而湘軍敗。賊乃分兵，立淮南旗幟爲交鬭之狀。行約軍望見，急趨之，千人並爲賊所縛，送徐州。

綯既喪師，朝廷以左衞大將軍、徐州西南面招討使馬舉代綯爲淮南節度使。十二年八月，授檢校司徒、太子太保，分司東都。十三年，以本官爲鳳翔尹、鳳翔隴節度使，進封趙國公，食邑三千戶，卒。子滈、渙、渢。

滈少舉進士，以父在內職而止。及綯輔政十年，滈以鄭顥之親，驕縱不法，日事遊宴，貨賄盈門，中外爲之側目。以綯黨援方盛，無敢措言。及懿宗卽位，訟者不一，故綯罷權軸。既至河中，上言曰：「臣男滈，爰自孩提，便從師訓，至於詞藝，頗及輩流。會昌二年臣任戶部員外郎時，已令應舉，至大中二年猶未成名。臣自湖州刺史蒙先帝擢授考功郎中、知制誥，尋充學士。繼叨渥澤，遂忝樞衡，事體有妨，因令罷舉，自當廢絕，一十九年。每遣退藏，更令勤勵。臣以祿位逾分，齒髮已衰，男滈年過長成，未霑一第，犬馬私愛，實切憫傷。臣二三年來，頻乞罷免，每年取得文解，意待纔離中書，便令赴舉。昨蒙恩制，寵以近藩。伏緣已逼禮部試期，便令就試。至於與奪，出自主司，臣固不敢撓其衡柄。臣初離機務，合具上聞。昨延英奉辭，本擬面奏，伏以戀恩方切，陳誠至難。伏冀宸慈，察臣丹懇。」詔令就試。

是歲，中書舍人裴坦權知貢舉，登第者三十人。有鄭羲者，故戶部尙書澣之孫，裴弘餘故相休之子，魏簹故相扶之子，及滈，皆名臣子弟，言無實才。諫議大夫崔瑄上疏論之曰：「令狐滈昨以父居相位，權在一門。求請者詭黨風趨，妄動者羣邪雲集。每歲貢闈登第，在朝淸列除官，事望雖出於綯，取捨全由於滈。喧然如市，旁若無人，權動寰中，勢傾天下。及綯罷相作鎭之日，便令滈納卷貢闈。豈可以父在樞衡，獨撓文柄？請下御史臺按問文解日月者。」奏疏不下。

滈既及第，釋褐長安尉、集賢校理。咸通二年，遷右拾遺、史館修撰。制出，左拾遺劉蛻、起居郎張雲，各上疏極論滈云：「恃父秉權，恣受貨賂。取李琢錢，除琢安南都護，遂致蠻陷交州。」張雲言：「大中十年，綯以諫議大夫豆盧籍、刑部郎中李鄴爲夔王已下侍讀，欲立夔王爲東宮，欲亂先朝子弟之序。滈內倚鄭顥，人誰敢言？」時綯在淮南，累表自雪。懿宗重傷大臣意，貶雲爲興元少尹，蛻爲華陰令，改滈詹事府司直。滈爲衆所非，宦名不達。渙、渢俱登進士第。渙位至中書舍人。定子絾，絾子澄、湘。澄亦以進士登第，累辟使府。

牛僧孺字思黯，隋僕射奇章公弘之後。祖紹，父幼簡，官卑。僧孺進士擢第，登賢良方正制科，釋褐伊闕尉，遷監察御史，轉殿中，歷禮部員外郎。元和中，改都官，知臺雜，尋換考功員外郎，充集賢直學士。

穆宗即位，以庫部郎中知制誥。其年十一月，改御史中丞。以州府刑獄淹滯，人多冤抑，僧孺條疏奏請，按劾相繼，中外肅然。長慶元年，宿州刺史李直臣坐贓當死，直臣賂中貴人爲之申理，僧孺堅執不回。穆宗面喻之曰：「直臣事雖僭失，然此人有經度才，可委之邊任，朕欲貸其法。」僧孺對曰：「凡人不才，止於持祿取容耳。帝王立法，束縛奸雄，正爲才多者。祿山、朱泚以才過人，濁亂天下，況直臣小才，又何屈法哉？」上嘉其守法，面賜金紫。二年正月，拜戶部侍郎。三年三月，以本官同平章事。

初韓弘入朝，以宣武舊事，人多流言，其子公武以家財厚賂權幸及多言者，班列之中悉受其遺。俄而父子俱卒，孤孫幼小，穆宗恐爲廝養竊盜，乃命中使至其家，閱其宅簿，以付家老。而簿上具有納賂之所，唯於僧孺官側朱書曰：「某月日，送牛侍郎物若干，不受，却付訖。」穆宗按簿甚悅。居無何，議命相，帝首可僧孺之名。

敬宗卽位，加中書侍郎、銀青光祿大夫，封奇章子，邑五百戶。十二月，加金紫階，進封郡公、集賢殿大學士、監修國史。寶曆中，朝廷政事出於邪倖，大臣朋比，僧孺不奈羣小，拜章求罷者數四，帝曰：「俟予郊禮畢放卿。」及穆宗祔廟郊報後，又拜章陳退，乃於鄂州置武昌軍額，以僧孺檢校禮部尚書、同中書門下平章事、鄂州刺史、武昌軍節度、鄂岳蘄黃觀察等使。江夏城風土散惡，難立垣墉，每年加板築，賦菁茆以覆之。吏緣爲奸，蠹弊綿歲。僧孺至，計茆苫板築之費，歲十餘萬，卽賦之以塼，以當苫築之價。凡五年，墉皆甃葺，蠹弊永除。屬郡沔州與鄂隔江相對，虛張吏員，乃奏廢之，以其所管漢陽、汊川兩縣隸鄂州〔二〕。

文宗卽位，就加檢校吏部尚書，凡鎮江夏五年。

大和三年，李宗閔輔政，屢薦僧孺有才，不宜居外。四年正月，召還，守兵部尙書、同平章事。五年正月，幽州軍亂，逐其帥李載義。文宗以載義輸忠於國，遽聞失帥，駭然，急召宰臣謂之曰：「范陽之變奈何？」僧孺對曰：「此不足煩聖慮。且范陽得失，不繫國家休戚，自安、史已來，翻覆如此。前時劉總以土地歸國，朝廷耗費百萬，終不得范陽尺帛斗粟入于天府，尋復爲梗。至今志誠亦由前載義也，但因而撫之，俾扞奚、契丹不令入寇，朝廷所賴也。假以節旄，必自陳力，不足以逆順治之。」帝曰：「吾初不詳思，卿言是也。」卽日命中使宣慰。尋加門下侍郎、弘文館大學士。

六年，吐蕃遣使論董勃義入朝修好，俄而西川節度李德裕奏，吐蕃維州守將悉怛謀以城降。德裕又上利害云：「若以生羌三千，出戎不意，燒十三橋，擣戎之腹心，可以得志矣。」上惑其事，下尙書省議，衆狀請如德裕之策。僧孺奏曰：「此議非也。吐蕃疆土，四面萬里，失一維州，無損其勢。況論董勃義纔還，劉元鼎未到，比來修好，約罷戍兵。中國禦戎，守信爲上，應敵次之，今一朝失信，戎醜得以爲詞。聞贊普牧馬茹川，俯於秦、隴。若東襲隴坂，徑走回中，不三日抵咸陽橋，而發兵枝梧，駭動京國。事或及此，雖得百維州，亦何補也。」上曰：「然。」遂詔西川不內維州降將。僧孺素與德裕仇怨，雖議邊公體，而怙德裕者以僧孺害其功，謗論沸然，帝亦以爲不直。其年十二月，檢校左僕射、兼平章事、揚州大都督府長史、淮南節度副大使、知節度事。

時中尉王守澄用事，多納纖人，竊議時政，禁中事密，莫知其說。一日，延英對宰相，文宗曰：「天下何由太平，卿等有意於此乎？」僧孺奏曰：「臣等待罪輔弼，無能康濟，然臣思太平亦無象。今四夷不至交侵，百姓不至流散，上無淫虐，下無怨讟，私室無強家，公議無壅滯。雖未及至理，亦謂小康。陛下若別求太平，非臣等所及。」既退至中書，謂同列曰：「吾輩爲宰相，天子責成如是，安可久處茲地耶？」旬日間，三上章請退，不許。會德裕黨盛，垂將入朝，僧孺故得請。上既受左右邪說，急於太平，奸人伺其銳意，故訓、注見用。數年之間，幾危宗社，而僧孺進退以道，議者稱之。

開成初，搢紳道喪，閹寺弄權，僧孺嫌處重藩，求歸散地，累拜章不允，凡在淮甸六年。開成二年五月，加檢校司空，食邑二千戶，判東都尚書省事、東都留守、東畿汝都防禦使。僧孺識量弘遠，心居事外，不以細故介懷。洛都築第於歸仁里。任淮南時，嘉木怪石，置之階廷，館宇清華，竹木幽邃。常與詩人白居易吟詠其間，無復進取之懷。

三年九月，徵拜左僕射，仍令左軍副使王元直賫告身宣賜。舊例，留守入朝，無中使賜詔例，恐僧孺退讓，促令赴闕。僧孺不獲已入朝。屬莊恪太子初薨，延英中謝日，語及太子，乃懇陳父子君臣之義，人倫大經，不可輕移國本，上爲之流涕。是時宰輔皆僧孺僚舊，未嘗造其門，上頻宣召，託以足疾。久之，上謂楊嗣復曰：「僧孺稱疾，不任趨朝，未可即令自便。」四年八月，復檢校司空、兼平章事、襄州刺史、山南東道節度使，加食邑至三千戶。僧孺辭日，賜觚、散、樽、杓等金銀古器，令中使喻之曰：「以卿正人，賜此古器，卿且少留。」僧孺奏曰：「漢南水旱之後，流民待理，不宜淹留。」再三請行，方允。

武宗即位，就加檢校司徒。會昌二年，李德裕用事，罷僧孺兵權，徵爲太子少保，累加太子少師。大中初卒，贈太子太師，謚曰文貞。

僧孺少與李宗閔同門生，尤爲德裕所惡。會昌中，宗閔棄斥，不爲生還。僧孺數爲德裕掎摭，欲加之罪，但以僧孺貞方有素，人望式瞻，無以伺其隙。德裕南遷，所著窮愁志，引里俗犢子之讖以斥僧孺，又目爲「太牢公」，其相憎恨如此。僧孺二子：蔚、藂。

蔚字大章，十五應兩經舉。大和九年，復登進士第，三府辟署爲從事，入朝爲監察御史。大中初，爲右補闕，屢陳章疏，指斥時病，宣宗嘉之，曰：「牛氏子有父風，差慰人意。」尋改司門員外郎，出爲金州刺史，入拜禮、吏二郎中。以祀事準禮，天官司所掌班列，有恃權越職者，蔚奏正之，爲時權所忌，左授國子博士，分司東都。踰月，權臣罷免，復徵爲吏部郎中，兼史館修撰，遷左諫議大夫。咸通中，爲給事中，延英謝日，面賜金紫。蔚封駁無避，帝嘉之。踰歲，遷戶部侍郎，襲封奇章侯，以公事免。歲中復本官，歷工、禮、刑三尚書。咸通末，檢校兵部尚書、興元尹、山南西道節度使。在鎮三年。時中官用事，急於賄賂。屬徐方用兵，兩中尉諷諸藩貢奉助軍，蔚盡索軍府之有三萬端匹，隨表進納。中官怒，即以神策將吳行魯代還。及黃巢犯闕，乃自京師奔遁，避地山南，拜章請老，以尚書左僕射致仕。卒，累贈太尉。子循、徽。

徽咸通八年登進士第，三佐諸侯府，得殿中侍御史，賜緋魚。入朝爲右補闕，再遷吏部員外郎。乾符中，選曹猥濫，吏爲姦弊，每歲選人四千餘員。徽性貞剛，特爲奏請。由是銓敍稍正，能否旌別，物議稱之。

巢賊犯京師，父蔚方病，徽與其子自扶籃輿，投竄山南。閣路險狹，盜賊縱橫，谷中遇盜，擊徽破首，流血被體，而捉輿不輟。盜苦迫之，徽拜之曰：「父年高疾甚，不欲駭動。人皆有父，幸相垂恤。」盜感之而止。及前谷，又逢前盜，相告語曰：「此孝子也。」即同舉輿，延於其家，以帛封創，饘飲奉蔚。留之信宿，得達梁州。故吏感恩，爭來奔問。時僖宗已幸成都，徽至行朝拜章，乞歸侍疾。已除諫議大夫，不拜，謂宰相杜讓能曰：「願留兄循在朝，以當門戶，乞侍醫藥。」時循爲給事中，丞相許之。

其年鍾家艱，執喪梁、漢。既除，以中書舍人徵，未赴，疾作。以舍人綸制之地，不可曠官，請授散秩，改給事中。從駕還京，至陳倉疾甚，經年方間。宰相張濬爲招討使，奏徽爲判官，檢校左散騎常侍。詔下鳳翔，促令赴闕，徽謂所親曰：「國步方艱，皇居初復，帑廩皆虛，正賴羣臣協力，同心王室。而於破敗之餘，圖雄霸之舉，俾諸侯離心，必貽後悔也。以吾衰疾之年，安能爲之扞難。」辭疾不起。明年，濬敗，召徽爲給事中。

楊復恭叛歸山南，李茂貞上表，請自出兵糧問罪，但授臣招討使。奏不待報，茂貞與王行瑜軍已出疆，上怒其專，不時可之，茂貞恃強，章疏不已。昭宗延英召諫官宰相議可否。以邠、鳳皆有中人內應，不敢極言，相顧辭遜，上情不悅。徽奏曰：「兩朝多難，茂貞實有翼衞之功，惡諸楊阻兵，意在嫉惡。所造次者，不俟命而出師也。近聞兩鎭兵入界，多有殺傷，陛下若不處分，梁、漢之民盡矣。須授以使名，明行約束，則軍中爭不畏法。」帝曰：「此言極是。」乃以招討之命授之。及茂貞平賊，自恃寖驕，多撓國政，命杜讓能料兵討之，徽諫曰：「岐是國門，茂貞倔強，不顧禍患。萬一蹉跌，挫國威也，不若漸以制之。」及師出，復召徽謂之曰：「卿能斟酌時事。岐軍烏合，朕料必平，卿以爲捷在何日？」徽對曰：「臣忝侍從諫諍之列，所言軍國，據理陳聞。如破賊之期，在陛下考蓍龜，責將帥，非臣之職也。」而王師果衂，大臣被害。

徽尋改中書舍人。歲中，遷刑部侍郎，封奇章男。崔胤連結汴州，惡徽言事，改散騎常侍。不拜，換太子賓客。天復初，賊臣用事，朝政不綱，拜章請罷。詔以刑部尙書致仕，乃歸樊川別墅。病卒，贈吏部尙書。

蘩字表齡，開成二年登進士第，出佐使府，歷踐臺省。乾符中，位至劍南西川節度使。黃巢之亂，從幸西川，拜太常卿。以病求爲巴州刺史，不許。駕還，拜吏部尙書。襄王之亂，避地太原，卒。子嶠，位至尙書郎。

蕭俛字思謙。曾祖太師徐國公嵩，開元中宰相。祖華，襲徐國公，肅宗朝宰相。父恆，贈吏部尙書。皆自有傳。俛，貞元七年進士擢第。元和初，復登賢良方正制科，拜右拾遺，遷右補闕。元和六年，召充翰林學士。七年，轉司封員外郎。九年，改駕部郎中、知制誥，內職如故。坐與張仲方善，仲方駁李吉甫謚議，言用兵徵發之弊，由吉甫而生，憲宗怒，貶仲方，俛亦罷學士，左授太僕少卿。

十三年，皇甫鎛用事，言於憲宗，拜俛御史中丞。俛與鎛及令狐楚，同年登進士第。明年，鎛援楚作相，二人雙薦俛於上。自是顧眄日隆，進階朝議郎、飛騎尉，襲徐國公，賜緋魚袋。穆宗卽位之月，議命宰相，令狐楚援之，拜中書侍郎、平章事，仍賜金紫之服。八月，轉門下侍郎。

十月，吐蕃寇涇原，命中使以禁軍援之。穆宗謂宰臣曰：「用兵有必勝之法乎？」俛對曰：「兵者凶器，戰者危事，聖主不得已而用之。以仁討不仁，以義討不義，先務招懷，不爲掩襲。古之用兵，不斬祀，不殺厲，不擒二毛，不犯田稼。安人禁暴，師之上也。如救之甚於水火。故王者之師，有征無戰，此必勝之道也。如或縱肆小忿，輕動干戈，使敵人怨結，師出無名，非惟不勝，乃自危之道也。固宜深愼！」帝然之。

時令狐楚左遷西川節度使，王播廣以貨幣賂中人權幸，求爲宰相，而宰相段文昌復左右之。俛性嫉惡，延英面言播之纖邪納賄，喧於中外，不可以汚台司。事已垂成，帝不之省，俛三上章求罷相任。長慶元年正月，守左僕射，進封徐國公，罷知政事。俛居相位，孜孜正道，重愼名器。每除一官，常慮乖當，故鮮有簡拔而涉剋深，然志嫉奸邪，脫屣重位，時論稱之。

穆宗乘章武恢復之餘，卽位之始，兩河廓定，四鄙無虞。而俛與段文昌屢獻太平之策，以爲兵以靜亂，時已治矣，不宜黷武，勸穆宗休兵偃武。又以兵不可頓去，請密詔天下軍鎮有兵處，每年百人之中，限八人逃死，謂之「消兵」。帝既荒縱，不能深料，遂詔天下，如其策而行之。而藩籍之卒，合而爲盜，伏於山林。明年，朱克融、王廷湊復亂河朔，一呼而遺卒皆至。朝廷方徵兵諸藩，籍既不充，尋行招募。烏合之徒，動爲賊敗，由是復失河朔，蓋「消兵」之失也。

俛性介獨，持法守正。以己輔政日淺，超擢太驟，三上章懇辭僕射，不拜。詔曰：「蕭俛以勤事國，以疾退身，本末初終，不失其道，旣罷樞務，俾居端揆。朕欲加恩超等，復吾前言。而繼有讓章，至於三四，敦諭頗切，陳乞彌堅。成爾謙光，移之選部，可吏部尚書。」俛又以選曹簿書煩雜，非攝生之道，乞換散秩。其年十月，改兵部尚書。二年，以疾表求分司，不許。三月，改太子少保，尋授同州刺史。寶曆二年，復以少保分司東都。

文宗卽位，授檢校左僕射、守太子少師。俛稱疾篤，不任赴闕，乞罷所授官。詔曰：「新除太子少師蕭俛，代炳台耀，躬茂天爵。文可以經緯邦俗，行可以感動神祇。夷澹粹和，精深敏直，進退由道，周旋令名。近以師傅之崇，疇于舊德，俾從優逸，冀保養頤。而抗疏懇辭，勇退知止。嘗亦敦諭，確乎難拔。遂茲牢讓，以厚時風，可銀青光祿大夫、守尙書左僕射致仕。」

俛趣尙簡潔，不以聲利自汚。在相位時，穆宗詔撰故成德軍節度使王士眞神道碑，對曰：「臣器褊狹，此不能強。王承宗先朝阻命，事無可觀，如臣秉筆，不能溢美。或撰進之後，例行貺遺，臣若公然阻絕，則違陛下撫納之宜，僶俛受之，則非微臣平生之志。臣不願爲之秉筆。」帝嘉而免之。

俛家行尤孝。母韋氏賢明有禮，理家甚嚴。俛雖爲宰相，侍母左右，不異褐衣時。丁母喪，毁瘠踰制。免喪，文宗徵詔，懇以疾辭。旣致仕于家，以洛都官屬賓友，避歲時請謁之煩，乃歸濟源別墅，逍遙山野，嘯詠窮年。

八年，以莊恪太子在東宮，上欲以耆德輔導，復以少師徵之，俛令弟傑奉表京師，復納制書，堅辭痼疾。詔曰：「不待年而求謝，於理身之道則至矣，其如朝廷之望何？朕以肇建元良，精求師傅，遐想漢朝故事，玄成、石慶，當時重德，咸歷此官。吾以元子幼沖，切於師訓，欲以賴汝發明古今，冀忠孝之規，日聞于耳。特遣左右，至於林園。而卿高蹈翛然，屏絕趨進，復遣令弟還吾詔書。天爵自優，冥鴻方遠，不轉之志，其堅若山。循省來章，致煩爲愧。終以呂尙之秩，遂其疏曠之心。勵俗激貪，所補多矣。有益於政，寄聲以聞，亦有望於舊臣矣。可太子太傅致仕。」

開成二年，俛弟俶授楚州刺史。辭日，文宗謂俶曰：「蕭俛先朝名相，筋力未衰，可一來京國。朕賜俛詔書匹帛，卿便齎至濟源，道吾此意。」詔曰：「卿道冠時髦，業高儒行。著作礪濟川之効，弘致君匡國之規，留芳巖廊，逸老林壑。累降褒詔，亟加崇秩，而志不可奪，情見乎辭。鴻飛入冥，吟想增歎。今賜絹三百匹，便令蕭俶宣示。」俛竟不起，卒。

傑字豪士。元和十二年登進士第。累官侍御史，遷主客員外郎。大和九年十月，鄭注爲鳳翔節度使，愼選參佐，李訓以傑檢校工部郎中，充鳳翔隴觀察判官。其年十一月，鄭注誅，傑爲鳳翔監軍使所害。

俶以蔭授官。大和中，累遷至河南少尹。九年五月，拜諫議大夫。開成二年，出爲楚州刺史。四年三月，遷越州刺史、御史中丞、浙東都團練觀察使。會昌中，入爲左散騎常侍，遷檢校刑部尚書、華州刺史、潼關防禦等使。大中初，坐在華州時斷獄不法，授太子賓客分司。四年，檢校戶部尚書、兗州刺史、兗沂海節度使。復入爲太子賓客。大中十二年，以太子少保分司東都，卒。俛從父弟倣。

倣，父悟，恆之弟也。悟，仕至大理司直。倣，大和元年登進士第。大中朝，歷諫議大夫、給事中。咸通初，遷左散騎常侍。

懿宗怠臨朝政，僻於奉佛，內結道場，聚僧念誦。又數幸諸寺，施與過當。倣上疏論之曰：

臣聞玄祖之道，由慈儉爲先；而素王之風，以仁義爲首。相沿百代，作則千年，至聖至明，不可易也。如佛者，生於天竺，去彼王宮，割愛中之至難，取滅後之殊勝，名歸象外，理絕塵中，非爲帝王之所能慕也。昔貞觀中，高宗在東宮，以長孫皇后疾亟，嘗上言曰：「欲請度僧，以資福事。」后曰：「爲善有徵，吾未爲惡，善或無報，求福非宜。且佛者，異方之教，所可存而勿論。豈以一女子而紊王道乎？」故謚爲文德。且母后之論，尚能如斯，哲王之謨，安可反是？

伏覩陛下留神天竺，屬意桑門，內設道場，中開講會，或手錄梵筴，或口揚佛音。雖時啓於延英，從容四輔，慮稍稀於聽政，廢失萬機。居安思危，不可忽也。夫從容者君也，必疇咨於臣，盡忠匡救，外逆其耳，內沃其心，陳皋陶之謨，述仲虺之誥，發揮王道，恢益帝圖，非賜對之閒徒侍坐而已。夫廢失者，上拒其諫，下希其旨，言則狎玩，意在順從。漢重神仙，東方朔著十洲之記；梁崇佛法，劉孝儀詠七覺之詩。致祠禱無休，講誦不已，以至大空海內，中輟江東。以此言之，是廢失也。然佛者，當可以悟取，不可以相求。漢、晉已來，互興寶剎；姚、石之際，亦有高僧。或問以苦空，究其不滅，止聞有性，多曰忘言。執著貪緣，非其旨也。必乞陛下力求民瘼，虔奉宗祧。思繆賞與濫刑，其殃立至；俟勝殘而去殺，得福甚多。幸罷講筵，頻親政事。昔年韓愈已得罪於憲宗，今日微臣固甘心於遐徼。

疏奏，帝甚嘉之。

四年，本官權知貢舉，遷禮部侍郎，轉戶部。以檢校工部尚書出爲滑州刺史，充義成軍節度、鄭滑潁觀察處置等使。在鎮四年，滑臨黃河，頻年水潦，河流泛溢，壞西北隄。倣奏移河四里，兩月畢功，畫圖以進。懿宗嘉之，就加刑部尚書，入爲兵部尚書、判度支，轉吏部尚書，選序平允。咸通末，復爲兵部尚書、判度支。尋以本官同平章事，累遷中書、門下二侍郎，兼戶部、兵部尚書。遷左右僕射，改司空、弘文館大學士、蘭陵郡開國侯。

俄而盜起河南，內官握兵，王室濁亂。倣氣勁論直，同列忌之，罷知政事，出爲廣州刺史、嶺南節度使。倣性公廉，南海雖富珍奇，月俸之外，不入其門。家人疾病，醫工治藥，須烏梅，左右於公廚取之，倣知而命還，促買於市。遇亂，不至京師而卒。

子廩，咸通三年進士擢第，累遷尚書郎。乾符中，以父出鎮南海，免官侍行。中和中，徵爲中書舍人，再遷京兆尹。僖宗再幸山南，廩以疾不能從。襄王僭竊，廩宗人遘受僞署，廩懼，自洛避地河朔，鎮冀節度使王鎔館之於深州。光化三年卒。廩貞退寡合，綽有家法。初從父南海，地多轂紙，倣敕子弟繕寫缺落文史，廩白曰：「家書缺者，誠宜補葺。然此去京師，水陸萬里，不可露齎，當須篋笥。人觀兼乘，謂是貨財，古人慧苡之嫌，得爲深誡。」倣曰：「吾不之思也。」故濁亂之際，克保令名。

子頎，亦登進士第，後官位顯達。

李石字中玉，隴西人。祖堅，父明。石，元和十三年進士擢第，從涼國公李聽歷四鎮從事。石機辯有方略，尤精吏術，藩府稱之。自聽征伐，常司留使務，事無不辦。大和三年，爲鄭滑行軍司馬。時聽握兵河北，令石入朝奏事，占對明辯，文宗目而嘉之。府罷，入爲工部郎中，判鹽鐵案。五年，改刑部郎中。由兵部郎中令狐楚請爲太原節度副使。七年，拜給事中。九年七月，權知京兆尹事。十月，遷戶部侍郎，判度支事。

文宗自德裕、宗閔朋黨相傾，大和七年已後，宿素大臣，疑而不用。意在擢用新進孤立，庶幾無黨，以革前弊，故賈餗、舒元輿驟階大用。及訓、注伏誅，欲用令狐楚，尋而中輟。石自朝議郎加朝議大夫，以本官同平章事，判使如故。石器度豁如，當官不撓。自京師變亂之後，宦者氣盛，凌轢南司，延英議事，中貴語必引訓以折文臣。石與鄭覃嘗謂之曰：「京師之亂，始自訓、注；而訓、注之起，始自何人？」仇士良等不能對，其勢稍抑，搢紳賴之。是時，踰月人情不安，帝謂侍臣曰：「如聞人心尙未安帖，比日何如？」石對曰：「比日苦寒，蓋刑殺太過，致此陰沴。昨聞鄭注到鳳翔招募士卒不至，捕索誅夷不已，臣恐邊上聞之，乘此生事。宜降詔安喻其心。」從之。

江西、湖南兩道觀察使以新經訓、注之亂，吏卒多死，進官健衣糧一百二十分，充宰相募召從人，石奏曰：「宰相上弼聖政，下理羣司。若忠正無私，宗社所祐，縱逢盜賊，兵不能傷。若事涉隱欺，心懷矯妄，雖有防衞，鬼得而誅。臣等願推赤心以答聖獎。孟軻知非臧氏，孔子不畏匡人。其兩道所進衣糧，並望停寢，依從前制置，祇以金吾手力引從。」可之。帝又曰：「宰相之任，在選賢任能。」石曰：「臣與鄭覃常以此事爲切，但以人各有求，苟遂所欲則美譽至，稍不如意則謗議生。只宜各委所司薦用，臣等擇可授之，則物議息矣。」

其年十二月，中使田全操、劉行深巡邊回，走馬入金光門。從者訛言兵至，百官朝退，倉惶駭散，有不及束帶、韈而乘者。市人叫譟，塵坌四起。二相在中書，人吏稍散。鄭覃曰：「耳目頗異，且宜出去。」石曰：「事勢不可知，但宜堅坐鎮之，冀將寧息。若宰相亦走，則中外亂矣。必若繼亂，走亦何逃？任重官崇，人心所屬，不可忽也。」石視簿書，沛然自若。京城無賴之徒，皆戎服兵仗，北望闕門以俟變。內使連催閉皇城門，金吾大將軍陳君賞率其徒立望仙門下，謂中使曰：「假如有賊，閉門不晚。請徐觀其變，無宜自弱。」晡晚方定。是日，苟非石之鎮靜，君賞之禦侮，幾將亂矣。

開成元年，改元，大赦。石等商量節文，放京畿一年租稅，及正、至、端午進奉，並停三年，其錢代充百姓紐配錢。諸道除藥物、口味、茶菓外，不得進獻。諸司宣索製造，並停三年。赦後，紫宸宣對，鄭覃曰：「陛下改元御殿，全放京畿一年租稅，又停天下節鎮進奉。恩澤所該，實當要切。近年赦令，皆不及此。」上曰：「朕務行其實，不欲崇長空文。」石對曰：「赦書須內置一本，陛下時省覽之。十道黜陟使發日，付與公事根本，令與長吏詳擇施行，方盡利害之要。」石以從前德音雖降，人君不能守，姦吏從而違之，故有內置之奏以諷之。

尋加中書侍郎、集賢殿大學士，領鹽鐵轉運使。上御紫宸論政曰：「爲國之道，致治甚難。」石對曰：「朝廷法令行則易。臣聞文王陟降在上，陛下推赤誠，上達于天，何憂不治？」上又曰：「治亂由人邪正，由時運耶？」鄭覃對曰：「由聖帝，由忠臣，是由人也。」石曰：「亦由時運。九廟聖靈，鍾德於陛下，時也；陛下行己之道，則是由人。而前代帝王甚有德者，當亂離無奈何之際，又安得不推運耶？」帝曰：「卿言是也。」石又奏：「咸陽令韓遼請開興成渠。舊漕在咸陽縣西十八里，東達永豐倉，自秦、漢已來疏鑿，其後堙廢。昨遼計度，用功不多。此漕若成，自咸陽抵潼關，三百里內無車輓之勤，則轅下牛盡得歸耕，永利秦中矣。」李固言曰：「王涯已前已曾陳奏，實秦中之利，但恐徵役今非其時。」上曰：「莫有陰陽拘忌否？苟利於人，朕無所慮也。」石辭領使務。八月，罷鹽鐵轉運使。石用金部員外郎韓益判度支案，益坐贓繫臺。石奏曰：「臣以韓益曉錢穀錄用之，不謂貪猥如此！」帝曰：「宰相但知人則用，有過則懲。卿所用人，且不掩其惡，可謂至公。從前宰相用人，有過曲爲蔽之，不欲人彈劾，此大謬也。但知能則舉，舉不失職則獎之，自然易得其人，何必容隱。」

三年正月五日〔三〕，石自親仁里將曙入朝，盜發於故郭尚父宅，引弓追及，矢纔破膚，馬逸而回。盜已伏坊門，揮刀斫石，斷馬尾，竟以馬逸得還私第。上聞之駭愕，遣中使撫問，賜金瘡藥，因差六軍兵士三十人衞從宰相。是日，京師大恐，常參官入朝者九人而已，旬日方安。石拜章辭位者三，乃加金紫光祿大夫、中書侍郎、同平章事、江陵尹、荆南節度使。李訓之亂，人情危迫，天子起石於常僚之中，付以衡柄。石以身徇國，不顧患難，振舉朝綱，國威再復。而中官仇士良切齒惡之，而伏戎加害。天子深知其故，畏逼而不能理，乃至罷免。及石赴鎮，賜宴之儀並闕，人士傷之，恥君子之道消也。石至鎮，表讓中書侍郎，乃加檢校兵部尚書、兼平章事。

武宗卽位，就加檢校尚書右僕射。會昌三年十月，加檢校司空、平章事、隴西郡開國伯、食邑七百戶、太原尹、北都留守、河東節度觀察等使。時澤潞劉稹阻兵，以石嘗爲太原副使，諳練北門軍政，故代劉沔鎮之。初，沔以兵三千人戍橫水，王師之討澤潞也，王逢軍於榆社，訴兵少，請益之，詔石以太原之卒赴榆社。石乃割橫水戍卒一千五百人，令別將楊弁率之，以赴王逢。舊例發軍，人給二縑。石以支計不足，量減一匹，軍人聚怨，又將及歲除，促令上路，衆愈不悅。楊弁乘其釁謀亂，出言激動軍人。四年正月，軍亂逐石，朝廷乃以晉絳觀察使崔元式代還。五年，檢校司徒、東都留守、判東都尚書省事、畿汝都防禦使。以太子少保分司卒。

石弟福，字能之，大和七年登進士第，累辟使府。石爲宰相，自薦弟於延英，言福才堪理人，授監察御史。累遷尚書郎，出爲商、鄭、汝、潁四州刺史。大中時，檢校工部尚書、滑州刺史、兼御史大夫，充義成軍節度、鄭滑潁觀察使。入爲刑部侍郎，累遷刑部、戶部尚書。乾符初，以檢校右僕射、襄州刺史、兼御史大夫充山南東道節度。

四年，草賊王仙芝徒黨數萬寇掠山南，福團練鄉兵，屯集要路，賊不敢犯。其秋，賊陷岳、鄂、饒、信等州。十二月，逼江陵，節度使楊知溫求援於福，福卽自率州兵及沙陀五百騎赴援。時賊已陷江陵之郛，聞福兵至，乃退去。僖宗嘉之，就加檢校司空、同平章事。歸朝，終於太子太傅。

史臣曰：彭陽奇章，起徒步而升台鼎。觀其人文彪炳，潤色邦典，射策命中，橫絕一時，誠俊賢也。而峩冠曳組，論道於臯、夔之伍，孰曰不然？如能蹈道匪躬，中立無黨，則其善盡矣。蕭太師貞獨嫉惡，不爲利回，不以夷、惠僻之，俾之經綸，則其道至矣。開成之始，帝道方淪，石於此時欲振頹緒，幾嬰戕賊，可爲咄嗟。多僻之時，止堪太息。

贊曰：喬松孤立，蘿蔦負緣。柔附凌雲，豈曰能賢。嗚呼楚、孺，道喪曲全。蕭、李相才，致之外篇。

校勘記

〔一〕汉川　各本原作「汶川」，本書卷四〇地理志云：「汉川，漢安陸縣地，後魏置汉川郡。武德四年，分漢陽縣置汉川縣，屬沔州。」廿二史考異卷六〇云：「汶當作汉。」據改。

〔二〕三年正月五日　「三年」，各本原作「二年」，據本書卷一七下文宗紀、新書卷一三一李石傳、通鑑卷二四六改。

舊唐書卷一百七十三

列傳第一百二十三

鄭覃弟朗　陳夷行　李紳吳汝納　李回　李珏　李固言

鄭覃，故相珣瑜之子。以父廕補弘文校理，歷拾遺、補闕、考功員外郎、刑部郎中。元和十四年二月，遷諫議大夫。憲宗用內官五人爲京西北和糴使，覃上疏論罷。穆宗不恤政事，喜遊宴，卽位之始，吐蕃寇邊。覃與同職崔玄亮等廷奏曰〔一〕：「陛下卽位已來，宴樂過多，畋遊無度。今蕃寇在境，緩急奏報，不知乘輿所在。臣等忝備諫官，不勝憂惕，伏願稍減遊縱，留心政道。伏聞陛下晨夜昵狎倡優，近習之徒，賞賜太厚。凡金銀貨幣，皆出自生靈膏血，不可使無功之人，濫霑賜與。縱內藏有餘，亦乞用之有節，如邊上警急，卽支用無闕。免令有司重斂百姓，實天下幸甚。」帝初不悅其言，顧宰相蕭俛曰：「此輩何人？」俛對曰：「諫官也。」帝意稍解，乃曰：「朕之過失，臣下盡規，忠也。」乃謂覃曰：「閤中奏事，殊不從容。今後有事面陳，朕與卿延英相見。」時久無閤中奏事，覃等抗論，人皆相賀。

鎭冀節度使王承宗死，其弟承元聽朝旨，移授鄭滑節度。鎭之三軍留承元，以難不能赴鎭，承元乞重臣宣諭，乃以覃爲宣諭使，起居舍人王璠副之。初，鎭卒辭語不遜，覃至宣詔，諭以大義，軍人釋然聽命。長慶元年十一月，轉給事中。四年，遷御史中丞。十一月，權知工部侍郎。寶曆元年，拜京兆尹。

文宗卽位，改左散騎常侍。三年，以本官充翰林侍講學士。四年四月，拜工部侍郎。覃長於經學，稽古守正，帝尤重之。覃從容奏曰：「經籍訛謬，博士相沿，難爲改正。請召宿儒奧學，校定六籍，準後漢故事，勒石於太學，永代作則，以正其闕。」從之。

五年，李宗閔、牛僧孺輔政，宗閔以覃與李德裕相善，薄之。時德裕自浙西入朝，復爲閔、孺所排，出鎭蜀川，宗閔惡覃禁中言事，奏爲工部尚書，罷侍講學士。文宗好經義，心頗思之。六年二月，復召爲侍講學士。七年春，德裕作相。五月，以覃爲御史大夫。文宗嘗於延英謂宰相曰：「殷侑通經學，爲人頗似鄭覃。」宗閔曰：「覃、侑誠有經學，於議論不足聽覽。」李德裕對曰：「殷、鄭之言，他人不欲聞，唯陛下切欲聞之。」覃嘗嫉人朋黨，爲宗閔所薄故也。八年，遷戶部尚書。其年，德裕罷相，宗閔復知政，與李訓、鄭注同排斥李德裕、李紳。二人貶黜，覃亦左授祕書監。九年六月，楊虞卿、李宗閔得罪長流，復以覃爲刑部尚書。十月，遷尚書右僕射，兼判國子祭酒。訓、注伏誅，召覃入禁中草制敕，明日以本官同平章事，封滎陽郡公，食邑二千戶。

覃雖精經義，不能爲文，嫉進士浮華，開成初，奏禮部貢院宜罷進士科。初，紫宸對，上語及選士，覃曰：「南北朝多用文華，所以不治。士以才堪即用，何必文辭？」帝曰：「進士及第人已曾爲州縣官者，方鎭奏署即可之，餘即否。」覃曰：「此科率多輕薄，不必盡用。」帝曰：「輕薄敦厚，色色有之，未必獨在進士。此科置已二百年，亦不可遽改。」覃曰：「亦不可過有崇樹。」帝嘗謂宰臣曰：「百司弛慢，要重條舉。」因指前香爐曰：「此爐始亦華好，用之既久，乃無光彩。若不加飾，何由復初？」覃對曰：「丕變風俗，當考實效。自三十年已來，多不務實，取於顏情。如嵇、阮之流，不攝職事。」李石云：「此本因治平，人人無事，安逸所致。今之人俗亦慕王夷甫，恥不能及之。」上曰：「卿等輔朕，在振舉法度而已。」

時太學勒石經，覃奏起居郎周墀、水部員外郎崔球、監察御史張次宗、禮部員外郎溫業等校定九經文字，旋令上石。加門下侍郎、弘文館大學士、監修國史。上嘗於延英論古今詩句工拙，覃曰：「孔子所刪，三百篇是也。降此五言七言，辭非雅正，不足帝王賞詠。夫詩之雅頌，皆下刺上所爲，非上化下而作。王者採詩，以考風俗得失。仲尼刪定，以爲世規。近代陳後主、隋煬帝皆能章句，不知王者大端，終有季年之失。章句小道，願陛下不取也。」覃以宰相兼判國子祭酒，奏太學置五經博士各一人，緣無職田，請依王府官例，賜祿粟，從之。又進石壁九經一百六十卷。

其年，李固言復爲宰相。固言與李宗閔、楊嗣復善，覃憎之。因起居郎闕，固言奏曰：「周敬復、崔球、張次宗等三人，皆堪此任。」覃曰：「崔球遊宗閔之門，且赤墀下秉筆，爲千古法，不可朋黨。如裴中孺、李讓夷，臣不敢有纖芥異論。」乃止。三年，楊嗣復自西川入拜平章事，與覃尤相矛盾，加之以固言、李珏，入對之際，是非蜂起。二月，覃進位太子太師。

文宗以旱放繫囚，出宫人劉好奴等五百餘人，送兩街寺觀，任歸親戚。紫宸對，李珏曰：「陛下放宫女數多，德邁千古。漢制，八月選人，晉武平吳，亦多採擇。仲尼所謂『未見好德如好色』。今陛下以爲無益放之，微臣敢賀。」覃曰：「晉武帝以採擇之失，中原化爲左衽，陛下以爲殷鑒，放去攸宜。」其年十二月，三上章求罷，詔落太子太師，餘如故。仍三五日一入中書，商量政事。四年五月，罷相，守左僕射。武宗即位，李德裕用事，欲援爲宰相，固以足疾不任朝謁。會昌二年，守司徒致仕，卒。子畜綽，以蔭授渭南尉，直弘文館。

覃少清苦貞退，不造次與人款狎。位至相國，所居未嘗增飾，纔庇風雨。家無媵妾，人皆仰其素風。然嫉惡太過，多所不容，衆憚而惡之。覃弟朗、潛。

朗字有融。長慶元年，登進士甲科，再遷右拾遺。開成中，爲起居郎。初，大和末風俗稍奢，文宗恭勤節儉，冀革其風。宰臣等言曰：「陛下節儉省用，風俗已移，長裾大袂，漸以減損。若更令戚屬絕其侈靡，不慮下不從教。」帝曰：「此事亦難戶曉，但去其泰甚，自以儉德化之。朕聞前時內庫唯二錦袍，飾以金鳥，一袍玄宗幸温湯御之，一即與貴妃。當時貴重如此，如今奢靡，豈復貴之？料今富家往往皆有。左衞副使張元昌便用金唾壺，昨因李訓已誅之矣。」時朗執筆螭頭下，宰臣退，上謂朗曰：「適所議論，卿記錄未？吾試觀之。」朗對曰：「臣執筆所記，便名爲史。伏準故事，帝王不可取觀。昔太宗欲覽國史，諫議大夫朱子奢云：『史官所述，不隱善惡。或主非上智，飾非護失，見之則致怨，所以義不可觀。』又褚遂良曰：『今之起居郎，古之左右史也，記人君言行，善惡必書，庶幾不爲非法，不聞帝王躬自觀史。』」帝曰：「適來所記，無可否臧，見亦何爽？」乃宣謂宰臣曰：「鄭朗引故事，不欲朕見起居注。夫人君之言，善惡必書。朕恐平常閑話，不關理體，垂諸將來，竊以爲恥。異日臨朝，庶幾稍改，何妨一見，以誡醜言。」朗遂進之。朗轉考功郎中。四年，遷諫議大夫。

會昌初，爲給事中。出爲華州刺史，入爲御史中丞、戶部侍郎，判本司事。大中朝，出爲定州刺史、義武軍節度、易定觀察、北平軍等使。尋遷檢校戶部尚書、汴州刺史、宣武軍節度、宋亳汴潁觀察等使。入爲工部尚書，判度支。遷御史大夫，改禮部尚書。以本官同平章事，加中書侍郎、集賢殿大學士，修國史。大中十年，以疾辭位，進加檢校右僕射、守太子少師。十一年十月卒。詔曰：

故通議大夫、檢校尚書右僕射、兼太子少師、上柱國、賜紫金魚袋鄭朗，植操端方，稟氣莊重，藹若瑞玉，澹如澄川。智略合乎蓍龜，誠信服于僚友。自膺寵寄，頗負全才，竭匪躬于諫垣，彰盡瘁于瑣闈。載踐方嶽，亟登師壇，觀風推惠愛之心，訓士得撫循之術。政溢聞聽，念茲徵還，位冠冬卿，職重邦計。經費有節，財用不虧。繄彼休功，明我推擇。爰嘉峭峻，俾總紀綱。公望益隆，典彝具舉，式諧注意，且沃深衷。俄鎮雅俗，表率庶官，頤養或乖，腠理生疾，屢陳章疏，乞遂退閑。旣堅乃誠，式允其請。方俟坐參化源，以提政柄，三事仰清廉之節，百度見損益之能。近煦和風，遠浹膏雨。每圖懿績，唯冀有瘳。何竟至於彌留，而遽聞於捐代。閱奏興悼，臨軒載懷。將輟視朝之儀，兼列上公之秩。慰茲幽壤，期爾有知，可贈司空。

潛字無悶，亦登進士第。

陳夷行字周道，潁川人。祖忠，父邑。夷行，元和七年登進士第，累辟使府。寶曆末，由侍御史改虞部員外郎，皆分務東都。大和三年，入爲起居郎、史館修撰，預修憲宗實錄。四年獻上，轉司封員外郎。五年，遷吏部郎中。四月，召充翰林學士。八年，兼充皇太子侍讀，詔五日一度入長生院侍太子講經。上召對，面賜緋衣牙笏，遷諫議大夫、知制誥，餘職如故。九年八月，改太常少卿，知制誥、學士侍講如故。

開成二年四月，以本官同平章事。三年，楊嗣復、李珏繼入輔政，夷行介特，素惡其所爲，每上前議政，語侵嗣復，遂至往復。性不能堪，上表稱足疾辭位，不許，詔中使就第宣勞。七月，以王彥威爲忠武節度使，史孝章爲邠寧節度使，皆嗣復擬議。因延英對，上問夷行曰：「昨除二鎭，當否？」夷行對曰：「但出自聖心卽當。」楊嗣復曰：「若出自聖心當，卽人情皆愜。如事或過當，臣下安得無言？」帝曰：「誠如此，朕固無私也。」夷行曰：「自三數年來，姦臣竊權，陛下不可倒持太阿，授人鐏柄。」嗣復曰：「齊桓用管仲於讎虜，豈有太阿之慮乎？」上不悅。

仙韶院樂官尉遲璋授王府率，右拾遺竇洵直當衙論曰：「伶人自有本色官，不合授之淸秩。」鄭覃曰：「此小事，何足當衙論列！王府率是六品雜官，謂之淸秩，與洵直得否？此近名也。」嗣復曰：「嘗聞洵直幽，今當衙論一樂官，幽則有之，亦不足怪。」夷行曰：「諫官當衙，祇合論宰相得失，不合論樂官。然業已陳論，須與處置。今後樂人每七八年與轉一官，不侍郎。

然，則加手力課三數人。」帝曰：「別與一官。」乃授光州長史，賜洵直絹百疋。夷行尋轉門下侍郎。

上紫宸議政，因曰：「天寶中政事，實不甚佳。當時姚、宋在否？」李珏曰：「姚亡而宋罷。」珏因言：「人君明哲，終始尤難。玄宗嘗云：『自卽位已來，未嘗殺一不辜。』而任林甫陷害破人家族，不亦惑乎？」夷行曰：「陛下不可移權與人。」嗣復曰：「夷行之言容易，且太宗用房玄齡十六年、魏徵十五年，何嘗失道？臣以爲用房、魏多時不爲不理，用邪佞一日便足。」夷行之言，皆指嗣復專權。

文宗用郭薳爲坊州刺史，右拾遺宋邧論列，以爲不可。既而薳坐贓，帝謂宰相曰：「宋邧論事可嘉，邧授官來幾時？」嗣復曰：「去年。」因曰：「諫官論事，陛下但記其姓名，稍加優奬。如不當，亦須令知。」夷行曰：「諫官論事，是其本職。若論一事卽加一官，則官何由得，不免有情。」帝曰：「情固不免，理平之時，亦不可免。」上竟以夷行議論太過，恩禮漸薄。尋罷知政事，守吏部尙書。

四年九月，檢校禮部尙書，出爲華州刺史。五年，武宗卽位，李德裕秉政。七月，自華召入，復爲中書侍郎、平章事。會昌三年十一月，檢校司空、平章事、河中尹、河中晉絳節度使。卒，贈司徒。

弟玄錫、夷實，皆進士擢第。玄錫又制策登科。

李紳字公垂，潤州無錫人。本山東著姓。高祖敬玄，則天朝中書令，封趙國文憲公，自有傳。祖守一，成都郫縣令。父晤，歷金壇、烏程、晉陵三縣令，因家無錫。紳六歲而孤，母盧氏教以經義。紳形狀眇小而精悍，能爲歌詩。鄉賦之年，諷誦多在人口。元和初，登進士第，釋褐國子助教，非其好也。東歸金陵，觀察使李錡愛其才，辟爲從事。紳以錡所爲專恣，不受其書幣，錡怒，將殺紳，遁而獲免。錡誅，朝廷嘉之，召拜右拾遺。

歲餘，穆宗召爲翰林學士，與李德裕、元稹同在禁署，時稱「三俊」，情意相善。尋轉右補闕。長慶元年三月，改司勳員外郎、知制誥。二年二月，超拜中書舍人，內職如故。俄而稹作相，尋爲李逢吉教人告稹陰事，稹罷相，出爲同州刺史。時德裕與牛僧孺俱有相望，德裕恩顧稍深。逢吉欲用僧孺，懼紳與德裕沮於禁中。二年九月，出德裕爲浙西觀察使，乃用僧孺爲平章事，以紳爲御史中丞，冀離內職，易掎摭而逐之。乃以吏部侍郎韓愈爲京兆尹，兼御史大夫，放臺參。知紳剛褊，必與韓愈忿爭。制出，紳果移牒往來，論臺府事體。而愈復性訐，言辭不遜，大喧物論，由是兩罷之。愈改兵部侍郎，紳爲江西觀察使。天子待紳素厚，不悟逢吉之嫁禍，爲其心希外任，乃令中使就第宣勞，賜之玉帶。紳對中使泣訴其事，言爲逢吉所排，戀闕之情無已。及中謝日，面自陳訴，帝方省悟，乃改授戶部侍郎。

中尉王守澄用事，逢吉令門生故吏結託守澄爲援以傾紳，晝夜計畫。會紳族子虞，文學知名，隱居華陽，自言不樂仕進，時來京師省紳。虞與從伯耆、進士程昔範皆依紳。及耆拜左拾遺，虞在華陽寓書與耆求薦，書誤達於紳。紳以其進退二三，以書誚之，虞大怨望。及來京師，盡以紳嘗所密話言逢吉姦邪附會之語告逢吉，逢吉大怒。問計于門人張又新、李續之，咸曰：「搢紳皆自惜毛羽，孰肯爲相公搏擊，須得非常奇士出死力者。有前鄧州司倉劉棲楚者，嘗爲吏，鎮州王承宗以事繩之，棲楚以首觸地固爭，而承宗竟不能奪，其果銳如此。若相公取之爲諫官，令伺紳之失，一旦於上前暴揚其過，恩寵必替。事苟不行，過在棲楚，亦不足惜也。」逢吉乃用李虞、程昔範、劉棲楚，皆擢爲拾遺，以伺紳隙。

俄而穆宗晏駕，敬宗初卽位，逢吉快紳失勢，慮嗣君復用之，張又新等謀逐紳。會荆州刺史蘇遇入朝，遇能決陰事，衆問計於遇。遇曰：「上聽政後，當開延英，必有次對官，欲拔本塞源，先以次對爲慮，餘不足恃。」羣黨深然之，逢吉乃以遇爲左常侍。王守澄每從容謂敬宗曰：「陛下登九五，逢吉之助也。先朝初定儲貳，唯臣備知。時翰林學士杜元穎、李紳勸立深王，而逢吉固請立陛下，而李續之、李虞繼獻章疏。」帝雖沖年，亦疑其事。會逢吉進擬，言李紳在內署時，嘗不利於陛下，請行貶逐。帝初卽位，方倚大臣，不能自執，乃貶紳端州司馬。貶制既行，百僚中書賀宰相，唯右拾遺吳思不賀。逢吉怒，改爲殿中侍御史，充入吐蕃告哀使。

紳之貶也，正人腹誹，無敢有言，唯翰林學士韋處厚上疏，極言逢吉姦邪，誣摭紳罪，語在處厚傳。天子亦稍開悟。會禁中檢尋舊事，得穆宗時封書一篋。發之，得裴度、杜元穎與紳三人所獻疏，請立敬宗爲太子，帝感悟興歎，悉命焚逢吉黨所上謗書，由是讒言稍息，紳黨得保全。及寶曆改元大赦，逢吉定赦書節文，不欲紳量移，但云左降官已經量移者與量移，不言左降官與量移。韋處厚復上疏論之，語在處厚傳。帝特追赦書，添節文云「左降官與量移」，紳方移爲江州長史。再遷太子賓客，分司東都。

大和七年，李德裕作相。七月，檢校左常侍、越州刺史、浙東觀察使。九年，李訓用事，李宗閔復相，與李訓、鄭注連衡排擯德裕罷相，紳與德裕俱以太子賓客分司。開成元年，鄭覃輔政，起德裕爲浙西觀察使，紳爲河南尹。六月，檢校戶部尙書、汴州刺史、宣武節度、宋亳汴潁觀察等使。二年，夏秋旱，大蝗，獨不入汴、宋之境，詔書褒美。又於州置利潤樓店。四年，就加檢校兵部尙書。武宗卽位，加檢校尙書右僕射、揚州大都督府長史，知淮南節度大使事。會昌元年，入爲兵部侍郎、同平章事，改中書侍郎，累遷守右僕射、門下侍郎、監修國史、上柱國、趙國公，食邑二千戶。四年，暴中風恙，足緩不任朝謁，拜章求罷。十一月，守僕射、平章事，出爲淮南節度使。六年，卒。

紳始以文藝節操進用，受顧禁中。後爲朋黨所擠，濱於禍患。賴正人匡救，得以功名始終。歿後，宣宗卽位，李德裕失勢罷相，歸洛陽，而宗閔、嗣復之黨崔鉉、白敏中、令狐綯欲置德裕深罪。大中初，教人發紳鎭揚州時舊事，以傾德裕。初，會昌五年，揚州江都縣尉吳湘坐贓下獄，準法當死，具事上聞。諫官疑其冤，論之，遣御史崔元藻覆推，與揚州所奏多同，湘竟伏法。及德裕罷相，羣怨方構，湘兄進士汝納，詣闕訴冤，言紳在淮南恃德裕之勢，枉殺臣弟。德裕既貶，紳亦追削三任官告。

吳汝納者，澧州人，故韶州刺史武陵兄之子。武陵進士登第，有史學，與劉軻並以史才直史館。武陵撰十三代史駁議二十卷。自尙書員外郎出爲忠州刺史，改韶州。坐贓貶潘州司戶卒。

汝納亦進士擢第，以季父贓罪，久之不調。會昌中，爲河南府永寧縣尉。初，武陵坐贓時，李德裕作相，貶之，故汝納以不調挾怨，而附宗閔、嗣復之黨，同作謗言。會汝納弟湘爲江都尉，爲部人所訟贓罪，兼娶百姓顏悅女爲妻，有踰格律。李紳令觀察判官魏鉶鞫之，贓狀明白，伏法。湘妻顏，顏繼母焦，皆笞而釋之，仍令江都令張弘思以船監送湘妻顏及兒女送澧州。

及揚州上具獄，物議以德裕素憎吳氏，疑李紳織成其罪。諫官論之，乃差御史崔元藻爲制使，覆吳湘獄。據款伏妄破程糧錢，計贓準法。其恃官娶百姓顏悅女爲妻，則稱悅是前青州衙推，悅先娶王氏是衣冠女，非繼室焦所生，與揚州案小有不同。德裕以元藻無定奪，奏貶崖州司戶。及汝納進狀，追元藻覆問。元藻既恨德裕，陰爲崔鉉、白敏中、令狐綯所利誘，卽言湘雖坐贓，罪不至死。又云，顏悅實非百姓，此獄是鄭亞首唱，元壽協李恪鍛成，李回便奏。遂下三司詳鞫，故德裕再貶，李回、鄭亞等皆竄逐。吳汝納、崔元藻爲崔、白、令狐所獎，數年並至顯官。

李回字昭度，宗室郇王禕之後。父如仙。回本名躔，以避武宗廟諱。長慶初，進士擢第，又登賢良方正制科。釋褐滑臺從事，揚州掌書記，得監察御史。入爲京兆府戶曹，轉司錄參軍。登朝爲左補闕、起居郎，尤爲宰相李德裕所知。回強幹有吏才，遇事通敏，官曹無不理。授職方員外郎，判戶部案，歷吏部員外郎，判南曹。以刑部員外郎知臺雜，賜緋。開成初，以庫部郎中知制誥，拜中書舍人，賜金紫服。武宗卽位，拜工部侍郎，轉戶部侍郎，判本司事。三年，兼御史中丞。

會昌三年，劉稹據潞州，邀求旄鉞，朝議不允，加兵問罪。武宗懼稹陰附河朔三鎮，以沮王師，乃命回奉使河朔。魏博何弘敬、鎭冀王元逵皆具櫜鞬郊迎。回喩以朝旨，言澤潞密邇王畿，不同河北，自艱難已來，唯魏、鎭兩藩，列聖皆許襲，而稹無功，欲効河朔故事，理卽太悖。聖上但以山東三郡，境連魏、鎭，用軍便近，王師不欲輕出山東，請魏、鎭兩藩祇收山東三郡。弘敬、元逵俯僂從命。回至幽州，喩以和協之旨，仲武欣然釋憾。幽州張仲武與太原劉沔攻迴鶻，時兩人不協，朝廷方用兵，不欲藩帥不和。乃移劉沔鎭滑臺，命仲武領太原軍攻潞。賊平，以本官同平章事，累加中書侍郎，轉門下，歷戶、吏二尙書。

武宗崩，回充山陵使，祔廟竟，出爲成都尹、劍南西川節度。大中元年冬，坐與李德裕親善，改潭州刺史、湖南觀察使，再貶撫州刺史。白敏中、令狐綯罷相，入朝爲兵部尙書，復出爲成都尹、劍南西川節度使。卒，贈司徒，謚曰文懿。

李珏字待價，趙郡人。父仲朝。珏進士擢第，又登書判拔萃科，累官至右拾遺。穆宗荒於酒色，纔終易月之制，卽與勳臣飲宴，珏與同列上疏論之曰：

臣聞人臣之節，本於忠盡，苟有所見，卽宜上陳。況爲陛下諫官，食陛下厚祿，豈敢腹誹巷議，辜負恩榮？臣等聞諸道路，不知信否，皆云有詔追李光顏、李愬，欲於重陽節日，合宴羣臣。倘誠有之，乃陛下念羣臣數惠澤之慈旨也。然元朔未改，園陵尙新。雖陛下執易月之期，俯從人欲；而禮經著三年之制，猶服心喪。今遵同軌之會，適去於中邦；告遠夷之使，未復其來命。遏密弛禁，蓋爲齊人，合宴內廷，事將未可。夫明王之舉，動爲天下法，王言既降，其出如綸。苟玷皇猷，徒章直諫，臣等是以昧死上聞。且光顏、李愬，久立忠勞，今方盛秋，務拓邊境。如或召見，詔以謀猷，褒其宿勳，付以疆事，則與歌鐘合宴，酒食邀歡，不得同年而語也。陛下自纘嗣以來，發號施令，無非孝理因心，形于詔敕，固以感動於人倫。更在敬愼威儀，保持聖德而已。

上雖不用其言，慰勞遣之。

長慶元年，鹽鐵使王播增茶稅，初稅一百，增之五十，珏上疏論之曰：

榷率救弊，起自干戈，天下無事，卽宜蠲省。況稅茶之事，尤出近年，在貞元元年中，不得不爾。今四海鏡淸，八方砥平，厚斂於人，殊傷國體。其不可一也。茶爲食物，無異米鹽，於人所資，遠近同俗。既祛竭乏，難捨斯須，田閭之間，嗜好尤切。今增稅既重，時估必增，流弊於民，先及貧弱。其不可二也。且山澤之饒，出無定數，量斤論稅，所冀售多。價高則市者稀，價賤則市者廣，歲終上計，其利幾何？未見阜財，徒聞斂怨。其不可三也。臣不敢遠徵故事，直以目前所見陳之。伏望暫留聰明，稍垂念慮，特追成命，更賜商量。陛下即位之初，已懲聚斂，外官押貫，旋有詔停，洋洋德音，千古不朽。今若榷茶加稅，頗失人情。臣忝諫司，不敢緘默。

時禁中造百尺樓，國計不充。王播希恩增稅，奉帝嗜慾，疏奏不省。遷吏部員外郎，轉司勳員外郎、知制誥。

大和五年，李宗閔、牛僧孺在相，與珏親厚，改度支郎中、知制誥，遂入翰林充學士。七年三月，正拜中書舍人。九年五月，轉戶部侍郎充職。七月，宗閔得罪，珏坐累，出爲江州刺史。開成元年四月，以太子賓客分司東都，遷河南尹。二年五月，李固言入相，召珏復爲戶部侍郎，判本司事。三年，楊嗣復輔政，薦珏以本官同平章事。珏與固言、嗣復相善，自固言得位，相繼援引，居大政，以傾鄭覃、陳夷行、李德裕三人。凡有奏議，必以朋黨爲謀，屢爲覃所廷折之。珏自朝議郎進階正議大夫，其年十二月，上疏求罷，不許。

四年三月，文宗謂宰臣曰：「朕在位十四年，屬天下無事，雖未至理，亦少有如今日之無事也。」珏對曰：「邦國安危，亦如人之身。當四體和平之時，長宜調適，以順寒暄之節。如恃安自忽，則疾患旋生。朝廷當無事之時，思省闕失而補之，則禍難不作矣。」

文宗以杜悰領度支稱職，欲加戶部尚書，因紫宸言之。陳夷行曰：「一切恩權，合歸君上。陛下自看可否？」珏對曰：「太宗用宰臣，天下事皆先平章，謂之平章事。代天理物，上下無疑，所以致太平者也。若拜一官，命一職，事事皆決於君上，卽爲用彼相？昔隋文帝一切自勞心力，臣下發論則疑，凡臣下用之則宰相，不用則常僚，豈可自保？陛下常語臣云：『竇易直勸我，宰相進擬，但五人留三人、兩人勾一人。渠卽合勸我擇宰相，不合勸我疑宰相。』」帝曰：「易直此言甚鄙。」又曰：「韋處厚作相，三日薦六度師，亦大可怪。」珏曰：「處厚淫於奉佛，不悟其是非也。」

其年五月，上謂宰臣曰：「貞元政事，初年至好。」珏曰：「德宗中年好貨，方鎭進奉，卽加恩澤。租賦出自百姓，更令貪吏剝削，聚貨以希恩，理道故不可也。」上曰：「人君聚斂，猶自不可。但輕賦節用可也。」珏又曰：「貞觀中，房、杜、王、魏啓告文皇，意祇在此，請不易初心。自古好事，克終實難。」上曰：「朕心終不改也。」尋封贊皇男，食邑三百戶。

武宗卽位之年九月，與楊嗣復俱罷相，出爲桂州刺史、桂管觀察使。三年，長流驩州。大中二年，崔鉉、白敏中逐李德裕，徵入朝爲戶部尚書。出爲河陽節度使。入爲吏部尚書，累遷金紫光祿大夫、檢校尚書右僕射、揚州大都督府長史、淮南節度使、上柱國、贊皇郡開國公、食邑一千五百戶。大中七年卒，贈司空。

李固言，趙郡人。祖并，父現。固言，元和七年登進士甲科。大和初，累官至駕部郎中、知臺雜。四年，李宗閔作相，用爲給事中。五年，宋申錫爲王守澄誣陷，固言與同列伏閤論之。將作監王堪修奉太廟弛慢，罰俸，仍改官爲太子賓客。制出，固言封還曰：「東宮調護之地，不可令弛慢被罰之人處之。」改爲均王傅。六年，遷工部侍郎。七年四月，轉尚書左丞，奉詔定左右僕射上事儀注。八年，李德裕輔政，出爲華州刺史。其年十月，宗閔復入，召拜吏部侍郎。九年五月，遷御史大夫。六月，宗閔得罪，固言代爲門下侍郎、平章事，尋加崇文館大學士。時李訓、鄭注用事，自欲竊輔相之權。宗閔既逐，外示公體，爰立固言，其實惡與宗閔朋黨。九月，以兵部尚書出爲興元節度使。李訓自代固言爲平章事。訓、注誅，文宗思其讜正，開成元年四月，復召爲平章事，判戶部事。

二年，羣臣上徽號，上紫宸言曰：「中外上章，請加徽號。朕思理道猶鬱，實愧岳牧之請。如聞州郡甚有無政處？」固言曰：「人言鄧州王堪衰老，隋州鄭襄無政。」帝曰：「堪是貞元時御史，祇有此一人。」鄭覃曰：「臣以王堪舊人，舉爲刺史。鄭襄比來守官，亦無敗事。若言外郡不理，何止二人？」帝曰：「濟濟多士，文王以寧。德宗時，班行多閑員，豈時乏才耶？」李石對曰：「十室之邑，必有忠信。安有大國無人？蓋貞元中仕進路塞，所以有才之人或託迹他所，此乃不敍進人才之過也。」固言曰：「求才之道，有人保任，便宜獎用。隨其稱職與否升黜之。」上曰：「宰相薦人，莫計親疏。竇易直作相，未嘗論用親情。若己非相才，自宜引退。若是公舉，親亦何嫌？人鮮全才，但用其所長爾。」

尋進階金紫，判戶部事。其年十月，以門下侍郎平章事出爲成都尹、劍南西川節度使，代楊嗣復。上表讓門下侍郎，乃檢校左僕射。會昌初入朝，歷兵、戶二尚書。宣宗即位，累授檢校司徒、東都留守、東畿汝都防禦使。大中末，以太常卿孫簡代之，拜太子太傅，分司東都，卒。

史臣曰：陳、鄭諸公，章疏議論，綽有端士之風。天子待以賢能，付之以鼎職。延英獻納，罕聞康濟之謨；文陛敷敭，莫副具瞻之望。加以互生傾奪，競起愛憎。惟回奉使命而喻藩臣，救危邦而除宿憾。況昭獻文章可以爲世範，德行可以爲人師，有啓、誦之上才，非桓、靈之失道，詎可不思己過，祇務面欺。輔弼之宜，安可垂訓？若俾韓非之言進矣，子輩安可逃乎？土運之衰，斯爲魍魎，悲夫！

贊曰：愛而知惡，憎不忘善。平心救非，可居鼎鉉。吠聲濟惡，結黨專朝。謀身壞國，何名燮調？

校勘記

〔一〕覃與同職崔玄亮等廷奏曰　按本書卷一六五崔玄亮傳無此事。據本書卷一五五崔邠傳、新書卷一六五鄭珣瑜傳、御覽卷四五四、通鑑卷二四一「崔玄亮」當作「崔郾」。

舊唐書卷一百七十四

列傳第一百二十四

李德裕 子燁

李德裕字文饒，趙郡人。祖栖筠，御史大夫。父吉甫，趙國忠懿公〔一〕，元和初宰相。祖、父自有傳。德裕幼有壯志，苦心力學，尤精西漢書、左氏春秋。恥與諸生從鄉賦，不喜科試。年纔及冠，志業大成。貞元中，以父譴逐蠻方，隨侍左右，不求仕進。元和初，以父再秉國鈞，避嫌不仕臺省，累辟諸府從事。十一年，張弘靖罷相，鎮太原，辟爲掌書記。由大理評事得殿中侍御史。十四年府罷，從弘靖入朝，眞拜監察御史。明年正月，穆宗卽位，召入翰林充學士。帝在東宮，素聞吉甫之名，既見德裕，尤重之。禁中書詔，大手筆多詔德裕草之。是月，召對思政殿，賜金紫之服。踰月，改屯田員外郎。

穆宗不持政道，多所恩貸，戚里諸親，邪謀請謁，傳導中人之旨，與權臣往來，德裕嫉之。長慶元年正月，上疏論之曰：「伏見國朝故事，駙馬緣是親密，不合與朝廷要官往來。玄宗開元中，禁止尤切。訪聞近日駙馬輒至宰相及要官私第，此輩無他才伎可以延接，唯是洩漏禁密，交通中外，羣情所知，以爲甚弊。其朝官素是雜流，則不妨來往。若職在清列，豈可知聞？伏乞宣示宰臣，其駙馬諸親，今後公事即於中書見宰相，請不令詣私第。」上然之。尋轉考功郎中、知制誥。二年二月，轉中書舍人，學士如故。

初，吉甫在相位時，牛僧孺、李宗閔應制舉直言極諫科。二人對詔，深詆時政之失，吉甫泣訴於上前。由是，考策官皆貶，事在李宗閔傳。元和初，用兵伐叛，始於杜黃裳誅蜀。吉甫經畫，欲定兩河，方欲出師而卒，繼之元衡、裴度。而韋貫之、李逢吉沮議，深以用兵爲非，而韋、李相次罷相，故逢吉常怒吉甫、裴度。而德裕於元和時，久之不調，而逢吉、僧孺、宗閔以私怨恆排擯之。

時德裕與李紳、元稹俱在翰林，以學識才名相類，情頗款密，而逢吉之黨深惡之。其月，罷學士，出爲御史中丞。時元稹自禁中出，拜工部侍郎、平章事。三月，裴度自太原復輔政。是月，李逢吉亦自襄陽入朝，乃密賂纖人，構成于方獄。六月，元稹、裴度俱罷相，稹出爲同州刺史，逢吉代裴度爲門下侍郎、平章事。既得權位，銳意報怨。時德裕與牛僧孺俱有相望，逢吉欲引僧孺，懼紳與德裕禁中沮之，九月，出德裕爲浙西觀察使，尋引僧孺同平章事。

由是交怨愈深。

潤州承王國清兵亂之後，前使竇易直傾府藏賞給，軍旅寖驕，財用殫竭。德裕儉於自奉，留州所得，盡以贍軍，雖施與不豐，將卒無怨。二年之後，賦輿復集。德裕壯年得位，銳於布政，凡舊俗之害民者，悉革其弊。江、嶺之間信巫祝，惑鬼怪，有父母兄弟厲疾者，舉室棄之而去。德裕欲變其風，擇鄉人之有識者，諭之以言，繩之以法，數年之間，弊風頓革。屬郡祠廟，按方志前代名臣賢后則祠之，四郡之內，除淫祠一千一十所。又罷私邑山房一千四百六十，以清寇盜。人樂其政，優詔嘉之。

昭愍皇帝童年纘曆，頗事奢靡，即位之年七月，詔浙西造銀盝子妝具二十事進內。德裕奏曰：

臣百生多幸，獲遇昌期，受寄名藩，常憂曠職，孜孜夙夜，上報國恩。數年已來，災旱相繼，罄竭微慮，粗免流亡，物力之間，尚未完復。臣伏準今年三月三日赦文，常貢之外，不令進獻。此則陛下至聖至明，細微洞照，一恐聚斂之吏緣以成奸，一恐凋瘵之人不勝其弊。上弘儉約之德，下敷惻憫之心。萬國羣甿，鼓舞未息。昨奉五月二十三日詔書，令訪茅山眞隱，將欲師處謙守約之道，發務實去華之美。雖無人上塞丹詔，實率土已偃玄風，豈止微臣，獨懷抃賀。

況進獻之事，臣子常心，雖有敕文不許，亦合竭力上貢。唯臣當道，素號富饒，近年已來，比舊卽異。貞元中，李錡任觀察使日，職兼鹽鐵，百姓除隨貫出榷酒錢外，更置官酤，兩重納榷，獲利至厚。又訪聞當時進奉，亦兼用鹽鐵羡餘，貢獻繁多，自後莫及。至薛苹任觀察使時，又奏置榷酒，上供之外，頗有餘財，軍用之間，實爲優足。自元和十四年七月三日敕，却停榷酤。又準元和十五年五月七日赦文，諸州羡餘，不令送使，唯有留使錢五十萬貫。每年支用，猶欠十三萬貫不足，常須是事節儉，百計補塡，經費之中，未免懸欠。至於綾紗等物，猶是本州所出，易於方圓。金銀不出當州，皆須外處回市。

去二月中奉宣令進盝子，計用銀九千四百餘兩。其時貯備，都無二三百兩，乃諸頭收市，方獲制造上供。昨又奉宣旨，令進妝具二十件，計用銀一萬三千兩，金一百三十兩。尋令併合四節進奉金銀，造成兩具進納訖。今差人於淮南收買，旋到旋造，星夜不輟，雖力營求，深憂不迨。臣若因循不奏，則負陛下任使之恩；若分外誅求，又累陛下慈儉之德。伏乞陛下覽前件榷酤及諸州羡餘之目，則知臣軍用褊短，本末有由。伏料陛下見臣奏論，必賜詳悉，知臣竭愛君守事之節，盡納忠罄直之心。伏乞聖慈，宣令宰臣商議，何以遣臣上不違宣索，下不闕軍儲，不困疲人，不斂物怨，前後詔敕，並可遵承。輒冒宸嚴，不勝戰汗之至。

時準赦不許進獻，踰月之後，徵貢之使，道路相繼，故德裕因訴而諷之。事奏，不報。

又詔進可幅盤條繚綾一千匹，德裕又論曰：

臣昨緣宣索，已具軍資歲計及近年物力聞奏，伏料聖慈，必垂省覽。又奉詔旨，令織定羅紗袍段及可幅盤條繚綾一千匹，伏讀詔書，倍增惶灼。

臣伏見太宗朝，臺使至涼州見名鷹，諷李大亮獻之。大亮密表陳誠，太宗賜詔云：「使遣獻之，遂不曲順。」再三嘉歎，載在史書。又玄宗命中使於江南採鵁鶄諸鳥，汴州刺史倪若水陳論，玄宗亦賜詔嘉納，其鳥即時皆放。又令皇甫詢於益州織半臂背子、琵琶扞撥、鏤牙合子等，蘇頲不奉詔書，輒自停織。太宗、玄宗皆不加罪，欣納所陳。臣竊以鵁鶄鏤牙，至爲微細，若水等尚以勞人損德，瀝款效忠。當聖祖之朝，有臣如此，豈明王之代，獨無其人？蓋有位者蔽而不言，必非陛下拒而不納。

又伏覩四月二十三日德音云：「方、召侯伯有位之士，無或棄吾謂不可教。其有違道傷理，徇欲懷安，面刺廷攻，無有隱諱。」則是陛下納誨從善，道光祖宗，不盡忠規，過在臣下。況玄鵝天馬，椈豹盤條，文彩珍奇，只合聖躬自服。今所織千匹，費用至多，在臣愚誠，亦所未諭。昔漢文帝衣弋綈之衣，元帝罷輕纖之服，仁德慈儉，至今稱之。

伏乞陛下，近覽太宗、玄宗之容納，遠思漢文、孝元之恭己，以臣前表宣示羣臣，酌臣當道物力所宜，更賜節減，則海隅蒼生，無不受賜。臣不勝懇切兢惶之至。

優詔報之。其繚綾罷進。

元和已來，累敕天下州府，不得私度僧尼。徐州節度使王智興聚貨無厭，以敬宗誕月，請於泗州置僧壇，度人資福，以邀厚利。江、淮之民，皆羣黨渡淮。德裕奏論曰：「王智興於所屬泗州置僧尼戒壇，自去冬於江、淮已南，所在懸牓招置。江、淮自元和二年後，不敢私度。自聞泗州有壇，戶有三丁必令一丁落髮，意在規避王徭，影庇資產。自正月已來，落髮者無算。臣今於蒜山渡點其過者，一日一百餘人，勘問唯十四人是舊日沙彌，餘是蘇、常百姓，亦無本州文憑，尋已勒還本貫。訪聞泗州置壇次第，凡僧徒到者，人納二緡，給牒卽回，別無法事。若不特行禁止，比到誕節，計江、淮已南，失却六十萬丁壯。此事非細，繫於朝廷法度。」狀奏，卽日詔徐州罷之。

敬宗荒僻日甚，遊幸無恆，疏遠賢能，昵比羣小。坐朝月不二三度，大臣罕得進言。海內憂危，慮移宗社。德裕身居廉鎭，傾心王室，遣使獻丹扆箴六首曰：「臣聞『心乎愛矣，遐不謂矣』，此古之賢人所以篤於事君者也。夫迹疏而言親者危，地遠而意忠者忤。然臣竊念拔自先聖，偏荷寵光，若不愛君以忠，則是上負靈鑒。臣頃事先朝，屬多陰沴，嘗獻大明賦以諷，頗蒙先朝嘉納。臣今日盡節明主，亦由是心。昔張敞之守遠郡，梅福之在遐徼，尙竭誠盡忠，不避尤悔。況臣嘗學舊史，頗知箴諷，雖在疏遠，猶思獻替。謹獻丹扆箴六首，仰塵睿鑒，伏積兢惶。」

其宵衣箴曰：「先王聽政，昧爽以俟。雞鳴既盈，日出而視。伯禹大聖，寸陰爲貴。光武至仁，反支不忌。無俾姜后，獨去簪珥。彤管記言，克念前志。」

其正服箴曰：「聖人作服，法象可觀。雖在宴遊，尙不懷安。汲黯莊色，能正不冠。楊阜毅然，亦譏縹紈。四時所御，各有其官。非此勿服，惟辟所難。」

其罷獻箴曰：「漢文罷獻，詔還騄耳。鑾輅徐驅，焉用千里？厥後令王，亦能恭己。翟裘既焚，筒布則毀。道德爲麗，慈仁爲美。不過天道，斯爲至理。」

其納誨箴曰：「惟后納誨，以求厥中。從善如流，乃能成功。漢驁流湎，舉白浮鍾。魏叡侈汰，陵霄作宮。忠雖不忤，善亦不從。以規爲瑱，是謂塞聰。」

其辯邪箴曰：「居上處深，在察微萌。雖有讒慝，不能蔽明。漢之有昭，德過周成。上書知僞，照奸得情。燕、蓋既折，王猷洽平。百代之後，乃流淑聲。」

其防微箴曰：「天子之孝，敬遵王度。安必思危，乃無遺慮。亂臣猖蹶，非可遽數。玄黃莫辨，觸瑟始仆。柏谷微行，豺豕塞路。睹貌獻飧，斯可誡懼。」

帝手詔答曰：「卿文雅大臣，方隅重寄。表率諸部，肅清全吳。化洽行春，風澄坐嘯。眷言善政，想歎在懷。卿之宗門，累著聲績，冠內廷者兩代，襲侯伯者六朝。果能激愛君之誠，喻詩人之旨，在遠而不忘忠告，諷上而常深慮微。博我以端躬，約予以循禮。三復規諫，累夕稱嗟。置之座隅，用比韋弦之益；銘諸心腑，何啻藥石之功？卿既以投誠，朕每懷開諫。苟有過舉，無忘密陳。山川既遐，睠屬何已，必當克己，以副乃誠。」

德裕意在切諫，不欲斥言，託箴以盡意。宵衣，諷坐朝稀晚也；正服，諷服御乖異也；罷獻，諷徵求玩好也；納誨，諷侮棄讜言也；辨邪，諷信任羣小也；防微，諷輕出遊幸也。帝雖不能盡用其言，命學士韋處厚殷勤答詔，頗嘉納其心焉。德裕久留江介，心戀闕廷，因事寄情，望回聖獎。而逢吉當軸，枳棘其塗，竟不得內徙。

寶曆二年，亳州言出聖水，飲之者愈疾。德裕奏曰：「臣訪聞此水，本因妖僧誑惑，狡計丐錢。數月已來，江南之人，奔走塞路。每三二十家，都顧一人取水。擬取之時，疾者斷食葷血，既飲之後，又二七日蔬飧，危疾之人，俟之愈病。其水斗價三貫，而取者益之他水，沿路轉以市人，老疾飲之，多至危篤。昨點兩浙、福建百姓渡江者，日三五十人。臣於蒜山渡已加捉搦。若不絕其根本，終無益黎甿。昔吳時有聖水，宋、齊有聖火，事皆妖妄，古人所非。乞下本道觀察使令狐楚，速令填塞，以絕妖源。」從之。

敬宗爲兩街道士趙歸眞說以神仙之術，宜訪求異人以師其道；僧惟貞、齊賢、正簡說以祠禱修福，以致長年。四人皆出入禁中，日進邪說。山人杜景先進狀，請於江南求訪異人。至浙西，言有隱士周息元壽數百歲，帝卽令高品薛季稜往潤州迎之，仍詔德裕給公乘遣之。德裕因中使還，獻疏曰：

臣聞道之高者莫若廣成、玄元，人之聖者莫若軒黃、孔子。昔軒黃問廣成子，理身之要，何以長久？對曰：「無視無聽，抱神以靜。形將自正，神必自淸。無勞子形，無搖子精，乃可長生。愼守其一，以處其和。故我修身千二百歲矣，吾形未嘗衰。」又云：「得吾道者，上爲皇而下爲王。」玄元語孔子曰：「去子之驕氣與多欲，態色與淫志，是皆無益於子之身。吾所告子者是已。」故軒黃發謂天之歎，孔子興猶龍之感。前聖於道，不其至乎？

伏惟文武大聖廣孝皇帝陛下，用玄祖之訓，修軒黃之術，凝神閑館，物色異人，將以覿冰雪之姿，屈順風之請。恭惟聖感，必降眞仙。若使廣成、玄元混迹而至，語陛下之道，授陛下之言，以臣度思，無出於此。臣所慮赴召者，必迂怪之士，苟合之徒，使物淖冰，以爲小術，衒耀邪僻，蔽欺聰明。如文成、五利，一無可驗。臣所以三年之內，四奉詔書，未敢以一人塞詔，實有所懼。

臣又聞前代帝王，雖好方士，未有服其藥者。故漢書稱黃金可成，以爲飲食器則益壽。又高宗朝劉道合、玄宗朝孫甑生，皆成黃金，二祖竟不敢服，豈不以宗廟社稷之重，不可輕易。此事炳然載於國史。以臣微見，倘陛下睿慮精求，必致眞隱，唯問保和之術，不求餌藥之功，縱使必成黃金，止可充於玩好。則九廟靈鑒，必當慰悅，寰海兆庶，誰不歡心？臣思竭愚衷，以裨玄化，無任兢憂之至。

息元至京，帝館之於山亭，問以道術。自言識張果、葉靜能，詔寫眞待詔李士昉問其形狀，圖之以進。息元山野常人，本無道學，言事誕妄，不近人情。及昭愍遇盜而殂，文宗放還江左。德裕深識守正，皆此類也。

文宗卽位，就加檢校禮部尚書。大和三年八月，召爲兵部侍郎，裴度薦以爲相。而吏部侍郎李宗閔有中人之助，是月拜平章事，懼德裕大用。九月，檢校禮部尚書，出爲鄭滑節度使。德裕爲逢吉所擯，在浙西八年，雖遠闕庭，每上章言事。文宗素知忠藎，採朝論徵之。到未旬時，又爲宗閔所逐，中懷於悒，無以自申。賴鄭覃侍講禁中，時稱其善，雖朋黨流言，帝乃心未已。宗閔尋引牛僧孺同知政事，二憾相結，凡德裕之善者，皆斥之於外。四年十月，以德裕檢校兵部尚書、成都尹、劍南西川節度副大使、知節度事、管內觀察處置、西山八國雲南招撫等使。裴度於宗閔有恩，度征淮西時，請宗閔爲彰義觀察判官，自後名位日進。至是恨度援德裕，罷度相位，出爲興元節度使，牛、李權赫於天下。

西川承蠻寇剽虜之後，郭釗撫理無術，人不聊生。德裕乃復葺關防，繕完兵守。又遣人入南詔，求其所俘工匠，得僧道工巧四千餘人，復歸成都。五年九月，吐蕃維州守將悉怛謀請以城降。其州南界江陽，岷山連嶺而西，不知其極；北望隴山，積雪如玉；東望成都，若在井底。一面孤峯，三面臨江，是西蜀控吐蕃之要地。至德後，河、隴陷蕃，唯此州尚存。吐蕃利其險要，將婦人嫁於此州閽者。二十年後，婦人生二子成長。及蕃兵攻城，二子內應，其州遂陷。吐蕃得之，號曰「無憂城」。貞元中，韋皐鎭蜀，經略西山八國，萬計取之不獲，至是悉怛謀遣人送款。德裕疑其詐，遣人送錦袍金帶與之，託云候取進止，悉怛謀乃盡率郡人歸成都。德裕乃發兵鎭守，因陳出攻之利害。時牛僧孺沮議，言新與吐蕃結盟，不宜敗約，語在僧孺傳。乃詔德裕却送悉怛謀一部之人還維州，贊普得之，皆加虐刑。德裕六年復修邛峽關，移巂州於臺登城以扞蠻。

德裕所歷征鎭，以政績聞。其在蜀也，西拒吐蕃，南平蠻、蜑。數年之內，夜犬不驚，瘡痏之民，粗以完復。會監軍王踐言入朝知樞密，嘗於上前言悉怛謀縛送以快戎心，絕歸降之義，上頗尤僧孺。其年冬，召德裕爲兵部尚書，僧孺罷相，出爲淮南節度使。七年二月，德裕以本官平章事，進封贊皇伯，食邑七百戶。六月，宗閔亦罷，德裕代爲中書侍郎、集賢大學士。

其年十二月，文宗暴風恙，不能言者月餘。八年正月十六日，始力疾御紫宸見百僚。宰臣退問安否，上歎醫無名工者久之，由是王守澄進鄭注。初，注構宋申錫事，帝深惡之，欲令京兆尹杖殺之。至是以藥稍效，始善遇之。守澄復進李訓，善易。其年秋，上欲授訓諫官，德裕奏曰：「李訓小人，不可在陛下左右。頃年惡積，天下皆知，無故用之，必駭視聽。」上曰：「人誰無過，俟其悛改。朕以逢吉所託，不忍負言。」德裕曰：「聖人有改過之義。訓天性奸邪，無悛改之理。」上顧王涯曰：「商量別與一官。」遂授四門助教。制出，給事中鄭肅、韓佽封之不下，王涯召肅面喻令下。俄而鄭注亦自絳州至，訓、注惡德裕排己，九月十日，復召宗閔於興元，授中書侍郎、平章事，代德裕，出德裕爲興元節度使。德裕中謝日，自陳戀闕，不願出藩，追敕守兵部尚書。宗閔奏制命已行，不宜自便，尋改檢校尚書左僕射、潤州刺史、鎭海軍節度、蘇常杭潤觀察等使，代王璠。

德裕至鎭，奉詔安排宮人杜仲陽於道觀，與之供給。仲陽者，漳王養母，王得罪，放仲陽於潤州故也。九年三月，左丞王璠、戶部侍郎李漢進狀，論德裕在鎭，厚賂仲陽，結託漳王，圖爲不軌。四月，帝於蓬萊殿召王涯、李固言、路隨、王璠、李漢、鄭注等，面證其事。璠、漢加誣構結，語甚切至。路隨奏曰：「德裕實不至此。誠如璠、漢之言，微臣亦合得罪。」

羣論稍息。尋授德裕太子賓客，分司東都。其月，又貶袁州長史。路隨坐證德裕，罷相，出鎮浙西。其年七月，宗閔坐救楊虞卿，貶處州；李漢坐黨宗閔，貶汾州。十一月，王璠與李訓造亂伏誅，而文宗深悟前事，知德裕爲朋黨所誣。明年三月，授德裕銀青光祿大夫，量移滁州刺史。七月，遷太子賓客。十一月，檢校戶部尙書，復浙西觀察使。德裕凡三鎮浙西，前後十餘年。

開成二年五月，授揚州大都督府長史、淮南節度副大使、知節度使事，代牛僧孺。初僧孺聞德裕代己，乃以軍府事交付副使張鷺，卽時入朝。時揚州府藏錢帛八十萬貫匹，及德裕至鎭，奏領得止四十萬，半爲張鷺支用訖。僧孺上章訟其事，詔德裕重檢括，果如僧孺之數。德裕稱初到鎭疾病，爲吏隱欺，請罰，詔釋之。補闕王績魏謩崔黨韋有翼、拾遺令狐綯韋楚老樊宗仁等，連章論德裕妄奏錢帛以傾僧孺，上竟不問。四年四月，就加檢校尙書左僕射。五年正月，武宗卽位。七月，召德裕於淮南。九月，授門下侍郎、同平章事。初，德裕父吉甫，年五十一出鎭淮南，五十四自淮南復相。今德裕鎭淮南，復入相，一如父之年，亦爲異事。

會昌元年，兼左僕射。開成末，迴紇爲黠戛斯所攻，戰敗，部族離散，烏介可汗奉大和公主南來。會昌二年二月，牙於塞上，遣使求助兵糧，收復本國，權借天德軍以安公主。時天德軍使田牟，請以沙陀、退渾諸部落兵擊之。上意未決，下百僚商議，議者多云如牟之奏。德裕曰：「頃者國家艱難之際，迴紇繼立大功。今國破家亡，竄投無所，自居塞上，未至侵淫。以窮來歸，遽行殺伐，非漢宣待呼韓邪之道也。不如聊濟資糧，徐觀其變。」宰相陳夷行曰：「此借寇兵而資盜糧，非計也，不如擊之便。」德裕曰：「田牟、韋仲平言沙陀、退渾並願擊賊，此緩急不可恃也。夫見利則進，遇敵則散，是雜虜之常態，必不肯爲國家扞禦邊境。天德一城，戍兵寡弱，而欲與勁虜結讎，陷之必矣。不如以理卹之，俟其越軼，用兵爲便。」帝以爲然，許借米三萬石。

俄而迴紇宰相嗢沒斯殺赤心宰相，以其衆來降。赤心部族又投幽州，烏介勢孤，而不與之米，其衆飢乏，漸近振武保大栅、杷頭峯，突入朔州州界。沙陀、退渾皆以其家保山險，雲州張獻節嬰城自固。虜大縱掠，卒無拒者。上憂之，與宰臣計事。德裕曰：「杷頭峯北便是沙磧，彼中野戰，須用騎兵。若以步卒敵之，理難必勝。今烏介所恃者公主，如令勇將出奇奪得公主，虜自敗矣。」上然之，卽令德裕草制處分代北諸軍，固關防，以出奇形勢授劉沔。沔令大將石雄急擊可汗于殺胡山，敗之，迎公主還宮，語在石雄傳。尋進位司空。

三年二月，趙蕃奏黠戞斯攻安西、北庭都護府，宜出師應援。德裕奏曰：

據地志，安西去京七千一百里，北庭去京五千二百里。承平時，向西路自河西、隴右出玉門關，迤邐是國家州縣，所在皆有重兵。其安西、北庭要兵，便於側近徵發。自艱難已後，河、隴盡陷吐蕃，若通安西、北庭，須取迴紇路去。今迴紇破滅，又不知的屬黠戛斯否。縱令救得，便須却置都護，須以漢兵鎮守。每處不下萬人，萬人從何徵發？饋運取何道路？今天德、振武去京至近，兵力常苦不足，無事時貯糧不支得三年，朝廷力猶不及，況保七千里安西哉！臣所以謂縱令得之，實無用也。昔漢宣帝時，魏相請罷車師之田；漢元帝時，賈捐之請棄珠崖郡；國朝賢相狄仁傑亦請棄四鎮，立斛瑟羅爲可汗，又請棄安東，却立高氏。蓋不欲貪外虛內，耗竭生靈。此三臣者，當自有之時，尚欲棄之，以肥中國，況隔越萬里，安能救之哉！臣恐蕃戎多計，知國力不及，僞且許之，邀求中國金帛，陛下不可中悔，此則將實費以換虛事，卽是滅一迴紇而又生之，恐計非便。

乃止。

德裕又以大和五年吐蕃維州守將以城降，爲牛僧孺所沮，終失維州，奏論之曰：

臣在先朝，出鎮西蜀。其時吐蕃維州首領悉怛謀，雖是雜虜，久樂皇風，將彼堅城，降臣本道。臣尋差兵馬，入據其城，飛章以聞，先帝驚歎。其時與臣不足者，望風嫉臣，遽獻疑言，上罔宸聽，以爲與吐蕃盟約，不可背之，必恐將此爲辭，侵犯郊境。詔臣還却此城，兼執送悉怛謀等，令彼自戮。復降中使，迫促送還。昔白起殺降，終于杜郵致禍；陳湯見徙，是為郅支報讎。感歎前事，愧心終日。今者幸逢英主，忝備台司，輒敢追論，伏希省察。

且維州據高山絕頂，三面臨江，在戎虜平川之衝，是漢地入兵之路。初，河、隴盡沒，此州獨存。吐蕃潛將婦人嫁與此州門子，二十年後，兩男長成，竊開壘門，引兵夜入，因茲陷沒，號曰「無憂」。因併力於西邊，遂無虞於南路，憑凌近甸，旰食累朝。貞元中，韋皐欲經略河湟，須以此城為始，盡銳萬旅，急攻累年。吐蕃愛惜既甚，遂遣舅論莽熱來援。雉堞高峻，臨衝難及於層霄；鳥逕屈盤，猛士多糜於礧石。莫展公輸之巧，空擒莽熱而還。

及南蠻負恩，掃地驅劫。臣初到西蜀，衆心未安，外揚國威，中緝邊備。其維州執臣信令，乃送款與臣，臣告以須俟奏聞，所冀探其情僞。其悉怛謀尋率一城之兵衆，并州印甲仗，塞途相繼，空壁歸臣。臣大出牙兵，受其降禮。南蠻在列，莫敢仰視。況西山八國，隔在此州，比帶使名，都成虛語。諸羌久苦蕃中征役，願作大國王人。自維州降後，皆云但得臣信牒帽子，便相率內屬。其蕃界合水、棲雞等城，既失險阨，自須抽歸，可減八處鎮兵，坐收千里舊地。臣見莫大之利，乃為恢復之基。繼具奏聞，請以酬賞，臣自與錦袍金帶，顒俟詔書。且吐蕃維州未降已前一年，猶圍魯州。以此言之，豈守盟約？況臣未嘗用兵攻取，彼自感化來降。又沮議之人，不知事實。犬戎遲鈍，土曠人稀，每欲乘秋犯邊，皆須數歲就食。臣得維州踰月，未有一使入疆。自此之後，方應破膽，豈有慮其後怨，鼓此游詞。

臣受降之時，指天爲誓，寧忍將三百餘人性命，棄信偷安。累表上陳，乞垂矜赦。答詔嚴切，竟令執還，加以體披桎梏，舁於竹畚。及將就路，冤叫呼天。將吏對臣，無不流涕。其部送者，便遭蕃帥譏誚曰：「既已降彼，何須送來？」乃却將此降人，戮于漢界之上，恣行殘害，用固攜離。乃至擲其嬰孩，承以槍槊。臣聞楚靈誘殺蠻子，春秋明譏；周文外送鄧叔，簡册深鄙。況乎大國，負此異類，絕忠款之路，快兇虐之情，從古以來，未有此事。臣實痛悉怛謀舉城受酷，由臣陷此無辜，乞慰忠魂，特加褒贈。」

帝意傷之，尋賜贈官。

其年，德裕兼守司徒。四月，澤潞節度使劉從諫卒，軍人以其姪稹擅總留後，三軍請降旄鉞。帝與宰臣議可否，德裕曰：「澤潞國家內地，不同河朔。前後命帥，皆用儒臣。頃者李抱眞成立此軍，身歿之後，德宗尚不許繼襲，令李緘護喪歸洛。洎劉悟作鎮，長慶中頗亦自專，屬敬宗因循，遂許從諫繼襲。開成初，於長子屯軍，欲與晉陽之甲，以除君側，與鄭注、李訓交結至深，外託效忠，實懷窺伺。自疾病之初，便令劉稹管兵馬。若不加討伐，何以號令四方？若因循授之，則藩鎮相効，自兹威令去矣！」帝曰：「卿算用兵必克否？」對曰：「劉稹所恃者，河朔三鎮耳。但得魏鎮不與稹同，破之必矣。請遣重臣一人，傳達聖旨，言澤潞命帥，不同三鎮。自艱難已來，列聖皆許三鎮嗣襲，已成故事。今國家欲加兵誅稹，禁軍不欲出山東。其山東三州，委鎮魏出兵攻取。」上然之，乃令御史中丞李回使三鎮諭旨，賜魏鎮詔書云：「卿勿爲子孫之謀，欲存輔車之勢。」何弘敬、王元逵承詔，聳然從命。初議出兵，朝官上疏相繼，請依從諫例，許之繼襲，而宰臣四人，亦有以出師非便者。德裕奏曰：「如師出無功，臣請自當罪戾，請不累李紳、讓夷等。」及弘敬、元逵出兵，德裕又奏曰：「貞元、大和之間，朝廷伐叛，詔諸道會兵，纔出界便費度支供餉，遲留逗撓，以困國力，或密與賊商量，取一縣一栅以爲勝捷，所以師出無功。今請處分元逵、弘敬，只令收州，勿攻縣邑。」帝然之。及王宰、石雄進討，經年未拔澤潞。及弘敬、元逵收邢、洺、磁三州，稹黨遂離，以至平殄，皆如其算。

時王師方討澤潞，三年十二月，太原橫水戍兵因移戍榆社，乃倒戈入太原城，逐節度使李石，推其都將楊弁爲留後。武宗以賊稹未殄，又起太原之亂，心頗憂之，遣中使馬元貫往太原宣諭，覘其所爲。元貫受楊弁賂，欲保祐之。四年正月，使還，奏曰：「楊弁兵馬極多，自牙門列隊至柳子，十五餘里，明光甲曳地。」德裕奏曰：「李石比以城內無兵，抽橫水兵一千五百人赴楡社，安能朝夕間便致十五里兵甲耶？」元貫曰：「晉人驍敢，盡可爲兵，重賞招致耳。」德裕曰：「招召須財，昨橫水兵亂，止爲欠絹一匹。李石無處得，楊弁從何致耶？又太原有一聯甲，並在行營，安致十五里明光耶？」元貫詞屈。德裕奏曰：「楊弁微賊，決不可恕。如國力不及，寧捨劉稹。」卽時請降詔，令王逢起楡社軍，又令王元逵兵自土門入，會于太原。河東監軍呂義忠聞之，卽日召楡社本道兵，誅楊弁以聞。

自開成五年冬迴紇至天德，至會昌四年八月平澤潞，首尾五年，其籌度機宜，選用將帥，軍中書詔，奏請雲合，起草指蹤，皆獨決於德裕，諸相無預焉。以功兼守太尉，進封衞國公，三千戶。五年，武宗上徽號後，累表乞骸，不許。德裕病月餘，堅請解機務，乃以本官平章事兼江陵尹、荆南節度使。數月追還，復知政事。宣宗卽位，罷相，出爲東都留守、東畿汝都防禦使。

德裕特承武宗恩顧，委以樞衡。決策論兵，舉無遺悔，以身扞難，功流社稷。及昭肅棄天下，不逞之伍咸害其功。白敏中、令狐綯，在會昌中德裕不以朋黨疑之，置之臺閣，顧待甚優。及德裕失勢，抵掌戟手，同謀斥逐，而崔鉉亦以會昌末罷相怨德裕。大中初，敏中復薦鉉在中書，乃相與掎摭構致，令其黨人李咸者，訟德裕輔政時陰事。乃罷德裕留守，以太子少保分司東都，時大中元年秋。尋再貶潮州司馬。敏中等又令前永寧縣尉吳汝納進狀，訟李紳鎮揚州時謬斷刑獄。明年冬，又貶潮州司戶。德裕既貶，大中二年，自洛陽水路經江、淮赴潮州。其年冬，至潮陽，又貶崖州司戶。至三年正月，方達珠崖郡。十二月卒，時年六十三〔三〕。

德裕以器業自負，特達不羣。好著書為文，獎善嫉惡，雖位極台輔，而讀書不輟。有劉三復者，長於章奏，尤奇待之。自德裕始鎮浙西，迄於淮甸，皆參佐賓筵。軍政之餘，與之吟詠終日。在長安私第，別構起草院。院有精思亭，每朝廷用兵，詔令制置，而獨處亭中，凝然握管，左右侍者無能預焉。東都於伊闕南置平泉別墅，清流翠篠，樹石幽奇。初未仕時，講學其中。及從官藩服，出將入相，三十年不復重遊，而題寄歌詩，皆銘之於石。今有花木記、歌詩篇錄二石存焉。有文集二十卷。記述舊事，則有次柳氏舊聞、御臣要略、伐叛志、獻替錄行於世。

初貶潮州，雖蒼黃顛沛之中，猶留心著述，雜序數十篇，號曰窮愁志。其論冥數曰：

仲尼罕言命，不語神，非謂無也。欲人嚴三綱之道，奉五常之教，修天爵而致人爵，不欲信富貴于天命，委福祿於冥數。昔衞卜協于沙丘，為謚已久；秦塞屬於臨洮，名子不悟；朝歌未滅，而國流丹烏；白帝尚在，而漢斷素蛇。皆兆發於先，而符應於後，不可以智測也。周、孔與天地合德，與神明合契，將來之數，無所遁情。而狼跋於周，鳳衰于楚，豈親戚之義，不可去也，人倫之教，不可廢也。條侯之貴，鄧通之富，死於兵革可也，死于女室可也，唯不宜以餒終，此又不可以理得也。命偶時來，盜有名器者，謂禍福出於胸懷，榮枯生於口吻，沛然而安，溘然而笑，曾不知黃雀遊於茂樹，而挾彈者在其後也。

乙丑歲，予自荆楚，保釐東周，路出方城間，有隱者困于泥塗，不知其所如，謂方城長曰：「此官人居守後二年，南行萬里。」則知憾予者必因天讒，譖予者乃自鬼謀。雖抱至冤，固不爲恨。予嘗三遇異人，非卜祝之流，皆遁世者。初掌記北門，管涔隱者謂予曰：「君明年當在人君左右，爲文翰之職，須値少主。」予聞之，愕然變色，隱者亦悔失言，避席求去。予問曰：「何爲事少主？」對曰：「君與少主已有宿緣。」其年秋登朝，至明年正月，穆宗纘緒，召入禁苑。及爲中丞，閩中隱者叩門請見，予下榻與語，曰：「時事非久，公不早去，冬必作相，禍將至矣。若亟請居外，則代公者受患。公後十年終當作相，自西而入。」是秋，出鎭吳門，時年三十六歲。經八稔，尋又仗鉞南燕。秋暮，有邑子于生引鄴郡道士至。纔升階，未及命席，謂予曰：「公當爲西南節制，孟冬望舒前，符節至矣。」三者皆與之協，不差歲月。自憲闈竟十年居相位，由西蜀而入，代予持憲者，俄亦竄逐。唯再謫南荒，未嘗有前知之士爲予言之。豈禍患不可移者，神道所祕，莫得預聞。

其自序如此。斯論可以警夫躁競者，故書於事末。

德裕三子。燁，檢校祠部員外郎、汴宋亳觀察判官。大中二年，坐父貶象州立山尉。二子幼，從父歿於崖州。燁咸通初量移郴州郴縣尉，卒於桂陽。子延古。

史臣曰：臣總角時，亟聞耆德言衞公故事。是時天子神武，明於聽斷，公亦以身犯難，酬特達之遇。言行計從，功成事遂，君臣之分，千載一時。觀其禁掖彌綸，巖廊啓奏，料敵制勝，襟靈獨斷，如由基命中，罔有虛發，實奇才也。語文章，則嚴、馬扶輪；論政事，則蕭、曹避席。罪其竊位，卽太深文。所可議者，不能釋憾解仇，以德報怨，泯是非於度外，齊彼我於環中。與夫市井之徒，力戰錐刀之末，淪身瘴海，可爲傷心。古所謂攫金都下，忽於市人，離婁不見於眉睫。才則才矣，語道則難。

贊曰：公之智決，利若青萍。破虜誅叛，摧枯建瓴。功成北闕，骨葬南溟。嗚呼煙閣，誰上丹靑？

校勘記

〔一〕趙國忠懿公　「懿」字各本原無，據本書卷一四八李吉甫傳補。唐會要卷八〇「忠懿」作「恭懿」。

〔二〕明年冬……時年六十三　十七史商榷卷九一云：「所謂明年者，大中二年也。其下文二年當作三年，三年當作四年，年六十三當作六十四。」

舊唐書卷一百七十五

列傳第一百二十五

憲宗二十子　穆宗五子　敬宗五子　文宗二子　武宗五子

宣宗十一子　懿宗八子　僖宗二子　昭宗十子　嗣襄王熅

朱玫　王行瑜附

憲宗二十子：穆宗皇帝、宣宗皇帝、惠昭太子寧、澧王惲、深王悰、洋王忻、絳王悟、建王恪、鄜王憬、瓊王悅、沔王恂、婺王懌、茂王愔、淄王協、衡王憺、澶王忱、棣王惴、彭王惕、信王憻、榮王憒。

惠昭太子寧，憲宗長子也。母曰紀美人。貞元二十一年四月，封平原郡王。元和元年八月，進封鄧王。四年閏三月，立爲皇太子，改名宙，尋復今名。其年有司將行册禮，以孟夏、孟秋再卜日，臨事皆以雨罷，至十月方行册禮。元和六年十二月薨，年十九，廢朝十三日。時敕國子司業裴茝攝太常博士，西內勾當。茝通習古今禮儀，嘗爲太常博士。及官至郎中，每兼其職，至改司業，方罷兼領。國典無皇太子薨禮，故又命茝領之。廢朝十三日，蓋用期服以日易月之制也。謚曰惠昭。

澧王惲，憲宗第二子也，本名寬。貞元二十一年，封同安郡王。元和元年，進封澧王。七年，改今名。時吐突承璀恩寵特異，惠昭太子薨，議立儲副，承璀獨排羣議，屬澧王，欲以威權自樹，賴憲宗明斷不惑。上將册拜太子，詔翰林學士崔羣代澧王作讓表一章。羣奏曰：「凡事已合當之而不爲，則有退讓焉。」上深納之。及憲宗晏駕，承璀死，王亦薨於其夕。以元和十五年四月丁丑發喪，廢朝三日。長子漢，東陽郡王。次子源，安陸郡王。第三子潰，臨安郡王。

深王悰，本名察，憲宗第四子也。貞元二十一年，封彭城郡王。元和元年，進封深王，改今名。長子潭，河內郡王。次子淑，吳興郡王。

洋王忻，本名寰，憲宗第五子也。貞元二十一年，封爲高密郡王。元和元年，進封洋王。七年，改今名。大和二年薨。長子沛，大和八年，封潁川郡王。

絳王悟，本名寮，憲宗第六子也。貞元二十一年，封文安郡王。元和元年，進封絳王。七年，改今名。寶曆二年冬遇害。長子洙，大和八年，封新安郡王。第二子滂，封高平郡王。

建王恪，本名審，憲宗第十子也。元和元年八月，淄青節度李師古卒，其弟師道擅領軍務，以邀符節。朝廷方興討罰之師，不欲分兵兩地，乃封審爲建王。間一日，授開府儀同三司、鄆州大都督，充平盧軍淄青等州節度營田觀察處置、陸運海運、押新羅渤海兩蕃等使，而以師道爲節度留後。不出閤。七年，改今名。長慶元年薨。

鄜王憬，長慶元年封，開成四年七月薨。長子溥，平陽郡王。

瓊王悅，長慶元年封。第二子津，河間郡王。

沔王恂，長慶元年封。長子瀛，晉陵郡王。

婺王懌，長慶元年封。長子清，新平郡王。

茂王愔，長慶元年封。長子漉，武功郡王。

淄王協，憲宗第十四子也。長慶元年封，開成元年薨。長子滸，大和八年八月，封許昌郡王。第三子渙，馮翊郡王。

衡王憺，長慶元年封。長子涉，晉平郡王。

澶王悅，長慶元年封。長子濘，雁門郡王。

棣王惴，大中六年封，咸通三年薨。

彭王惕，大中三年封。

信王憻，大中十四年封，咸通八年薨。

榮王憒，咸通三年封，廣明元年八月十九日，授開府儀同三司，守司空，其年十月九日薨。其子令平嗣王。

穆宗五子：敬宗皇帝、文宗皇帝、武宗皇帝、懷懿太子湊、安王溶。

懷懿太子湊，穆宗第六子。少寬和温雅，齊莊有度。長慶初，封漳王。文宗以王守澄恃權，深怒閹官，欲盡誅之，密令宰相宋申錫與外臣謀畫其計。守澄門人鄭注伺知其事，欲先事誅申錫。以漳王賢而有望，乃令神策虞候豆盧著告變，言「十六宅宮市典晏敬則、朱訓與申錫親事王師文同謀不軌，朱訓與王師文言聖上多病，太子年小，若立兄弟，次是漳王，要先結託，乃於師文處得銀五鋌、絹八百匹；又晏敬則於十六宅將出漳王吳綾汗衫一領、熟線綾一匹，以答申錫」。其事皆鄭注憑虛結構，而擒朱訓等於黄門獄，鍛鍊僞成其款。居三四日，朝臣方悟其誣構。諫官崔玄亮等閤中極諫，叩頭出血，請出申錫獄付外勘鞫。鄭注輩恐其僞迹敗露，乃請行貶黜。制曰：「王者敦先入愛，義不遺親。豈於同氣之中，可致異詞之間。如或慎修不至，詿誤有聞，構爲厲階，犯我邦紀，未加殛竄，尚屈彝章。漳王湊手足之親，盤石是固，居崇寵秩，列在戚藩。頃多克順之心，亦有尚賢之志。而滿盈生患，敗覆是圖，姦兇會同，謀議聯及。污我皇化，彰于外朝，初駭予衷，再驚羣聽。尚以未具獄詞，猶資審慎，建侯之命，姑務從寬。可降封巢縣公。」制下，上令中使齎巢縣官告，就十宅賜湊。言國法須此，爾宜寬勉。八年薨，贈封齊王。

鄭注伏誅，帝思湊被陷而心傷之，開成三年正月制曰：

褒善飾終，王者常典。況我友于之愛，手足之親，永言痛悼之懷，用錫元良之命。

故齊王湊孕靈天宇，擢秀本枝，孝敬知於孩提，惠和洽於親愛。將固磐石，遂分茅社。學探蟻術之精，智有象舟之妙。好書樂善，造次不失其清規；置醴尊師，風雨不忘其至敬。方期台耇，以保怡怡，天胡不仁，殲我同氣。念周宣好愛之分，長慟莫追；覽魏文榮樂之言，軫懷無已。由是稽諸前典，式展追榮，特峻彝章，表恩泉壤。雖禮命之儀則爾，而天倫之恨何攄？遐想幽魂，宜膺寵數。可贈懷懿太子，有司擇日册命。

安王溶，穆宗第八子。母楊賢妃。長慶元年封，大和八年，授開府儀同三司、檢校吏部尚書。開成初，敕安王、潁王並以百官例，逐月給料錢。武宗即位，李德裕秉政，或告文宗崩時，楊嗣復以與賢妃宗家，欲立安王爲嗣，故王受禍，嗣復貶官。

敬宗五子：悼懷太子普、梁王休復、襄王執中、紀王言揚、陳王成美。

悼懷太子普，敬宗長子也。母曰郭妃。寶曆元年，封晉王。大和二年薨，年五歲。上撫念之甚厚，册贈悼懷太子。

梁王休復。開成二年八月詔曰：「王者胙土畫疆，封建子弟，所以承衞帝室，蕃茂本枝，祖宗成式，朕曷敢廢？況天付正性，夙奉至訓，尊賢好善，體仁由禮，是可舉建侯之命，膺分社之榮。親親賢賢，於是乎在。敬宗皇帝第二子休復、第三子執中、第四子言揚、第六子成美，皆氣蘊冲和，行推敬慎，游泳墳、索，佩服師言。宜開土宇之封，用申睦族之典。休復可封梁王，執中可封襄王，言揚可封紀王，成美可封陳王。宜令有司擇日備禮册命。」

襄王執中與梁王同時受封。第三男宗，樂平郡王。

紀王言揚與襄王同時受封。

陳王成美與紀王言揚同時受封。開成四年十月詔曰：「古先哲王之有天下也，何嘗不正國本而承天序，建儲貳而主重離？朕以寡昧，祗荷丕圖，虔恭寅畏，思固鴻業，愼擇全懿，曠于旬時。而卿士獻謀，龜筮告吉，以爲少陽虛位，願舉盛儀，列聖垂休，俾合予志，選賢而立，式表無私。敬宗皇帝第六男陳王成美，天假忠孝，日新道德，温文合雅，謙敬保和。裕端明之體度，尚詩、書之辭訓，言皆中禮，行不違仁。是可以訓考舊章，欽若成命，授之匕鬯，以奉粢盛。宜迴朱邸之榮，俾踐青宮之重，可立爲皇太子。宜令所司擇日備禮册命。」自莊恪太子薨，將相大臣洎職言者，拜章面陳凡累月，上遂命立陳王。未行册禮，復降仍舊，其年殂於藩邸。第十九男儼，宜城郡王。

文宗二子：莊恪太子永，蔣王宗儉。

莊恪太子永，文宗長子也。母曰王德妃。大和四年正月，封魯王。六年，上以王年幼，思得賢傅輔導之。時王傅和元亮，因待制召問，元亮出於卒吏，不知書，一不能對。後宰相延英奏事，上從容曰：「魯王質性可教，宜擇賢士大夫爲官屬，不可復用和元亮之輩。」因以戶部侍郎庾敬休守本官，兼魯王傅；太常卿鄭肅守本官，兼王府長史；戶部郎中李踐方守本官，兼王府司馬。其年十月，降詔册爲皇太子。上自卽位，承敬宗盤遊荒怠之後，恭儉惕愼，以安天下，以晉王謹愿，且欲建爲儲貳。未幾，晉王薨，上哀悼甚，不復言東宮事久之。今有是命，中外慶悅。後以王起、陳夷行爲侍讀。

開成三年，上以皇太子宴遊敗度，不可教導，將議廢黜，特開延英，召宰臣及兩省御史臺五品已上、南班四品已上官對。宰臣及衆官以爲儲后年小，可俟改過，國本至重，願寬宥。御史中丞狄兼謩上前雪涕以諫，詞理懇切。翌日，翰林學士六人洎神策六軍軍使十六人又進表陳論，上意稍解。其日一更，太子歸少陽院，以中人張克己、柏常心充少陽院使；如京使王少華、判官袁載和及品官、白身、內園小兒、官人等數十人，連坐至死及剝色、流竄。尋詔侍讀竇宗直、周敬愼依前隔日入少陽院。

其年薨，敕兵部尙書王起撰哀册文曰：

維大唐開成三年，歲次戊午，十月乙酉朔，十六日庚子，皇太子薨于少陽院。十七日辛丑，遷座于大吉殿。十一月乙卯朔，二十四日戊寅，命册使太子太師兼右僕射、門下侍郎、國子祭酒、平章事鄭覃，副使中書侍郎、平章事楊嗣復，持節册謚曰莊恪。十二月乙酉朔，十二日丙申，葬于驪山之北原莊恪陵，禮也。玉琯歲窮，金壺漏盡，祖奠告徹，哀笳將引。庭滅燎而月寒，路搖旂而風緊。皇帝念主鬯之缺位，悼佩觿之夭年。銅樓已閉，銀牒徒懸。方追思於對日，遽冥寞而賓天。典册具舉，文物咸備。爰詔侍臣，顯揚上嗣，其詞曰：

皇矣帝緒，肇基綿古，種德尊道，宗文祖武。上聖開成，天下和平，儲祉發祥，是生元良。覃訏之初，岐嶷用彰；蘊才游藝，玉裕金相。既免孩提，是加封殖，俾維城於東魯，錫介珪於上國。辭榮朱邸，正位青宮，尊師重傅，養德含聰。畏馳道而不絕，問寢門而益恭。招賢警戒，齒胄謙冲，冀日躋於三善，奉天慈於九重。漢莊好學，既顯於外；魏丕能文，方循於內。美不二於顏過，嘉得三於鯉退。焜燿甲觀，鏗鏘瑜珮。方積善於爲山，何反眞而游岱。嗚呼哀哉！

憂兢損壽，沉痾始遘，羣望並走，百靈宜祐。吳客之問徒爲，越人之方靡救。占前星之掩曜，知東朝之降咎。天垂象而則然，人由己而何有？嗚呼哀哉！稅駕乘華兮即宮夜臺，鳳笙長絕兮蜃輅徐來。啓青宮而右出，歷玄灞而左迴，度凋林兮魂斷，入曠野兮心摧。水助挽而幽咽，雲帶翣而徘徊，悲佳城之已掩，見新廟之方開。嗚呼哀哉！授經兮曷期，執紼兮增欷，九原作兮何嗟及，七日還兮安可希。有少海之波逝，無西園之蓋飛，商山之羽翼已散，望苑之賓客咸歸。瑟彼玉簡，閟于泉扉，用傳信於文字，顧不昧於音徽。嗚呼哀哉！

初，上以太子稍長，不循法度，昵近小人，欲加廢黜，迫於公卿之請乃止。太子終不悛改，至是暴薨。時傳云：太子德妃之出也，晚年寵衰。賢妃楊氏，恩渥方深，懼太子他日不利於己，故日加誣譖，太子終不能自辨明也。太子既薨，上意追悔。四年，因會寧殿宴，小兒緣橦，有一夫在下，憂其墮地，有若狂者。上問之，乃其父也。上因感泣，謂左右曰：「朕富有天下，不能全一子。」遂召樂官劉楚材、宮人張十十等責之，曰：「陷吾太子，皆爾曹也。今已有太子，更欲踵前耶？」立命殺之。

蔣王宗儉，文宗第二子，開成二年封。

武宗五子：杞王峻，開成五年封；益王峴、兗王岐、德王嶧、昌王嵯，皆會昌二年封。

宣宗十一子〔一〕：懿宗皇帝，餘並封王。

靖懷太子漢，會昌六年封雍王，大中六年薨，册贈靖懷太子。

雅王涇，宣宗第二子。大中元年封。

衛王灌，大中十一年封，十四年薨。

夔王滋，宣宗第三子也。會昌六年封，咸通四年薨。

慶王沂，第四子也。會昌六年封，大中十四年薨。

濮王澤，第五子也。大中二年封。

鄂王潤，第六子也。大中五年封，乾符三年薨。

懷王洽，第七子也。大中八年封。

昭王汭，第八子也。大中八年封，乾符三年薨。

康王汶，大中八年封。

廣王澭，大中十一年封。

懿宗八子：僖宗皇帝、昭宗皇帝，餘並封王。

魏王佾，咸通三年封。

涼王健，咸通三年封，乾符六年薨。

蜀王佶，咸通三年封。

威王侃，咸通六年封郢王，十年改封今王。

戶。

吉王保，咸通十三年封，文德元年八月九日授開府儀同三司、檢校太傅，仍加食邑三百

睦王倚，咸通十三年封。

僖宗二子：建王震，中和元年九月十六日封；益王陞，光啓三年十一月十四日封。

昭宗十子：哀帝，餘並封王。

德王裕，昭宗長子也。大順二年六月二十八日封，乾寧四年二月十四日册爲皇太子。時駕在華州，韓建畏諸王主兵，誘防城卒張行思、花重武相次告通王以下欲殺建。建他日又造訛言云：諸王欲劫遷車駕，別幸藩鎭。諸王懼，詣建自陳，建乃延入臥內，密遣人奏云：「今日睦王、濟王、韶王、通王、彭王、韓王、儀王、陳王等八人到臣理所，不測事由。臣竊量事體，不合與諸王相見，兼恐久在臣所，於事非宜。忽然及門，意不可測。」又上疏抗請歸十

六宅，如是者數四，帝不允。建懼爲諸王所圖，乃以精甲數千圍行宮，請誅定州護駕軍都將李筠。帝懼甚，詔斬筠於大雲橋。其三都軍士，尋放還本道。殿後都亦與三都元繞行宮扈蹕。至是，並急詔散之。罷諸王兵柄。建慮上不悅，乃上表請立德王爲皇太子。其年八月，嗣延王戒丕自太原還，詔與通王已下八王並賜死于石堤谷。

光化末，樞密使劉季述、王仲先等幽昭宗於東內，册裕爲帝；及天復初誅季述、仲先，與寺人藏於右軍，羣臣請殺之，昭宗曰：「太子冲幼，爲賊輩所立。」依舊令歸少陽院。及朱全忠自鳳翔迎駕還京，以德王眉目疏秀，春秋漸盛，常惡之，謂崔胤曰：「德王曾竊居寶位，天下知之。大義滅親，何得久留？是教後代以不孝也，請公密啓。」胤然之，昭宗不納。他日言於全忠，全忠曰：「此國家大事，臣安敢竊議？乃崔胤賣臣也。」尋以哀帝爲天下兵馬元帥。

後昭宗至洛下，一日幸福先寺，謂樞密使蔣玄暉曰：「德王朕之愛子，全忠何故須令廢之，又欲殺之？」言訖淚下，因齧其中指血流。玄暉具報全忠，由是轉恚。昭宗遇弒之日，蔣玄暉於西內置社筵〔三〕，酒酣，德王已下六王皆爲玄暉所殺，投屍九曲池。

棣王祤，乾寧元年十月八日封。

虔王禊、沂王禋、遂王禕，並與棣王同時封册。

景王祕，乾寧四年十月二十二日封。

祁王祺與景王同時封册。

雅王禛、瓊王祥，並光化元年十一月九日封。

嗣襄王熅，性柔善，無他能。光啓二年春，車駕在寶雞，西軍逼請幸岐隴，帝以數十騎自大散關幸興元。時熅有疾，不能從，因爲朱玫所挾。至鳳翔，有臺省官從行未及者僅百人。四月，玫乃與宰相蕭遘、裴澈率羣僚册熅爲監國。熅以鄭昌圖判度支，而鹽鐵、戶部各置副使，三司之事，一以委焉，目曰「廢置相公」。五月，熅遣僞戶部侍郎柳陟等十餘人，分諭關東、河北諸道，納僞命者甚衆。十月，朱玫率蕭遘等册熅爲帝，改元曰永貞〔三〕，遙尊僖宗爲太上元皇聖帝。

初，河中王重榮表率東諸侯進貢，唯蔡賊與太原不順。秦宗權自僭號，太原不協于朱玫故也。及王行瑜殺朱玫，熅奔至渭上，王重榮使人迎之，熅與僞百官泣别，謂曰：「朕見重榮，當令與卿等各備所服以接卿。」殺朱玫之翊日，熅爲鄜州亂軍所殺，行瑜遂函首送行在。

熅四月監國，至十二月死，凡在僞位九月矣。

朱玫者，邠州人也。少從邊，以功歷郡守。乾符末，領邠寧節制。中和中，收復京師，與太原李克用、東方逵同制加使相。光啓元年冬，受詔招討河中，軍敗，以軍容使田令孜失策，時諸軍皆怒，乃徇人情，表請誅令孜。令孜與楊復恭挾帝西幸，玫又失策，乃虜嗣襄王熅，與蕭遘等同立爲帝，大行封拜，以啖諸侯，而天下之人，歸者十五六焉。與李昌符始謀册立，及後玫自稱大丞相，吐握在己，昌符怒之，乃以表送款行在，復密結樞密使楊復恭，人心乃離。

時行在出令，有能斬朱玫首者，則授以邠帥。賊將王行瑜以大唐峯不利，退保鳳州。終慮得罪，與腹心密謀，徑入京師。時玫有第在和善里，行瑜率兵仗入見，玫猶責以擅還，行瑜曰：「我要代爾領邠州節制，何復多言？」遂斬之。

王行瑜者，邠州人也。少隸本軍，事朱玫爲偏將，平巢寇有功。光啓二年，玫册嗣襄王熅爲僞帝，授天平軍節度使。領兵守大散關，攻大唐峯，爲李鋋所敗〔四〕，乃送款行在。以部下反攻朱玫于闕下，斬之，因授邠州節度使。後平楊守亮于山南，以功累加至中書令。

景福中，逼朝廷加尚書令，宰臣韋昭度密奏不可。會韓建、李茂貞稱兵入覲，欲行廢立，不果，乃請殺昭度與李磎。是歲，又遣弟行約攻河中，河中引太原軍至，由是大敗。行約、行實劫駕不獲，遂歸邠州。行瑜率兵屯梨園，王師圍急，行實、行約先敗，次保龍泉，行瑜又遁至邠州，不能守。乾寧二年十一月〔五〕，挈族至慶州，爲部下所殺。

史臣曰：自天寶已降，內官握禁旅，中闈纂繼，皆出其心。故手纔攬於萬機，目已睨於六宅，防閑禁錮，不近人情。文宗好古睦親，至敦友悌。悔前非於齊湊，褒以儲闈；付後事於陳王，歸其胄席。或降輿朱邸，對食瓊筵，怡怡申肺腑之情，穆穆盡棣華之義，近朝盛美，可洽風謠。昭肅惑讒，毒流安邸。雖覽大臣之議，欲使磐維；竟無出閤之儀，終身幽枉。谷風之怨，可爲傷心。大中、咸通已來，寶圖世及。犬牙麟趾，雖不迨於姬周；豆什布謠，未甚悲於宗籍。於姬不足，比魏有餘。

贊曰：周封子弟，運祚綿長。管、蔡勦絕，魯、魏克昌。誅叛賞順，王者大綱。法不私親，棣萼其芳。

校勘記

〔一〕宣宗十一子　各本及新書十一宗諸子傳均同，惟據下文所記則有十二人，疑「一」字爲「二」字之誤。

〔二〕西內　各本原作「內西」，校勘記卷二八引張宗泰說：「內西當從他本作西內，謂在大內之西。」合鈔卷二二六德王裕傳作「西內」。據改。

〔三〕永貞　據本書卷一九下僖宗紀、新書卷八二襄王僙傳、通鑑卷二五六當作「建貞」。

〔四〕李誕　新書卷二二四下王行瑜傳、通鑑卷二五六作「李誕」。

〔五〕乾寧　各本原作「乾化」，據本書卷二〇上昭宗紀、新書卷二二四下王行瑜傳、通鑑卷二六〇改。

舊唐書卷一百七十六

列傳第一百二十六

李宗閔 汝士弟魯士 楊嗣復 子授 損 技 拭 撝 汝士子知溫 知遠 知權附 楊虞卿 弟漢公 從兄汝士 馬植 李讓夷 魏謩 周墀 崔龜從 鄭肅 盧商

李宗閔字損之，宗室鄭王元懿之後。祖自仙，楚州別駕。父曾，宗正卿，出爲華州刺史、鎭國軍潼關防禦等使。曾兄夷簡，元和中宰相。宗閔，貞元二十一年進士擢第，元和四年，復登制擧賢良方正科。

初，宗閔與牛僧孺同年登進士第，又與僧孺同年登制科。應制之歲，李吉甫爲宰相當國，宗閔、僧孺對策，指切時政之失，言甚鯁直，無所迴避。考策官楊於陵、韋貫之、李益等又第其策爲中等，又爲不中第者注解牛、李策語，同爲唱誹。又言翰林學士王涯甥皇甫湜中選，考覈之際，不先上言。裴垍時爲學士，居中覆視，無所異同。吉甫泣訴於上前，憲宗不獲已，罷王涯、裴垍學士，垍守戶部侍郎，涯守都官員外郎；吏部尚書楊於陵出爲嶺南節度使，吏部員外郎韋貫之出爲果州刺史。王涯再貶虢州司馬，貫之再貶巴州刺史，僧孺、宗閔亦久之不調，隨牒諸侯府。七年，吉甫卒，方入朝爲監察御史，累遷禮部員外郎。

元和十二年，宰相裴度出征吳元濟，奏宗閔爲彰義軍觀察判官。賊平，遷駕部郎中，又以本官知制誥。穆宗卽位，拜中書舍人。時翻自宗正卿出刺華州，父子同時承恩制，人士榮之。長慶元年，子壻蘇巢於錢徽下進士及第，其年，巢覆落。宗閔涉請託，貶劍州刺史。時李吉甫子德裕爲翰林學士，錢徽牓出，德裕與同職李紳、元稹連衡言於上前，云徽受請託，所試不公，故致重覆。比相嫌惡，因是列爲朋黨，皆挾邪取權，兩相傾軋。自是紛紜排陷，垂四十年。

復入爲中書舍人。三年冬，權知禮部侍郎。四年，貢舉事畢，權知兵部侍郎。寶曆元年，正拜兵部侍郎，父憂免。大和二年，起爲吏部侍郎，賜金紫之服。三年八月，以本官同平章事。時裴度薦李德裕，將大用。德裕自浙西入朝，爲中人助宗閔者所沮，復出鎭。尋引牛僧孺同知政事，二人唱和，凡德裕之黨皆逐之。累轉中書侍郎、集賢大學士。七年，德裕作相。六月，罷宗閔知政事，檢校禮部尚書、同平章事、興元尹、山南西道節度使。

宗閔爲吏部侍郎時，因駙馬都尉沈𡾊結託女學士宋若憲及知樞密楊承和，二人數稱之於上前，故獲徵用。及德裕秉政，羣邪不悅，而鄭注、李訓深惡之，文宗乃復召宗閔於興元，爲中書侍郎、平章事，命德裕代宗閔爲興元尹。既再得權位，輔之以訓、注，尤恣所欲，進封襄武侯，食邑千戶。九年六月，京兆尹楊虞卿得罪，宗閔極言救解，文宗怒叱之曰：「爾嘗謂鄭覃是妖氣，今作妖，覃耶、爾耶？」翌日，貶明州刺史，尋再貶處州長史。七月，鄭注發沈𡾊、宋若憲事，內官楊承和、韋元素、沈𡾊及若憲姻黨坐貶者十餘人，又貶宗閔潮州司戶。

時訓、注竊弄威權，凡不附己者，目爲宗閔、德裕之黨，貶逐無虛日，中外震駭，連月陰晦，人情不安。九月詔曰：

朕承天纘曆，燭理不明，勞虛襟以求賢，勵寬德以容衆。頃者，或台輔乖弼違之道，而具僚扇朋附之風，翕然相從，實斁彝憲。致使薰蕕共器，賢不肖並馳，退迹者成後時之夫，登門者有迎吠之客。繆戾之氣，堙鬱和平，而望陰陽順時，疵癘不作，朝廷清肅，班列和安，自古及今，未嘗有也。今既再申朝典，一變澆風，掃淸朋比之徒，匡飭貞廉之俗。凡百卿士，惟新令猷。如聞周行之中，尙蓄疑懼，或有妄相指目，令不自安，今斯曠然，明喩朕意。應與宗閔、德裕或親或故及門生舊吏等，除今日已前黜遠之外，一切不問。各安職業，勿復爲嫌。

文宗以二李朋黨，繩之不能去，嘗謂侍臣曰：「去河北賊非難，去此朋黨實難。」宗閔雖驟放黜，竟免李訓之禍。

開成元年，量移衢州司馬。三年，楊嗣復輔政，與宗閔厚善，欲拔用之，而畏鄭覃沮議，乃託中人密諷於上。上以嗣復故，因紫宸對，謂宰相曰：「宗閔在外四五年，宜別授一官。」鄭覃曰：「陛下憐其地遠，宜移近內地三五百里，不可再用姦邪。陛下若欲用宗閔，臣請先退。」陳夷行曰：「比者，宗閔得罪，以朋黨之故，恕死爲幸。寶曆初，李續之、張又新、蘇景胤等，朋比姦險，幾傾朝廷，時號『八關十六子』。」李珏曰：「主此事者，罪在逢吉。李續之居喪服闋，不可不與一官，臣恐中外衣冠，交興議論，非爲續之輩也。」夷行曰：「昔舜逐四凶天下治，朝廷求理，何惜此十數纖人？」嗣復曰：「事貴得中，不可但徇憎愛。」上曰：「與一郡可也。」鄭覃曰：「與郡太優，止可洪州司馬耳。」夷行曰：「宗閔養成鄭注之惡，幾覆邦家，國之巨蠹也。」嗣復曰：「比者，陛下欲加鄭注官，宗閔不肯，陛下亦當記憶。」覃曰：「嗣復黨庇宗閔。臣觀宗閔之惡，甚於李林甫。」嗣復曰：「覃語大過。昔玄宗季年，委用林甫，妬賢害能，破人家族。宗閔在位，固無此事。況大和末，宗閔、德裕同時得罪。二年之間，德裕再領重鎮，而宗閔未離貶所。陛下懲惡勸善，進退之理宜均，非臣獨敢黨庇。昨殷侑與韓益奏官及章服，臣以益前年犯贓，未可其奏，鄭覃託臣云『幸且勿論。』孰爲黨庇？」翌日，以宗閔爲杭州刺史。四年冬，遷太子賓客，分司東都。時鄭覃、陳夷行罷相，嗣復方再拔用宗閔知政事，俄而文宗崩。

會昌初，李德裕秉政，嗣復、李珏皆竄嶺表。三年，劉稹據澤潞叛。德裕以宗閔素與劉從諫厚，上黨近東都，宗閔分司非便，出爲封州刺史。又發其舊事，貶郴州司馬，卒於貶所。

子琨、瓚，大中朝皆進士擢第。令狐綯作相，特加奬拔。瓚自員外郎知制誥，歷中書舍人、翰林學士。綯罷相，出爲桂管觀察使。御軍無政，爲卒所逐，貶死。

自天寶艱難之後，宗室子弟，賢而立功者，唯鄭王、曹王子孫耳。夷簡再從季父汧國公勉，德宗朝宰相。夷簡諸弟夷亮、夷則、夷範，皆登進士第。宗閔弟宗冉。宗冉子深、湯。湯累官至給事中，咸通中踐更臺閣，知名於時。

楊嗣復字繼之，僕射於陵子也。初，於陵十九登進士第，二十再登博學宏詞科，調補潤州句容尉。浙西觀察使韓滉有知人之鑒，見之甚悅。滉有愛女，方擇佳壻，謂其妻柳氏曰：「吾閱人多矣，無如楊生貴而有壽，生子必爲宰相。」於陵秩滿，寓居揚州而生嗣復。後滉見之，撫其首曰：「名位果踰於父，楊門之慶也。」因字曰慶門。

嗣復七八歲時已能秉筆爲文。年二十，進士擢第。二十一，又登博學宏詞科，釋褐祕書省校書郎。遷右拾遺，直史館。以嗣復深於禮學，改太常博士。元和十年，累遷至刑部員外郎。鄭餘慶爲詳定禮儀使，奏爲判官，改禮部員外郎。時父於陵爲戶部侍郎，嗣復上言與父同省非便，請換他官。詔曰：「應同司官有大功以下親者，但非連判及勾檢之官幷官長，則不在迴避之限。如官署同，職司異，雖父子兄弟無所避嫌。」再遷兵部郎中。長慶元年十月，以庫部郎中知制誥，正拜中書舍人。

嗣復與牛僧孺、李宗閔皆權德輿貢舉門生，情義相得，進退取捨，多與之同。四年，僧孺作相，欲薦拔大用，又以於陵爲東都留守，未歷相位，乃令嗣復權知禮部侍郎。寶曆元年二月，選貢士六十八人，後多至達官。文宗卽位，拜戶部侍郎。以父於陵太子少傅致仕，年高多疾，懇辭侍養，不之許。大和四年，丁父憂免。七年三月，起爲尙書左丞。其年宗閔罷相，德裕輔政。七月，以嗣復檢校禮部尙書、梓州刺史、劍南東川節度觀察等使。九年，宗閔復知政事。三月，以嗣復檢校戶部尙書、成都尹、劍南西川節度副大使知節度事、觀察處置等使。

開成二年十月，入爲戶部侍郎，領諸道鹽鐵轉運使。三年正月，與同列李珏並以本官同平章事，領使如故，進階金紫，弘農伯，食邑七百戶。上以幣輕錢重，問鹽鐵使何以去其太甚？嗣復曰：「此事累朝制置未得，但且禁銅，未可變法。法變擾人，終亦未能去弊。」李珏曰：「禁銅之令，朝廷常典，但行之不嚴，不如無令。今江淮已南，銅器成肆，市井逐利者，銷錢一緡，可爲數器，售利三四倍。遠民不知法令，率以爲常。縱國家加鑪鑄錢，何以供銷鑄之弊？所以禁銅之令，不得不嚴。」

八月，紫宸奏事，曰：「聖人在上，野無遺賢。陸洿上疏論兵，雖不中時事，意亦可獎。聞居蘇州累年，宜與一官。」李珏曰：「士子趨競者多，若獎陸洿，貪夫知勸矣。昨竇洵直論事，陛下賞之以幣帛，況與陸洿官耶？」帝曰：「洵直獎其直心，不言事之當否。」鄭覃曰：「若苞藏則不可知。」嗣復曰：「臣深知洵直無邪惡，所奏陸洿官，尙未奉聖旨。」鄭覃曰：「陛下須防朋黨。」嗣復曰：「鄭覃疑臣朋黨，乞陛下放臣歸去。」因拜乞罷免。李珏曰：「比來朋黨，近亦稍弭。」覃曰：「近有小朋黨生。」帝曰：「此輩凋喪向盡。」覃曰：「楊漢公、張又新、李續之卽今尙在。」珏曰：「今有邊事論奏。」覃曰：「論邊事安危，臣不如珏；嫉惡則珏不如臣。」嗣復曰：「臣聞左右佩劍，彼此相笑。臣今不知鄭覃指誰爲朋黨。」因當香案前奏曰：「臣待罪宰相，不能申夔、龍之道，唯以朋黨見譏，必乞陛下罷臣鼎職。」上慰勉之。文宗方以政事委嗣復，惡覃言切。

帝延英謂宰臣曰：「人傳符讖之語，自何而來？」嗣復對曰：「漢光武好以讖書決事，近代隋文帝亦信此言，自是此說日滋，只如班彪王命論所引，蓋矯意以止賊亂，非所重也。」李珏曰：「喪亂之時，佐命者務神符命；理平之代，只合推諸人事。」上曰：「卿言是也。」帝又曰：「天后用人，有自布衣至宰相者，當時還得力否？」嗣復曰：「天后重行刑辟，輕用官爵，皆自圖之計耳。凡用人之道，歷試方見其能否。當艱難之時，或須拔擢，無事之日，不如且循資級。古人拔卒爲將，非治平之時，蓋不獲已而用之也。」上又問新修開元政要，敍致何如。嗣復曰：「臣等未見。陛下若欲遺之子孫，則請宣付臣等，參詳可否。玄宗或好遊畋，或好聲色，與貞觀之政不同，故取捨須當，方堪流傳。」

四年五月，上問延英政事，逐日何人記錄監修？李珏曰：「是臣職司。」陳夷行曰：「宰相所錄，必當自伐，聖德卽將掩之。臣所以頻言，不欲威權在下。」珏曰：「夷行此言，是疑宰相中有賣威權、貨刑賞者。不然，何自爲宰相而出此言？臣累奏求退，若得王傅，臣之幸也。」鄭覃曰：「陛下開成元年、二年政事至好，三年、四年漸不如前。」嗣復曰：「元年、二年是鄭覃、夷行用事，三年、四年臣與李珏同之。臣蒙聖慈擢處相位，不能悉心奉職。鄭覃云『三年之後，一年不如一年』，臣之罪也。陛下縱不誅夷，臣合自求泯滅。」因叩頭曰：「臣今日便辭玉階，不敢更入中書。」卽趨去。上令中使召還，勞之曰：「鄭覃失言，卿何及此？」覃起謝曰：「臣性愚拙，言無顧慮。近日事亦漸好，未免些些不公，亦無甚處。臣亦不獨斥嗣復，遽何至此。所爲若是，乃嗣復不容臣耳。」嗣復曰：「陛下不以臣微才，用爲中書侍郎。時政善否，其責在臣。陛下月費俸錢數十萬，時新珍異，必先賜與，蓋欲輔佐聖明，臻于至理。既一年不如一年，非惟臣合得罪，亦上累聖德。伏請別命賢能，許臣休退。」上曰：「鄭覃之言偶然耳，奚執咎耶？」嗣復數日不入，上表請罷。帝方委用，乃罷鄭覃、夷行知政事。自是，政歸嗣復，進加門下侍郎。明年正月，文宗崩。

先是，以敬宗子陳王爲皇太子。中尉仇士良違遺令立武宗。武宗之立，既非宰相本意，甚薄執政之臣。其年秋，李德裕自淮南入輔政。九月，出嗣復爲湖南觀察使。明年，誅樞密薛季稜、劉弘逸。中人言：「二人頃附嗣復、李珏，不利於陛下。」武宗性急，立命中使往湖南、桂管，殺嗣復與珏。宰相崔鄲、崔珙等亟請開延英，因極言國朝故事，大臣非惡逆顯著，未有誅戮者，願陛下復思其宜。帝良久改容曰：「朕纘嗣之際，宰相何嘗比數。李珏、季稜志在扶册陳王，嗣復、弘逸志在樹立安王。立陳王猶是文宗遺旨，嗣復欲立安王，全是希楊妃意旨。嗣復嘗與妃書云：『姑姑何不斅則天臨朝！』」珙等曰：「此事曖昧，眞虛難辨。」帝曰：「楊妃曾臥疾，妃弟玄思，文宗令入內侍疾月餘，此時通導意旨。朕細問內人，情狀皎然，我不欲宣出於外。向使安王得志，我豈有今日？然爲卿等恕之。」乃追潭、桂二中使，再貶嗣復潮州刺史。

宣宗即位，徵拜吏部尚書。大中二年，自潮陽還，至岳州病，一日而卒，時年六十六。贈左僕射，謚曰孝穆。子損、授、技、拭、撝，而授最賢。

授字得符，大中九年進士擢第，釋褐從事諸侯府，入爲鄠縣尉、集賢校理。歷監察御史、殿中，分務東臺。再遷司勳員外郎、洛陽令、兵部員外郎。李福爲東都留守，奏充判官，改兵部郎中。由吏部拜左諫議大夫、給事中，出爲河南尹。盧攜作相，召拜工部侍郎。黃巢犯京師，僖宗幸蜀，徵拜戶部侍郎。以母病，求散秩，改祕書監分司。車駕還，拜兵部侍郎。宰相有報怨者，改左散騎常侍、國子祭酒，又轉太子賓客。從昭宗在華下，改刑部尚書、太子少保。卒，贈左僕射。

子晙字公隱，進士及第，再遷左拾遺。昭宗初即位，喜遊宴，不恤時事，晙上疏極諫，帝面賜緋袍象笏。崔安潛出鎮青州，辟爲支使。不至鎮，改太常博士。歷主客、戶部二員外郎。關中亂，崔胤引朱全忠入京師，乃挈家避地湖南，官終諫議大夫。

損字子默，以蔭受官，爲藍田尉。三遷京兆府司錄參軍，入爲殿中侍御史。家在新昌里，與宰相路巖第相接。巖以地狹，欲易損馬廐廣之，遣人致意。時損伯叔昆仲在朝者十餘人，相與議曰：「家門損益恃時相，何可拒之？」損曰：「非也。凡尺寸地，非吾等所有。先人舊業，安可以奉權臣？窮達命也。」巖不悅。會差制使鞫獄黔中，乃遣損使焉。踰年而還，改戶部員外郎、洛陽縣令。入爲吏部員外，出爲絳州刺史。路巖罷相，徵拜給事中，遷京兆尹。盧攜作相，有宿憾，復拜給事中，出爲陝虢觀察使。時軍亂，逐前使崔蕘。損至，盡誅其亂首。踰年，改青州刺史、御史大夫、淄青節度使。又檢校刑部尚書、鄆州刺史、天平軍節度使。未赴鄆，復留青州，卒於鎮。

技進士及第，位至中書舍人。拭官終考功員外郎。撝終兵部郎中。拭、撝並進士擢第。

楊虞卿字師臯，虢州弘農人。祖燕客。父寧，貞元中爲長安尉。少有棲遁之志，以處士徵入朝。有口辯，優游公卿間，竇參尤重之，會參貶，仕進不達而卒。

虞卿，元和五年進士擢第，又應博學宏辭科。元和末，累官至監察御史。穆宗初卽位，不修政道，盤遊無節，虞卿上疏諫曰：

臣聞鳶烏遭害則仁鳥逝，誹謗不誅則良言進。況詔旨勉諭，許陳愚誠，故臣不敢避誅，以獻狂瞽。竊聞堯、舜受命，以天下爲憂，不聞以位爲樂。況北虜猶梗，西戎未賓，兩河之瘡痏未平，五嶺之妖氛未解。生人之疾苦盡在，朝廷之制度莫修，邊儲屢空，國用猶屈。固未可以高枕無虞也。

陛下初臨萬宇，有憂天下之志，宜日延輔臣公卿百執事，凝旒而問，造膝以求，使四方內外，有所觀焉。自聽政已來，六十日矣，八開延英，獨三數大臣仰龍顏，承聖問。其餘侍從詔誥之臣，偕入而齊出，何足以聞政事哉？諫臣盈廷，忠言未聞於聖聽，臣實羞之。蓋由主恩尚疏，而衆正之路未啓也。夫公卿大臣，宜朝夕接見論道，賜與從容，則君臣之情相接，而理道備聞矣。今自宰相已下四五人，時得頃刻侍坐，天威不遠，鞠躬隕越，隨旨上下，無能往來。此由君太尊、臣太卑故也。自公卿已下，雖歷踐清地，曾未祗奉天睠，以承下問，鬱塞正路，偷安倖門。況陛下神聖如五帝，臣下莫能望清光，所宜周徧顧問，惠其氣色，使支體相輔，君臣喻明。陛下求理於公卿，公卿求理於臣輩，自然上下孜孜相問，使進忠若趨利，論政若訴冤。如此而不聞過失、不致昇平者，未之有也。自古帝王，居危思安之心不相殊，而居安慮危之心不相及，故不得皆爲聖帝明王。小臣疏賤，豈宜及此，獨不忍冒榮偷祿以負聖朝。惟陛下圖之。

帝深獎其言。尋令奉使西北邊，犒賞戍卒，遷侍御史，再轉禮部員外郎、史館修撰。長慶四年八月，改吏部員外郎。

大和二年，南曹令史李賨等六人，僞出告身籤符，賣鑿空僞官，令赴任者六十五人，取受錢一萬六千七百三十貫。虞卿按得僞狀，捕賨等移御史臺鞫劾。賨稱六人共率錢二千貫，與虞卿廳典温亮，求不發舉僞濫事迹。乃詔給事中嚴休復、中書舍人高鉞、左丞韋景休充三司推案，而温亮逃竄。賨等既伏誅，虞卿以檢下無術，停見任。

及李宗閔、牛僧孺輔政，起爲左司郎中。五年六月，拜諫議大夫，充弘文館學士，判院事。六年，轉給事中。七年，宗閔罷相，李德裕知政事，出爲常州刺史。

虞卿性柔佞，能阿附權幸以爲姦利。每歲銓曹貢部，爲舉選人馳走取科第，占員闕，無不得其所欲，升沉取捨，出其脣吻。而李宗閔待之如骨肉，以能朋比唱和，故時號黨魁。八年，宗閔復入相，尋召爲工部侍郎。九年四月，拜京兆尹。其年六月，京師訛言鄭注爲上合金丹，須小兒心肝，密旨捕小兒無算。民間相告語，扃鎖小兒甚密，街肆恟恟。上聞之不悅，鄭注頗不自安。御史大夫李固言素嫉虞卿朋黨，乃奏曰：「臣昨窮問其由，此語出於京兆尹從人，因此扇於都下。」上怒，即令收虞卿下獄。虞卿弟漢公并男知進等八人自繫，撾鼓訴冤，詔虞卿歸私第。翌日，貶虔州司馬，再貶虔州司戶，卒於貶所。

子知進、知退、堪，弟漢公，皆登進士第。知退歷都官、戶部二郎中。堪庫部、吏部二員外郎。

漢公，大和八年擢進士第，又書判拔萃，釋褐爲李絳興元從事。絳遇害，漢公遁而獲免。累遷戶部郎中、史館修撰。大和七年，遷司封郎中。漢公子範、籌，皆登進士第，累辟使府。虞卿從兄汝士。

汝士字慕巢，元和四年進士擢第，又登博學宏詞科，累辟使府。長慶元年爲右補闕。坐弟殷士貢舉覆落，貶開江令。入爲戶部員外，再遷職方郎中。大和三年七月，以本官知制誥。時李宗閔、牛僧孺輔政，待汝士厚。尋正拜中書舍人，改工部侍郎。八年，出爲同州刺史。九年九月，入爲戶部侍郎。開成元年七月，轉兵部侍郎。其年十二月，檢校禮部尚書、梓州刺史、劍南東川節度使。時宗人嗣復鎮西川，兄弟對居節制，時人榮之。四年九月，入爲吏部侍郎，位至尚書，卒。子知溫、知遠、知權，皆登進士第。

知溫累官至禮部郎中、知制誥，入爲翰林學士、戶部侍郎，轉左丞。出爲河南尹、陝虢觀察使。遷檢校兵部尚書、襄州刺史、山南東道節度使。知溫弟知至，累官至比部郎中、知制誥。坐故府劉瞻罷相，貶官。知至亦貶瓊州司馬。入爲諫議大夫，累遷京兆尹、工部侍郎。知溫、知至皆位至列曹尚書。汝士弟魯士。

魯士字宗尹，本名殷士。長慶元年，進士擢第，其年詔翰林覆試，殷士與鄭朗等覆落，因改名魯士。復登制科，位不達而卒。

初汝士中第，有時名，遂歷清貫。其後諸子皆至正卿，鬱爲昌族。所居靜恭里，知温兄弟，並列門戟。咸通中，昆仲子孫，在朝行方鎮者十餘人。

馬植，扶風人。父曛。植，元和十四年進士擢第，又登制策科，釋褐壽州團練副使。得祕書省校書郎，三遷饒州刺史。開成初，遷安南都護、御史中丞、安南招討使。

植文雅之餘，長於吏術。三年，奏：「當管羈縻州首領，或居巢穴自固，或爲南蠻所誘，不可招諭，事有可虞。臣自到鎭，約之以信誠，曉之以逆順。今諸首領，總發忠言，願納賦稅。其武陸縣請升爲州，以首領爲刺史。」從之。又奏陸州界廢珠池復生珠。以能政，就加檢校左散騎常侍，加中散大夫，轉黔中觀察使。會昌中，入爲大理卿。

植以文學政事爲時所知，久在邊遠，及還朝，不獲顯官，心微有望，李德裕素不重之。宣宗卽位，宰相白敏中與德裕有隙，凡德裕所薄者，必不次拔擢之，乃加植金紫光祿大夫，行刑部侍郎，充諸道鹽鐵轉運使。轉戶部侍郎，領使如故。俄以本官同平章事，遷中書侍郎，兼禮部尚書。敏中罷相，植亦罷爲太子賓客，分司東都。數年，出爲許州刺史、檢校刑部尚書、忠武軍節度觀察等使。大中末，遷汴州刺史、宣武軍節度觀察等使。卒于鎮。

李讓夷字達心，隴西人。祖悅，父應規。讓夷，元和十四年擢進士第，釋褐諸侯府。大和初入朝，爲右拾遺，召充翰林學士，轉左補闕。三年，遷職方員外郎、左司郎中充職。九年，拜諫議大夫。

開成元年，以本官兼知起居舍人事。時起居舍人李褒有痼疾，請罷官。宰臣李石奏曰：「上曰：「褚遂良爲諫議大夫，嘗兼此官，卿可盡言今諫議大夫姓名。」石遂奏李讓夷、馮定、孫簡、蕭俶。帝曰：「讓夷可也。」李固言欲用崔球、張次宗，鄭覃曰：「崔球遊宗閔之門，赤墀下秉筆記注，爲千古法，不可用朋黨。如裴中孺、李讓夷，臣不敢有纖芥異論。」其爲人主大臣知重如此。二年，拜中書舍人。以鄭覃此言，深爲李珏、楊嗣復所惡，終文宗世官不達。及德裕秉政，驟加拔擢，歷工、戶二侍郎，轉左丞。累遷檢校尚書右僕射，俄拜中書侍郎，同平章事。宣宗即位罷相，以太子賓客分司卒。

魏謩字申之，鉅鹿人。五代祖文貞公徵，貞觀朝名相。曾祖殷，汝陽令。祖明，亦爲縣令。父馮，獻陵臺令。謩，大和七年登進士第。楊汝士牧同州，辟爲防禦判官，得祕書省校書郎。汝士入朝，薦爲右拾遺。文宗以謩魏徵之裔，頗奇待之。

前邕管經略使董昌齡枉殺錄事參軍衡方厚，坐貶漵州司戶。至是量移硤州刺史，謩上疏論之曰：「王者施渙汗之恩以赦有罪，唯故意殺人無赦。昌齡比者錄以微効，授之方隅，不能祇慎寵光，恣其狂暴，無辜專殺，事跡顯彰。妻孥銜冤，萬里披訴。及按鞫伏罪，貸以微生，中外議論，以爲屈法。今若授之牧守，以理疲人，則殺人者拔擢，而冤苦者何伸？交紊憲章，有乖至理。」疏奏，乃改爲洪州別駕。

御史中丞李孝本，皇族也，坐李訓誅，有女沒入掖廷。謩諫曰：

臣聞治國家者，先資於德義，德義不修，家邦必壞。故王者以德服人，以義使人。服使之術，要在修身，修身之道，在於孜孜。夫一失百虧之戒，存乎久要之源。前志曰：「勿以小惡而爲之，勿以小善而不爲。」斯則懼於漸也！臣又聞，君如日焉，顯晦之微，人皆瞻仰，照臨之大，何以掩藏？前代設敢諫之鼓，立誹謗之木，貴聞其過也。陛下即位已來，誕敷文德，不悅聲色，出後宮之怨婦，配在外之鰥夫。洎今十年，未嘗採擇。自數月已來，天睠稍迴，留神妓樂，教坊百人、二百人，選試未已，莊宅司收市，亹亹有聞。昨又宣取李孝本之女入內。宗姓不異，寵幸何名，此事深累愼修，有虧一簣。陛下九重之內，不得聞知。凡此之流，大生物議，實傷理道之本，未免塵穢之嫌。夫欲人不知，莫若勿爲。諺曰：「止寒莫若重裘，止謗莫若自修。」伏希陛下照鑒不惑，崇千載之盛德，去一旦之玩好。敎坊停息，宗女遣還，則大正人倫之風，深弘王者之體。

疏奏，帝卽日出孝本女，遷謩右補闕。詔曰：「昔乃先祖貞觀中諫書十上，指事直言，無所避諱。每覽國史，未嘗不沉吟伸卷，嘉尙久之。爾爲拾遺，其風不墜，屢獻章疏，必道其所以。至於備灑掃於諸王，非自廣其聲妓也；恤髫齔之宗女，固無嫌於徵取也。雖然，疑似之間，不可家至而戶曉。爾能詞旨深切，是博我之意多也。噫！人能匪躬謇諤，似其先祖，吾豈不能虛懷延納，仰希貞觀之理歟？而謩居官日淺，未當敍進，吾豈限以常典，以待直臣。可右補闕。」帝謂宰臣曰：「昔太宗皇帝得魏徵，裨補闕失，弼成聖政。我得魏謩，於疑似之間，必能極諫。不敢希貞觀之政，庶幾處無過之地矣。」

敎坊副使雲朝霞善吹笛，新聲變律，深愜上旨，自左驍衞將軍宣授兼揚府司馬。宰臣奏曰：「揚府司馬品高，郎官刺史迭處，不可授伶官。」上意欲授之，因宰臣對，亟稱朝霞之善。謩聞之，累疏陳論，乃改授潤州司馬。

荆南監軍使呂令琮從人擅入江陵縣，毀罵縣令韓忠，觀察使韋長申狀與樞密使訴之。

謩上疏曰：「伏以州縣侵屈，只合上聞；中外關連，須存舊制。韋長任廉使，體合精詳，公事都不奏聞，私情擅爲踰越。況事無巨細，不可將迎。縣令官業有乖，便宜理罪；監軍職司侵越，卽合聞天。或以慮煩聖聽，何不但申門下？今則首紊常典，理合糾繩。伏望聖慈，速加懲誡！」疏奏不出，時論惜之。

三年，轉起居舍人。紫宸中謝，帝謂之曰：「以卿論事忠切，有文貞之風，故不循月限，授卿此官。」又謂之曰：「卿家有何舊書詔？」對曰：「比多失墜，惟簪笏見存。」上令進來。鄭覃曰：「在人不在笏。」上曰：「鄭覃不會我意，此卽甘棠之義，非在笏而已。」謩將退，又召誡之曰：「事有不當，卽須奏論。」謩曰：「臣頃爲諫官，合伸規諷。今居史職，職在記言，臣不敢輒踰職分。」帝曰：「凡兩省官並合論事，勿拘此言。」尋以本官直弘文館。

四年，拜諫議大夫，仍兼起居舍人，判弘文館事。紫宸入閤，遣中使取謩起居注，欲視之，謩執奏曰：「自古置史官，書事以明鑒誡。陛下但爲善事，勿畏臣不書。如陛下所行錯忤，臣縱不書，天下之人書之。臣以陛下爲文皇帝，陛下比臣如褚遂良。」帝又曰：「我嘗取觀之。」謩曰：「由史官不守職分，臣豈敢陷陛下爲非法？陛下一覽之後，自此書事須有迴避。如此，善惡不直，非史也。遺後代，何以取信？」乃止。

謩初立朝，爲李固言、李珏、楊嗣復所引，數年之內，至諫議大夫。武宗卽位，李德裕用事，謩坐楊、李之黨，出爲汾州刺史。楊、李貶官，謩亦貶信州長史。宣宗卽位，白敏中當國，量移郢州刺史，尋換商州。二年，內徵爲給事中，遷御史中丞。謝日，面賜金紫之服。彈駙馬都尉杜中立贓罪，貴戚憚之。兼戶部侍郎，判本司事。謩奏曰：「御史臺紀綱之地，不宜與泉貨吏雜處，乞罷中司，專綜戶部公事。」從之。

尋以本官同平章事，判使如故。謝日，奏曰：「臣無夔、契之才，驟叨夔、契之任，將何以仰報鴻私？今邊戍粗安，海內寧息，臣愚所切者，陛下未立東宮，俾正人傅導，以存副貳之重。」因泣下。上感而聽之。先是，累朝人君不欲人言立儲貳，若非人主己欲，臣下不敢獻言。宣宗春秋高，嫡嗣未辨，謩作相之日，率先啓奏，人士重之。尋兼集賢大學士。詹毗國獻象，謩以其性不安中土，請還其使，從之。太原節度使李業殺降虜，北邊大擾。業有所恃，人不敢非。謩卽奏其事，乃移業滑州。加中書侍郎。大理卿馬曙從人王慶告曙家藏兵甲，曙坐貶官，而慶無罪。謩引法律論之，竟杖殺慶。

進階銀青光祿大夫，兼禮部尚書、監修國史。修成文宗實錄四十卷，上之。其修史官給事中盧耽、太常少卿蔣偕、司勳員外郎王渢、右補闕盧告、膳部員外郎牛叢，皆頒賜錦綵、銀器，序遷職秩。謩轉門下侍郎，兼戶部尚書。大中十年，以本官平章事、成都尹、劍南西川節度副大使知節度事。十一年，以疾求代，徵拜吏部尚書。以疾未痊，乞授散秩，改檢校右僕射，守太子少保。十二年十二月卒，時年六十六，贈司徒。

謩儀容魁偉，言論切直，與同列上前言事，他宰相必委曲規諷，唯謩讜言無所畏避。宣宗每曰：「魏謩綽有祖風，名公子孫，我心重之。」然竟以語辭太剛，爲令狐綯所忌，罷之。謩嘗鈔撮子書要言，以類相從，二十卷，號曰魏氏手略。有文集十卷。子潛、滂。潛登進士第。潛，于敖甥〔一〕。後琮爲相，潛歷顯官。

周墀字德升，汝南人。祖頲，父霈。墀，長慶二年擢進士第，大和末，累遷至起居郎。墀能爲古文，有史才，文宗重之，補集賢學士，轉考功員外郎，仍兼起居舍人事。開成二年冬，以本官知制誥，尋召充翰林學士。三年，遷職方郎中。四年十月，正拜中書舍人，內職如故。武宗卽位，出爲華州刺史、鎭國軍潼關防禦等使，改鄂州刺史、御史中丞、鄂岳觀察使。會昌六年十一月，遷洪州刺史、江南西道觀察使。大中初，檢校禮部尙書、滑州刺史、義成軍節度鄭滑觀察等使、上柱國、汝南男，食邑三百戶。入朝爲兵部侍郞、判度支。尋以本官同平章事，累遷銀青光祿大夫、中書侍郞、監修國史，兼刑部尙書。罷相，檢校刑部尙書、梓州刺史、御史大夫、劍南東川節度使。未行，追制改檢校右僕射，加食邑五百戶。歷方鎮卒。

崔龜從字玄告，清河人。祖璜，父誠，官微。龜從，元和十二年擢進士第，又登賢良方正制科及書判拔萃二科，釋褐拜右拾遺。大和二年，改太常博士。龜從長於禮學，精歷代沿革，問無不通。時饗宗廟於敬宗室，祝板稱皇帝孝弟。龜從議曰：「臣審詳孝字，載考禮文，義本主於子孫，理難施於兄弟。按禮記卜虞之文，子孫曰哀，兄弟曰某。然則虞之稱哀，與祭之稱孝，其義一也。於祖禰則理宜稱孝，於伯仲則止可稱名。又東晉溫嶠議宗廟祝辭，於孝字非子者則不稱，傍親直言敢告。當時朝議，咸以爲宜。今臣上考禮經，無兄弟稱孝之義；下徵晉史，有不稱傍親之文。臣謂饗敬宗廟，宜去孝弟兩字。」

又以祀九宮壇，舊是大祠。龜從議曰：「九宮貴神，經典不載。天寶中，術士奏請，遂立祠壇。事出一時，禮同郊祀。臣詳其圖法，皆主星名。縱司水旱兵荒，品秩不過列宿。今者，五星悉是從祀，日月猶在中祠，豈容九宮獨越常禮，備列王事，誠誓百官。尊卑乖儀，莫甚於此。若以嘗在祀典，不可廢除，臣請降爲中祠。」制從之。

龜從又以大臣薨謝，不於聞哀日輟朝。奏議曰：「伏以廢朝軫悼，義重君臣，所貴及哀，尤宜示信。自頃已來，輟朝非奏報之時，備禮於數日之外。雖遵常制，似不本情。臣不敢遠徵古書，請引國朝故事：貞觀中任瓌卒，有司對仗奏聞，太宗責其乖禮；岑文本旣歿，其夕爲罷警嚴；張公謹之亡，哭之不避辰日。是知閔悼之意，不宜過時。臣謂大臣薨，禮合輟朝，縱有機務急速，便殿須召宰臣，不臨正朝，無爽事體。如此，則由衷之信，載感於幽明，稱情之文，無虧於典禮。」又奏：「文武三品官薨卒輟朝。有未經親重之官，今任又是散列者，爲之變禮，誠恐非宜。自今後，文武三品以上官，非曾任將相，及曾在密近，宜加恩禮者，餘請不在輟朝之限。」從之。

累轉考功郎中、史館修撰。九年，轉司勳郎中、知制誥。十二月，正拜中書舍人。開成初，出爲華州刺史。三年三月，入爲戶部侍郎，判本司事。四年，權判吏部尙書銓事。大中四年，爲中書侍郎、同平章事，兼吏部尙書。五年七月，撰成續唐曆三十卷，上之。六年，罷相，檢校吏部尙書、汴州刺史、宣武軍節度觀察等使，累歷方鎭卒。

鄭肅，滎陽人。祖烈，父閱，世儒家。肅苦心力學。元和三年，擢進士第，又以書判拔萃，歷佐使府。大和初，入朝爲尙書郎。六年，轉太常少卿。肅能爲古文，長於經學，左丘明、三禮，儀注疑議，博士以下必就肅決之。

時魯王永有寵，文宗擇名儒爲其府屬，用戶部侍郎庾敬休兼王傅，戶部郎中李踐方兼司馬，以肅本官兼長史，由是知名。明年，魯王爲太子，肅加給事中。九年，改刑部侍郎，尋改尚書右丞，權判吏部西銓事。開成初，出爲陜虢都防禦觀察使、兼御史大夫。二年九月，召拜吏部侍郎。帝以肅嘗侍太子，言論典正，復令兼太子賓客，爲東宮授經。既而太子失寵，上不悅，有廢斥意。肅因召見，深陳邦國大本、君臣父子之義，上改容嘉之，而太子竟以楊妃故得罪，乃以肅檢校禮部尚書，兼河中尹、河中節度、晉絳觀察等使。會昌初，武宗思太子永之無罪，盡誅陷永之黨。朝議稱肅忠正，有大臣之節，召拜太常卿，累遷戶部、兵部尚書。

五年，以本官同平章事，加中書、門下二侍郎，監修國史，兼尚書右僕射。素與李德裕親厚，宣宗即位，德裕罷知政事，肅亦罷相，復爲河中節度使。以疾辭，拜太子太保，卒。

子洎，咸通中累官尚書郎，出爲刺史。洎子仁規、仁表，俱有俊才，文翰高逸。仁規累遷拾遺、補闕、尚書郎、湖州刺史、尚書郎知制誥，正拜中書舍人，卒。仁表擢第後，從杜審權、趙騭爲華州、河中掌書記，入爲起居郎。仁表文章尤稱俊拔，然恃才傲物，人士薄之。自謂門地、人物、文章具美，嘗曰：「天瑞有五色雲，人瑞有鄭仁表。」劉鄴少時，投文於洎，仁表兄弟嗤鄙之。咸通末，鄴爲宰相，仁表竟貶死南荒。

盧商字爲臣，范陽人。祖昂，澧州刺史〔三〕。父廣，河南縣尉。商，元和四年擢進士第，又書判拔萃登科。少孤貧力學，釋褐祕書省校書郎。范傳式、康察、宣歙，辟爲從事。王播、段文昌相繼鎮西蜀，商皆佐職爲記室，累改禮部員外郎。入朝爲工部員外郎、河南縣令，歷工部、度支、司封三郎中。大和九年，改京兆少尹，權大理卿事。

開成初，出爲蘇州刺史。中謝日，賜金紫之服。初，郡人苦鹽法太煩，姦吏侵漁。商至，籍見戶，量所要自售，無定額，蘇人便之，歲課增倍。宰相領鹽鐵，以其績上，遷潤州刺史、浙西團練觀察使。入爲刑部侍郎，轉京兆尹。三年，朝廷用兵上黨，飛輓越太行者環地六七鎮，以商爲戶部侍郎，判度支，兼供軍使，軍用無闕。逆稹盪平，加檢校禮部尚書、梓州刺史、劍南東川節度使。

宣宗即位，入爲兵部侍郎。尋以本官同平章事、范陽郡開國公，食邑二千戶，加兼工部尚書。數年，檢校工部尚書，出爲鄂岳觀察使，就加檢校兵部尚書。大中十三年，以疾求代，徵拜戶部尚書。其年八月，卒于漢陰驛，時年七十一。子知遠、知微、知宗、僧朗、蕘。

史臣曰：宗閔、嗣復，承宗室世家之地胄，有文學政事之美名，徊翔清華，出入隆顯。苟能義以爲上，羣而不黨，議太平於稷、契之列，致人主於勛、華之盛，遭時得位，誰曰不然？而捨彼鴻猷，狎茲鼠輩，養虞卿而射利，抗德裕以報仇。矛盾相攻，幾傾王室，沒身蠻瘴，其利伊何？古者，廉、藺解仇，冀全國體，而邀懽釋憾，實亂大倫。世道銷刓，一至於此！崔、魏二丞相，嘉言啓奏，無忝正人。墀、讓史才，鄯之禮學，商之長者，或登三事，或踐六卿，以道始終，夫何不韙。

贊曰：漢誅鉤黨，魏破疽囊。何鄧之後，二李三楊。偷權報怨，任國存亡。書茲覆轍，敢告嚴廊！

校勘記

〔一〕于敖　各本原作「子敖」，合鈔卷二二七魏謩傳注說：「按子敖當作于敖，潛爲敖甥，與敖子琮爲中表，故琮爲相汲引之也。」據改。

〔二〕澧州刺史　「澧州」，各本原作「灃州」，據新書卷七三上宰相世系表改。

舊唐書卷一百七十七

列傳第一百二十七

崔慎由 父從 弟安潛 伯父能 能子彥曾 慎由子胤 崔珙 兄琯 弟璵 瑑 璵子澹 澹子遠 盧鈞 裴休 兄儔 弟俅 楊收 兄發 弟嚴 子鉅 鏻 嚴子涉 注 韋保衡 路巖 夏侯孜 子潭 澤 劉瞻 劉瑑 曹確 畢諴 杜審權 子讓能 彥林 弘徽 劉鄴 豆盧瑑

崔慎由字敬止，清河武城人。高祖融，位終國子司業，謚曰文，自有傳。曾祖翹，位終禮部尚書、東都留守。祖異，位終渠州刺史。

父從，少孤貧。寓居太原，與仲兄能同隱山林，苦心力學。屬歲兵荒，至於絕食，弟兄採梠拾橡實，飲水棲衡，而講誦不輟，怡然終日，不出山巖，如是者十年。貞元初，進士登第，釋褐山南西道推官，府公嚴震，待以殊禮。以父憂免〔一〕。弟兄廬于父墓，手植松柏。免喪，不應辟命。久之，西川節度使韋臯開西南夷，置兩路運糧使，奏從掌西山運務，後權知邛州事。及臯薨，副使劉闢阻命，欲幷東川，以謀告從。從以書諭闢，闢怒，出兵攻之，從嬰城拒守，卒不從之。高崇文平蜀，從事坐累多伏法，惟從以拒闢免。盧坦在宣州，辟爲團練觀察副使。

元和初入朝，累遷吏部員外郎。九年，裴度爲中丞，奏從爲侍御史知雜，守右司郎中。度作相，用從自代爲中丞。從氣貌孤峻，正色立朝，彈奏不避權幸。事關臺閣或付仗內者，必抗章論列，請歸有司。選辟御史，必先質重貞退者。改給事中，數月，出爲陝州大都督府長史、陝虢團練觀察使、兼御史中丞，賜紫金魚袋。入爲尚書右丞。

淄青賊平，鎭州王承宗懼，上章請割德、棣二州自贖，又令二子入侍。憲宗選使臣宣諭，以從中選。議者以承宗罪惡貫盈，每多姦譎，入朝二子，必非血胤，人頗憂之。從次魏州，田弘正以路由寇境，欲以五百騎援之，從辭之。以童奴十數騎，徑至鎭州。於鞠場宣敕，三軍大集。從諭以逆順，辭情慷慨，軍士感動，承宗泣下，禮貌益恭，遂按德、棣戶口符印而還。其年八月，出爲興元尹、御史大夫、山南西道節度觀察等使。監軍使知上意欲大用之，每爲中貴傳達意旨，欲其賂遺，從終不答。

穆宗即位，召拜尚書左丞。長慶二年，檢校禮部尚書、鄜州刺史、鄜坊丹延節度等使。鄜時內接畿甸，神策軍鎮相望，踰禁犯法，累政不能制，而從撫遏舉奏，軍士惕然。党項羌有以羊馬來市者，必先遺帥守，從皆不受，撫諭遣之。羣羌不敢爲盜。四年，入爲吏部侍郎，尋改太常卿。寶曆二年，檢校吏部尚書，充東都留守。

大和三年，入爲戶部尚書。李宗閔秉政，以從與裴度、李德裕厚善，惡之，改檢校尚書右僕射、太子賓客東都分司。從請告百日，罷官，物論咎執政。宗閔懼，四年三月，召拜檢校左僕射，兼揚州大都督府長史、御史大夫，充淮南節度副大使，知節度事。揚府舊有貨麴之利，資產奴婢交易者，皆有貫率，羊有口算，每歲收利以給用，從悉除之。舊制，官吏祿俸有布帛加估之給，節度使獨不在此例。從至，一例估折給之。六年十月，卒于鎮，贈司空，謚曰貞。

從少以貞晦恭讓自處，不交權利，忠厚方嚴，正人多所推仰。階品合立門戟，終不之請。四爲大鎮，家無妓樂，士友多之。

慎由，大和初擢進士第，又登賢良方正制科。聰敏強記，宇量端厚，有父風。釋褐諸侯府。大中初入朝，爲右拾遺、員外郎、知制誥，正拜舍人，召充翰林學士、戶部侍郎。再歷方鎮，入朝爲工部尚書。十年，以本官同平章事，兼集賢殿大學士，轉監修國史、上柱國，加太中大夫、兼禮部尚書。

初，愼由與蕭鄴同在翰林，情不相洽。及愼由作相，罷鄴學士。俄而鄴自判度支爲平章事，恩顧甚隆，鄴引劉瑑同知政事。十二年二月詔曰：「太中大夫、中書侍郎、兼禮部尚書、同中書門下平章事、監修國史、上柱國、賜紫金魚袋崔愼由，繼美德門，承家貴位，搢紳偉望，禮樂上流。挺松筠之貞姿，服蘭蓀之懿行。自居名器，累歷清華，禁林才擅於多能，綸閣詞推於巨麗。物情愈茂，延譽甚高，再列二卿之崇，亟闡六條之化。爰加獎任，益委重難。屢啓嘉謨，俄參大柄，而周涉寒暑，備見器能。道已著於始終，恩豈殊於中外。可檢校禮部尚書、梓州刺史、兼御史大夫、劍南東川節度使。」

咸通初，改爲華州刺史、潼關防禦、鎮國軍等使，加檢校司空、河中尹、河中晉絳節度使。入爲吏部尚書。移疾請老，拜太子太保，分司東都，卒。子胤。弟安潛。

安潛字進之，大中三年登進士第。咸通中，累歷清顯，出爲許州刺史、忠武軍節度觀察等使。乾符中，遷成都尹、劍南西川節度等使。黃巢之亂，從僖宗幸蜀。王鐸爲諸道行營都統，奏安潛爲副。收復兩京，以功累加至檢校侍中。龍紀初，青州王敬武卒，以安潛代。

敬武子師範拒命，安潛赴鎭，至棣州，刺史張蟾出州兵攻青州，爲師範所敗，朝廷竟授之節鉞。安潛還京師，累加太子太傅。卒，贈太師，謚曰貞孝。子柅、巇。柅，景福中爲起居郎。巇爲右拾遺。柅累官至尙書。

從兄能，少勵志苦學，累辟使府。元和初，爲蜀州刺史。六年，轉黔中觀察使。坐爲南蠻所攻，陷郡邑，貶永州刺史。穆宗卽位，弟從居顯列，召拜將作監。長慶四年九月，出爲廣州刺史、御史大夫、嶺南節度使，卒。

子彥曾，有幹局。大中末，歷三郡刺史。咸通初，累遷太僕卿。七年，檢校左散騎常侍、徐州刺史、御史大夫，充武寧軍節度使。彥曾通於法律，性嚴急，以徐軍驕，命彥曾治之，長於撫養，而短於軍政。用親吏尹戡、徐行儉當要職。二人貪猥，不恤軍旅，士卒怨之。先是，六年，南蠻寇五管，陷交阯，詔徐州節度使孟球召募二千人赴援，分八百人戍桂州。舊三年一代，至是戍卒求代，尹戡以軍帑匱乏，難以發兵，且留舊戍一年。其戍卒家人飛書桂林，戍卒怒，牙官許佶、趙可立、王幼誠、劉景、傅寂、張實、王弘立、孟敬文、姚周等九人，殺都頭王仲甫，立糧料判官龐勛爲都將。羣伍突入監軍院取兵甲，乃剽湘潭、衡山兩縣，虜其丁壯。乃擅迴戈，沿江自浙西入淮南界，由濁河達泗口。其衆千餘人，每將過郡縣，先令倡卒弄傀儡以觀人情，慮其邀擊。既離泗口，彥曾令押牙田厚簡慰喻，又令都虞候元密伏兵任山館。龐勛遣吏送狀啓訴，以軍士思歸，勢不能遏，願至府外解甲歸兵，便還家。彥曾怒誅之，勛等擁衆攻宿州，陷之。出官帑召募，翌日，得兵二千人，乃虜奪舟船五千餘艘。步卒在船，騎軍夾岸，鼓譟而進，元密發伏邀之，爲賊所敗。時亡命者歸賊如市，彥曾驅城中丁男城守。九年九月十四日，賊逼徐州。十五日後，每旦大霧不開。十六日，彥曾並誅逆卒家口。十七日，昏霧尤甚，賊四面斬關而入。龐勛先謁漢高祖廟，便入牙城。監軍張道謹相見，不交一言，乃止大彭館。收尹戡、徐行儉及判官焦璐、李棁、崔蘊、温延皓、韋廷乂，並殺之。翌日，賊將趙可立害彥曾，龐勛自稱武寧軍節度使。

愼由子胤。

胤字昌遐，乾寧二年登進士第。王重榮鎮河中，辟爲從事。入朝，累遷考功、吏部二員外郎，轉郎中、給事中、中書舍人。大順中，歷兵部、吏部二侍郎，尋以本官同平章事。時王室多故，南北司爭權，咸樹朋黨，外結藩帥。胤長於陰計，巧於附麗，外示凝重而心險躁。自李茂貞、王行瑜怙亂兵勢不遜，杜讓能、韋昭度繼遭誅戮，而宰臣崔昭緯深結行瑜以自固，而待胤以宗人之分，屢加薦用，累遷中書侍郎，判戶部事。昭宗出幸石門，胤與同列徐彥若、王摶等從。車駕還宮，加禮部尚書，並賜號「扶危匡國致理功臣」。

三年，李茂貞犯京師，扈昭宗幸華州。帝復雪杜讓能、韋昭度、李磎之枉，懲昭緯之前慝，罷胤政事，檢校兵部尚書、廣州刺史、嶺南東道節度等使。時朱全忠方霸於關東，胤密致書全忠求援。全忠上疏理胤之功，不可離輔弼之地。胤已至湖南，復召拜平章事。胤既獲汴州之援，頗弄威權。恨徐彥若、王摶發昭緯前事，深排抑之。俄出彥若爲南海節度。又撫王摶交結敕使，同危宗社，令全忠上疏論之。光化中，貶摶溪州司馬，賜死於藍田驛。誅中尉宋道弼、景務修。自是朝廷權政，皆歸於己，兼領三司使務。宦官側目，不勝其忿。

及劉季述幽昭宗於東內，以德王監國。季述畏全忠之強，不敢殺胤，但罷知政事，落使務，守本官而已。胤復致書於全忠，請出師反正，故全忠令大將張存敬急攻晉絳河中。胤以天子幽囚，諸侯觀釁，有神策軍巡使孫德昭者，頗怒季述之廢立，胤伺知之，令判官石戩與德昭遊，伺其深意。每酒酣，德昭泣下，戩知其誠，乃與之謀曰：「今中外大臣，自廢立已來，無不含怒。至於軍旅，亦懷憤惋。今謀反者，獨季述、仲先耳。足下誅此二豎，復帝寶位，垂名萬代，今正其時。持疑不斷，則功落他人之手也！」德昭謝曰：「予軍吏耳，社稷大計，不敢自專。如相公委使，不敢避也。」胤乃割衣帶，手書以通其意。十二月晦，德昭伏兵誅季沭。昭宗反正，胤進位司空，復知政事，兼領度支、鹽鐵、三司等使。

明年夏，朱全忠攻陷河中、晉絳，進兵至同華，中尉韓全誨以胤交結全忠，慮汴軍逼京師，請罷知政事，落使務。其年冬，全誨挾帝幸鳳翔。胤怨帝廢黜，不扈從，遣使告全忠，請於岐陽迎駕，令太子太師盧知猷率百官迎全忠入京師。初，全忠至華州，遣掌書記裴鑄入奏鳳翔，言欲以兵士迎駕。及入京師，又上表曰：

臣獨兼四鎮，迨事兩朝，分數千里之封疆，受二十年之恩渥。微同物類，猶解感知，忝齒人倫，寧忘報効？臣昨將兵士奔赴闕庭，尋過京畿，遠迎車駕。初因幕吏，面奉德音；尋有宰臣，頻飛密札。或以京都紛擾，委制置於中朝；或以鑾輅播遷，俾奉迎於近甸。臣是以遠離藩鎮，不憚疲勞。昨奉詔書，兼宣口敕，令臣速抽兵士，且歸本藩，仍遣百官，俾赴行在。覩綸言於鳳紙，若面丹墀；認御札於龍衣，如親翠蓋。然知從來書詔，出自宰臣，每降宣傳，皆非聖旨，致臣悞將師旅，遽入關畿，比令迎駕之行，翻𦂳脅君之過。臣今見與茂貞要約，釋兩地猜嫌，早致萬乘歸京，以副八紘懇望。其宰臣百官已下，非臣輒有阻留，伏乞詔赴行朝，以備還駕。

昭宗得全忠表，怒胤尤甚。是月二十六日詔曰：

食君之祿，合務於盡忠；秉國之鈞，宜思於致理。其有疊膺異渥，繼執重權，遽萌狂悖之心，忽構傾危之計，人知不可，天固難容。扶危定亂致理功臣、開府儀同三司、守司空，兼門下侍郎、同平章事，充太淸宮使、弘文館大學士、延資庫使、諸道鹽鐵轉運等使、判度支、上柱國、魏國公、食邑五千戶崔胤，奕葉公台，蟬聯珪組。冠歲名升於甲乙，壯年位列於公卿，趣向有聞，行藏可尙。朕採於羣議，詢彼輿情，有冀小康，遂登大用。殊不知漏巵難滿，小器易盈，曾無報國之心，但作危邦之計，四居極位，一無可稱。豈有都城，合聚兵甲，暗養死士，將亂國經，聚貔武以保其一坊，致刁斗遠連於右輔。始則將京兆府官錢委元規召卒，後則用度支使榷利令陳班聚兵，事去公朝，權歸私室。百辟休戚，由其顧眄之間；四方是非，繫彼指呼之際。令狐渙姦纖有素，操守無堪，用作腹心，共張聲勢。遂令濫居深密，日在禁闈，罔惑朕躬，僞行書詔。致茲播越，職爾之由。豈有權重位崇，恩深獎厚，曾無惕厲，轉恣睢盱，顯構外兵，將圖不軌。

朕以庶士流散，兵革繁多，遂命宰臣，與之商議。五降內使，一貢表章，堅臥不來，拒召如此。況又拘留庶吏，廢闕晨趨。人旣奔驚，朕須巡幸。果見兵纏輦轂，火照宮闈，烟塵漲天，干戈匝野。致朕奔迫，及於岐陽。翠輦未安，鐵騎旋至，圍逼行在，焚燒屋廬。覩此阽危，咎將誰執？近省全忠章表，兼遣幕吏敷陳，言宰臣繼飛密緘，促其兵士西上，靜詳構扇，孰測包藏，無功及人，爲國生事。於戲！君人之道，委之宰衡，庶務殷繁，豈能親理？盡將機事，付爾主張，負我何多，構亂至此！仍存大體，不謂無恩。可責授朝散大夫，守工部尚書。

初，天復反正之後，宦官尤畏胤，事無大小咸稟之。每內殿奏對，夜則繼之以燭。常說昭宗請盡誅內官，但以宮人掌內司事。中尉韓全誨、張弘彥、袁易簡等伺知之，於帝前求哀請命，乃詔胤密事進囊封，勿更口奏。宦官無由知其謀，乃求知書美婦人進內，以偵陰事。由是胤謀頗洩。宦官每相聚流涕，愈不自安，故全誨等爲劫幸之謀，由胤忌嫉之太過也。

及全忠攻鳳翔，胤寓居華州，爲全忠畫圖王之策。天復二年，全忠自岐下還河中，胤迎謁于渭橋，捧卮上壽，持板爲全忠唱歌，仍自撰歌辭，贊其功業。三年，李茂貞殺韓全誨等，與全忠通和，昭宗急詔徵胤赴行在。凡四降詔，三賜朱書御札，稱病不赴。及帝出鳳翔，胤乃迎於中路，即日降制，復舊官，知政事，進位司徒，兼判六軍諸衞事。仍詔移家入左軍，賜帳幄器用十車。胤奏京兆尹鄭元規爲六軍副使。胤與全忠奏罷左右神策內諸司等使及諸道監軍、副監、小使，內官三百餘人，同日斬之于內侍省。諸道監軍，隨處斬首以聞。

昭宗初幸鳳翔，命盧光啓、韋貽範、蘇檢等作相，及還京，胤皆貶斥之。又貶陸扆爲沂王傅，王溥太子賓客，學士薛貽矩夔州司戶，韓偓濮州司戶，姚洎景王府咨議。應從幸羣官貶逐者三十餘人。唯用裴贄爲相，以其孤立易制也。內官旣盡屠戮，諸使悉罷，天子宣傳詔命，惟令宮人寵顏等宣事。而欺君蠹國，所不忍聞。胤所悅者闒茸下輩，所惡者正人君子，人人悚懼，朝不保夕。

其年十月，全忠子友倫宿衞京師，因擊鞠墜馬而卒。全忠愛之，殺會鞠者十餘人，而疑胤陰謀，由是怒胤。初，天子還宮，全忠東歸，胤以事權在己，慮全忠急於篡代，乃與鄭元規謀招致兵甲，以扞茂貞爲辭。全忠知其意，從之。胤毁城外木浮圖，取銅鐵爲兵仗。全忠令汴州軍人入關應募者數百人。及友倫死，全忠怒，遣其子宿衞軍使友諒誅胤，而應募者突然而出。四年正月初，貶太子賓客，尋爲汴軍所殺。胤傾險樂禍，外示寬宏。初拜平章事，其季父安潛謂所親曰：「吾父兄刻苦樹立門戶，一旦終當爲緇郎所壞。」果如其言。胤累加至侍中，封魏國公。初，朱全忠雖竊有河南方鎮，憚河朔、河東，未萌問鼎之志。及得胤爲鄉導，乃電擊潼關，始謀移國。自古與盜合從，覆亡宗社，無如胤之甚也。子有鄰。

崔珙，博陵安平人。祖懿。父頲，貞元初進士登第，元和初累官至少府監。四年，出爲同州刺史，卒。頲有子八人，皆至達官，時人比漢之荀氏，號曰「八龍」。

長曰琯，貞元十八年進士擢第。又制策登科，釋褐諸侯府，入朝爲尙書郎。大和初，累遷給事中，宣慰幽州稱旨。俄而興元兵亂，殺李絳，命瑄平亂褒中，三軍寂然從命。使還，改工部侍郎。四年冬，拜京兆尹。五年四月，改尚書右丞。六年十二月，出爲江陵尹、御史大夫、荆南節度使。八年，入爲兵部侍郎，轉吏部，權判左丞事。開成二年，眞拜左丞。時弟珙爲京兆尹，兄弟並居顯列。以本官權判兵部西銓、吏部東銓事。三年，檢校戶部尚書，判東都尚書省事、東都留守、東畿汝都防禦等使。會昌中，遷銀青光祿大夫、檢校吏部尚書、興元尹，充山南西道節度使。以弟珙罷相貶官，瑄亦罷鎭歸東都。五年卒。詔曰：

孔氏以顏、冉之行，首於四科；漢代以荀、陳之門，方之「八凱」。乃睠時哲，得茲令名，用舉飾終之恩，以抒殲良之歎。故山南西道節度使崔瑄，誠明履正，粹密鄰幾，有子政之精忠，得公綽之不欲。禮樂二事，以爲身文；仁義五常，自成家範。往以茂器，列于大僚。屬賢相受誣，廟堂議法，由長孺之道，以佑正人；徵京兆之言，豈聞非罪？既是魏其之直，益彰王鳳之邪。莊色于朝，羣公聳視；讜詞不撓，淑問攸歸。歷踐名藩，皆留遺愛。居常愼獨，淸則畏知。爰自靑衿，迄于白首，厲翼之志，始終不渝。未陟台階，實辜公論；追榮左相，式示優崇。可贈尚書左僕射。

珙，瑄之母弟也。以書判拔萃高等，累佐使府。性威重，尤精吏術。大和初，累官泗州刺史，入爲太府卿。七年正月，拜廣州刺史、嶺南節度使。延英中謝，帝問以撫理南海之宜，珙奏對明辯，帝深嘉之。時高瑀鎮徐州，承智興之後，軍驕難制，軍士數犯法，上欲擇威望之帥以臨之，久難其才。會珙言事慷慨，謂宰臣曰：「崔珙言事，神氣精爽，此可以臨徐人。」卽以王茂元代珙鎮廣南，授珙兼檢校工部尚書、徐州刺史、兼御史大夫，充武寧軍節度、徐泗濠觀察使。

開成初，就加檢校兵部尚書。二年，檢校吏部尚書、右金吾大將軍，充街使。六月，遷京兆尹。是歲，京畿旱，珙奏滻水入內者，十分量減九分，賜貧民溉田，從之。三年正月，盜發親仁里，欲殺宰相李石，其賊出於禁軍，珙坐捕盜不獲，罰俸料。會昌初，李德裕用事，與珙親厚，累遷戶部侍郎，充諸道鹽鐵轉運等使。尋以本官同中書門下平章事，累兼刑部尚書、門下侍郎，進階銀青光祿大夫，兼尙書左僕射。素與崔鉉不叶，及李讓夷引鉉輔政，代珙領使務，乃掎摭珙領使日妄破宋滑院鹽鐵錢九十萬貫文，又言珙嘗保護劉從諫，坐貶澧州刺史〔三〕，再貶恩州司馬。宣宗卽位，以赦召還，爲太子賓客，出爲鳳翔節度使。

三年，崔鉉復知政事，珙辭疾請罷，制曰：「將相大臣，與國同體，誠欲自便，豈宜不從？苟非其時，涉于避事。前鳳翔隴州節度觀察處置等使、光祿大夫、檢校尙書右僕射、兼鳳翔尹、御史大夫、上柱國、安平郡開國公、食邑二千戶崔珙，早以器能，周歷顯重。行己每稱其友悌，在公亦竭其精忠。自負讉前朝，遠移南徼，及我嗣守，頗聞嘉名。由是剖竹近關，揚旂右輔，爲國垣翰，適資謀猷。近者犬戎輸誠，歸我故地，下議納款，且籌開疆。宜其率先啓行，副此寵待。忽覽退閑之請，頗乖毗倚之誠。陳力之方，豈無其道？匪躬之故，或異於是。以其故老，特爲優容，俾居青宮之輔，仍從分洛之命。君臣禮分，予無愧焉。可太子少師，分司東都。」未幾卒。子涓，大中四年進士擢第。珙弟璿、瑑、璵、球、珦。

璿以書判拔萃，開成中累遷至刑部郎中。會昌中，歷三郡刺史，位終方鎭。

瑑，開成初爲吏部郎中，轉給事中。會昌初，出爲陝虢觀察使，遷河南尹，入爲御史中丞，轉吏部侍郎。大中初，改兵部侍郎，充諸道鹽鐵轉運使。崔鉉再輔政，罷瑑使務，檢校兵部尚書，兼河中尹、御史大夫，充河中晉絳磁隰等州節度觀察使。七年，入爲左丞，再遷刑部尚書。子滔，大中初登進士第。

璵字朗士，長慶初進士擢第，又制策登科。開成末，累遷至禮部員外郎。會昌初，以考功郎中知制誥，拜中書舍人。大中五年，遷禮部侍郎。六年，選士，時謂得才。七年，權知戶部侍郎，進封博陵子，食邑五百戶，轉兵部侍郎。子澹。

澹，大中十三年登進士第，累遷禮部員外郎，位終吏部侍郎。澹子遠。

遠，龍紀元年登進士第。大順初，以員外郎知制誥，召充翰林學士，正拜中書舍人。乾寧三年，轉戶部侍郎、博陵縣男、食邑三百戶，轉兵部侍郎承旨。尋以本官同平章事，遷中書侍郎，兼吏部尚書。天祐初，從昭宗東遷洛陽。罷相，守右僕射。二年，爲柳璨希朱全忠旨，累貶白州長史。行至滑州，被害於白馬驛。遠文才淸麗，風神峻整，人皆慕其爲人，當時目爲「釘座梨」，言席上之珍也。

球字叔休，寶曆二年登進士第。會昌中，爲鳳翔節度判官，入朝爲尙書郎。子瀆。瀆，大中末亦進士登第。

崔氏咸通乾符間，昆仲子弟紆組拖紳，歷臺閣、踐藩嶽者二十餘人。大中以來盛族，時推甲等。

盧鈞字子和，本范陽人。祖炅，父繼。鈞，元和四年進士擢第，又書判拔萃，調補校書郎，累佐諸侯府。大和五年，遷左補闕。與同職理宋申錫之枉，由是知名。歷尙書郎，出爲常州刺史。九年，拜給事中。開成元年，出爲華州刺史、潼關防禦、鎭國軍等使。

其年冬，代李從易爲廣州刺史、御史大夫、嶺南節度使。南海有蠻舶之利，珍貨輻湊。舊帥作法興利以致富，凡爲南海者，靡不梱載而還。鈞性仁恕，爲政廉潔，請監軍領市舶使，已一不干預。自貞元已來，衣冠得罪流放嶺表者，因而物故，子孫貧悴，雖遇赦不能自還。凡在封境者，鈞減俸錢爲營槥櫝。其家疾病死喪，則爲之醫藥殯殮，孤兒稚女，爲之婚嫁，凡數百家。由是山越之俗，服其德義，令不嚴而人化。三年將代，華蠻數千人詣闕請立生祠，銘功頌德。先是土人與蠻獠雜居，婚娶相通，吏或撓之，相誘爲亂。鈞至立法，俾華蠻異處，婚娶不通，蠻人不得立田宅，由是徼外肅清，而不相犯。

會昌初，遷襄州刺史、山南東道節度使。四年，誅劉稹，以鈞檢校兵部尚書，兼潞州大都督府長史、昭義節度、澤潞邢洺磁觀察等使。是冬，詔鈞出潞軍五千戍代北。鈞升城門餞送，其家設幄觀之。潞卒素驕，因與家人訣別，乘醉倒戈攻城門，監軍以州兵拒之，至晚撫勞方定。詔鈞入朝，拜戶部侍郎、判度支，遷戶部尚書。

大中初，檢校尚書右僕射、汴州刺史、御史大夫、宣武軍節度、宋亳汴潁觀察等使，就加檢校司空。四年，入爲太子少師，進位上柱國、范陽郡開國公、食邑二千戶。六年，復檢校司空、太原尹、北都留守、河東節度使。九年，詔曰：「河東軍節度使盧鈞，長才博達，敏識宏深。藹山河之靈，抱瑚璉之器。多能不耀，用晦而彰。由嶺表而至太原，五換節鉞，仁聲載路，公論彌高。藩垣之和氣不衰，臺閣之清風常在，宜升揆路，以表羣僚。可尚書左僕射。」鈞踐歷中外，事功益茂，後輩子弟，多至台司。至是急徵，謂當輔弼，雖居端揆，心殊失望。常移病不視事，與親舊遊城南別墅，或累日一歸。宰臣令狐綯惡之，乃罷僕射，仍加檢校司空，守太子太師。物議以鈞長者，罪綯弄權。綯懼，十一年九月，以鈞檢校司徒、同中書門下平章事、興元尹，充山南西道節度使，入爲太子太師，卒。

裴休字公美，河內濟源人也。祖宣，父肅。肅，貞元中自常州刺史兼御史中丞、越州刺史、浙東團練觀察等使。時山賊栗鍠誘山越爲亂，陷浙東郡縣。肅召州兵討平之，因紀其事，號平戎記，上之。德宗嘉賞。肅生三子，儔、休、俅，皆登進士第。

休志操堅正，童齓時，兄弟同學于濟源別墅。休經年不出墅門，晝講經籍，夜課詩賦。虞人有以鹿贄儔者，儔、俅炰之，召休食，休曰：「我等窮生，菜食不充，今日食肉，翌日何繼？無宜改饌。」獨不食。長慶中，從鄉賦登第，又應賢良方正，升甲科。大和初，歷諸藩辟召，入爲監察御史、右補闕、史館修撰。會昌中，自尚書郎歷典數郡。

大中初，累官戶部侍郎，充諸道鹽鐵轉運使，轉兵部侍郎，兼御史大夫，領使如故。六年八月，以本官同平章事，判使如故。自大和已來重臣領使者，歲漕江、淮米不過四十萬石，能至渭河倉者十不三四。漕吏狡蠹，敗溺百端。官舟沉溺者歲七十餘隻。緣河姦吏，大案劉晏之法。洎休領使，分命僚佐深按其弊。因是所過地里，悉令縣令兼董漕事，能者獎之。自江津達渭口，以四十萬之傭，歲計緡錢二十八萬貫，悉使歸諸漕吏，巡院無得侵牟。舉新法凡十條，奏行之，又立稅茶法十二條奏行之，物議是之。初休典使三歲，漕米至渭、河倉者一百二十萬斛，更無沉舟之弊。累轉中書侍郎，兼禮部尚書。

休在相位五年。十年，罷相，檢校戶部尚書、汴州刺史、御史大夫，充宣武軍節度使。其年冬，進階金紫光祿大夫、上柱國、河東縣子、食邑五百戶，守太子少保，分司東都。十一年冬，檢校戶部尚書、潞州大都督府長史、御史大夫，充昭義節度、潞磁邢洺觀察使。十三年十月，加檢校吏部尚書、太原尹、北都留守、河東節度觀察等使。十四年八月，以本官兼鳳翔尹，充鳳翔隴州節度使。咸通初，入爲戶部尚書，累遷吏部尚書、太子少師，卒。

休性寬惠，爲官不尙曒察，而吏民畏服。善爲文，長於書翰，自成筆法。家世奉佛，休尤深於釋典。太原、鳳翔近名山，多僧寺。視事之隙，遊踐山林，與義學僧講求佛理。中年後，不食葷血，常齋戒，屏嗜慾。香爐貝典，不離齋中，詠歌贊唄，以爲法樂。與尙書紇干皋皆以法號相字。時人重其高潔而鄙其太過，多以詞語嘲之，休不以爲忤。

俅字冠識，亦登進士第。休子弦。

楊收字藏之，同州馮翊人。自言隋越公素之後。高祖悟虛，應賢良制科擢第，位終湖州司馬。曾祖幼烈，位終寧州司馬。祖藏器，邠州三水丞。父遺直，位終濠州錄事參軍。家世爲儒，遺直客於蘇州，講學爲事，因家于吳。遺直生四子：發、假、收、嚴。

發字至之，大和四年登進士第，又以書判拔萃，釋褐校書郎、湖南觀察推官，再辟西蜀從事。入朝爲監察，轉侍御史，累遷至禮部郎中。大中三年，改左司郎中。

宣宗追尊順宗、憲宗等尊號，禮院奏廟中神主已題舊號，請改造及重題，詔禮官議。發與都官郎中盧摶獻議曰：

臣等伏尋舊典，栗主升祔之後，在禮無改造之文，亦無重加尊謚、改題神主之例。求之曠古，具無其文。周加太王、王季、文王之謚，但以德合王周，遂加王號，未聞改謚易主。且文物大備，禮法可稱，最在兩漢，並無其事。光武中興，都洛陽，遣大司馬鄧禹入關，奉高祖已下十一帝后神主祔洛陽宗廟，蓋神主不合新造故也。自魏、晉迄於周、隋，雖代有放恣之君，亦有知禮講學之士，不聞加謚追尊、改主重題。書之史策，可以覆視。

今議者惟引東晉重造鄭太后神主事爲證。伏以鄭太后本琅邪王妃，薨後已祔琅邪邸廟。其後，母以子貴，將升祔太廟。賀循請重造新主，改題皇后之號，備禮告祔，當時用之。伏以諸侯廟主與天子廟主長短不同。若以王妃八寸之主上配至極，禮似不同。時謟神貪君之私，用此謬禮，改造神主。比量晉事，又絕非宜。

且宣懿非穆宗之后，實武宗之母。母以子之貴，已祔別廟，正爲得禮，饗薦無虧。今若從祀至尊，題主稱爲太后，因臣因子，正得其宜。今乃別造新主，題去太字，卽是穆宗上仙之後，臣下追致作嬪之禮，瀆亂正經，實驚有識。臣當時並列朝行，實知謬戾。以漢律，擅論宗廟者以大不敬論，又其時無詔下議，遂默塞不敢出言。今又欲重用東晉謬禮，穢媟聖朝大典。猥蒙下問，敢不盡言。

臣謹按國朝前例，甚有明文。武德元年五月，備法駕於長安通義里舊廟，奉迎宣簡公、懿王、景皇帝神主，升祔太廟。旣言於舊廟奉迎，足明必奉舊主。其加謚追尊之禮，自古本無其事，自則天太后攝政之後累有之。自此之後，數用其禮。歷檢國史，並無改造重題之文。若故事有之，無不書於簡册。臣等愚見，宜但告新謚于廟而止。其改造重題之文，開元初，太常卿韋縚以高宗廟題武后神主云天后聖帝武氏，縚奏請削去天后聖帝之號，别題云則天順聖皇后武氏，詔從之，卽不知其時削舊題耶？重造主耶？亦不知用何代典禮？禮之疑者，決在宸衷。以臣所見，但以新謚寶册告陵廟，正得其宜。改造重題，恐乖禮意。」

時宰相覆奏就神主改題，而知禮者非之，以發議爲是。改授太常少卿，出爲蘇州刺史。蘇，發之鄉里也。恭長慈幼，人士稱之。還，改福州刺史、福建觀察使。甌閩之人，美其能政，耆老以善績聞。朝廷以發長於邊事，移授廣州刺史、嶺南節度使。屬前政不率，蠻、夏咸怨，發以嚴爲理，軍亂，爲軍人所囚，致於郵舍。坐貶婺州刺史，卒于治所。

子乘，亦登進士第，有俊才，尤能爲歌詩，歷顯職。

假字仁之，進士擢第。故相鄭覃刺華州，署爲從事。從覃鎮京口，得大理評事。入爲監察，轉侍御史。由司封郎中知雜事，轉太常少卿。出爲常州刺史，卒官。

初，遺直娶元氏，生發、假。繼室長孫氏，生收、嚴。

收長六尺二寸，廣顙深頤，疏眉秀目，寡言笑，方於事上，博聞強記。初家寄涔陽，甚貧。收七歲喪父，居喪有如成人，而長孫夫人知書，親自教授。十三，略通諸經義，善於文詠，吳人呼爲「神童」。兄發戲令詠蛙，卽曰：「兔邊分玉樹，龍底耀銅儀。會當同鼓吹，不復問官私。」又令詠筆，仍賦鑽字，卽曰：「雖匪囊中物，何堅不可鑽？一朝操政事，定使冠三端。」每良辰美景，吳人造門觀神童，請爲詩什，觀者壓敗其藩。收嘲曰：「爾幸無嬴角，何用觸吾藩。若是升堂者，還應自得門。」收以母奉佛，幼不食肉，母亦勗之曰：「俟爾登進士第，可肉食也。」

收以仲兄假未登第，久之不從鄉賦。開成末，假擢第，是冬，收之長安，明年，一舉登第，年纔二十六。時發爲潤州從事，因家金陵。收得第東歸，路由淮右，故相司徒杜悰鎭揚州，延收署節度推官，奏授校書郞。悰領度支，以收爲巡官。悰罷相鎭東蜀，奏授掌書記，得協律郞。悰移鎭西川，復管記室。宰相馬植奏授渭南尉，充集賢校理，改監察御史。收辭曰：「僕兄弟進退以義。頃仲兄假鄉賦未第，收不出衡門。今假從事侯府，僕不忍先爲御史。相公必欲振恤孤生，俟僕稟兄旨命可也。」馬公嘉之。收卽密達意於西蜀杜公，願復爲參佐，悰卽表爲節度判官。馬公乃以收弟嚴爲渭南尉、集賢校理，代收之任。周墀罷相，鎭東蜀，表嚴爲掌書記。墀至鎭而卒，悰乃辟嚴爲觀察判官。兄弟同幕，爲兩使判官，時人榮之。俄而假自浙西觀察判官入爲監察御史，收亦自西川入爲監察。兄弟並居憲府，特爲新例。

裴休作相，以收深於禮學，用爲太常博士。時收弟嚴亦自揚州從事入爲監察。尋丁母喪，歸蘇州。既除，崔珙罷相，鎭淮南，以收爲觀察支使。入爲侍御史，改職方員外郎，分司東都。宰相夏侯孜領度支，用收爲判官。罷職，改司勳員外郎、長安令。秩滿，改吏部員外郎。上言先人未葬，旅殯毗陵，擬遷卜於河南之偃師，請兄弟自往，從之。及葬東周，會葬者千人。時故府杜悰、夏侯孜皆在洛，二公聯薦收於執政。宰相令狐綯用收爲翰林學士，以庫部郎中知制誥，正拜中書舍人，賜金紫，轉兵部侍郎、學士承旨。左軍中尉楊玄价以收宗姓，深左右之，乃加銀青光祿大夫、中書侍郎、同平章事，累遷門下侍郎、刑部尙書。

收以交阯未復，南蠻擾亂，請治軍江西，以壯出嶺之師。乃於洪州置鎭南軍，屯兵積粟，以餉南海。天子嘉之，進位尙書右僕射、太淸太微宮使、弘文館大學士、晉陽縣男、食邑三百戶。

收居位稍務華靡，頗爲名輩所譏。而門吏僮奴，倚爲姦利。時楊玄价弟兄掌機務，招來方鎭之賂，屢有請託，收不能盡從。玄价以爲背己，由是傾之。八年十月，罷知政事，檢校工部尙書，出爲宣歙觀察使。韋保衡作相，又發收陰事，言前用嚴譔爲江西節度，納賂百萬。明年八月，貶爲端州司馬，尋盡削官封，長流驩州。又令內養郭全穆齎詔賜死。九年三月十五日，全穆追及之，宣詔訖，收謂全穆曰：「收爲宰相無狀，得死爲幸。心所悲者，弟兄淪喪將盡，只有弟嚴一人，以奉先人之祀。予欲昧死上塵天聽，可容一刻之命，以俟秉筆乎？」全穆許之。收自書曰：

臣昧敢下才，謬當委任。心乖報國，罪積彌天，特舉朝章，賜之顯戮。臣誠悲誠感，頓首死罪。臣出自寒門，旁無勢援，幸逢休運，累污清資。聖獎曲流，遂叨重任。上不能罄輸臣節，以答寵光；下不能迴避禍胎，以延俊乂。苟利尸素，頻歷歲時，果至聖朝，難寬大典。誠知一死未塞深愆，固不合將泉壤之詞，上塵天聽。伏乞陛下哀臣愚憃，稍緩雷霆。臣頃蒙擢在台衡，不敢令弟嚴守官闕下，旋蒙聖造，令刺浙東。所有罪愆，是臣自負，伏乞聖慈，貸嚴微命。臣血屬皆幼，更無近親，只有弟嚴，才力凮悴。家族所恃，在嚴一人，俾存歿曲全，在陛下弘覆。臣無任魂魄望恩之至。

全穆復奏，懿宗愍然宥嚴。判官朱侃、常潾、閻均，族人楊公慶、嚴季實、楊全益、何師玄、李孟勳、馬全祐、李羽、王彥復等，皆配流嶺表。收子鑒、鉅、鏻，皆登進士第。

鉅，乾寧初以尚書郎知制誥，召充翰林學士，拜中書舍人、戶部侍郎，封晉陽男、食邑三百戶。從昭宗東遷，爲左散騎常侍，卒。

鏻，登第後補集賢校理，藍田尉。乾寧中，累遷尚書郎。

嚴字凜之，會昌四年進士擢第。是歲僕射王起典貢部，選士三十人，嚴與楊知至、竇緘、源重、鄭朴五人試文合格，物議以子弟非之，起覆奏。武宗敕曰：「楊嚴一人可及第，餘四人落下。」嚴釋褐諸侯府。咸通中，累遷吏部員外，轉郎中，拜給事中、工部侍郎，尋以本官充翰林學士。兄收作相，封章請外職，拜越州刺史、御史中丞、浙東團練觀察使。收罷相貶官，嚴坐貶邵州刺史。收得雪，嚴量移吉王傅。乾符四年，累遷兵部侍郎。五年，判度支。其年病卒。二子：涉、注。

涉，乾符二年登進士第。昭宗朝，累遷吏部郎中、禮刑二侍郎。乾符四年，改吏部侍郎。天祐初，轉左丞。從昭宗遷洛陽，改吏部尚書。輝王卽位，本官平章事，加中書侍郎。涉性端厚秉禮。乾寧之後，賊臣竊發，王室寖微。及天祐東遷，大事去矣。涉爲時所嬰，不能自退。及命相之日，與家人相向灑泣曰：「吾不能脫此網羅，禍將至矣。」謂其子凝式曰：「今日之命，吾家重不幸矣，必累爾等。」涉謙退善處，竟以令終。

注，中和二年進士登第。昭宗朝，累官考功員外、刑部郎中。尋知制誥，正拜中書舍人，召充翰林學士，累遷戶部侍郎。輝王纘曆，兄涉爲宰相，注避嫌辭內職，守戶部侍郎。

韋保衡者，字蘊用，京兆人。祖元貞，父慤，皆進士登第。慤字端士，大和初登第，後累佐使府，入朝亟歷臺閣。大中四年，拜禮部侍郎。五年選士，頗得名人，載領方鎭節度，卒。保衡，咸通五年登進士第，累拜起居郎。十年正月，尙懿宗女同昌公主。公主郭淑妃所生，妃有寵，出降之日，傾宮中珍玩以爲贈送之資。尋以保衡爲翰林學士，轉郎中，正拜中書舍人、兵部侍郎承旨。不期年，以本官平章事。保衡恃恩權，素所不悅者，必加排斥。王鐸貢舉之師，蕭遘同門生，以素薄其爲人，皆擯斥之。以楊收、路巖在中書不加禮接，媒孽逐之。自起居郎至宰相，二年之間，階至特進、扶風縣開國侯、食邑二千戶、集賢殿大學士。十一年八月，公主薨，自後恩禮漸薄。咸通末，淮、徐盜起，素所怨者發其陰事，保衡竟得罪賜死。弟保乂，進士登第，尙書郎、知制誥，召充翰林學士，歷禮戶兵三侍郎、學士承旨。坐保衡免官。

路巖者，字魯瞻，陽平冠氏人也。祖季登，大曆六年登進士第，累辟諸侯府。升朝爲尙書郎，遷左諫議大夫，卒。生三子，羣、庠、單，皆登進士第。

羣字正夫，旣擢進士，又書判拔萃，累佐使府。入朝爲監察御史。穆宗初卽位，遣使西北邊犒宴軍士，稱旨，累加兵部郎中。大和二年，遷諫議大夫，以本官充侍講學士。四年，罷侍講爲翰林學士。五年，正拜中書舍人，學士如故。羣精經學，善屬文。性仁孝，志行貞潔。父母歿後，終身不茹葷血。歷踐臺閣，受時君異寵，未嘗以勢位自矜。與士友結交，榮達如一。八年正月病卒，君子惜之。二子：嶽、巖，大中中相次進士登第。

巖幼聰敏過人，父友踐方鎭，書幣交辟，久之方就。數年之間，出入禁署。累遷中書舍人、戶部侍郎。咸通三年，以本官同平章事，年始三十六。在相位八年，累兼左僕射。懿宗時，王政多僻，宰臣用事。巖旣承委遇，稍務奢靡，頗通賂遺。及韋保衡尙公主，素惡巖爲人。保衡作相，罷巖知政事，以檢校左僕射出爲成都尹、劍南西川節度使。未幾，改荆南節度。詔令六月下峽赴鎭，尋復罷之。

嶽歷兩郡刺史，入爲給事中。子德延。

夏侯孜字好學，本譙人。父審封。孜，寶曆二年登進士第，釋褐諸侯府，累遷婺、絳二郡刺史。入爲諫議大夫，轉給事中。十年，改刑部侍郎。十一年，兼御史中丞，遷尙書右丞、上柱國，賜紫金魚袋。十一年二月，遷朝議大夫，守戶部侍郎，判戶部事。再加兵部侍郎，充諸道鹽鐵轉運等使。懿宗卽位，以本官同平章事，領使如故。累加左僕射、門下侍郎，封譙郡侯，與路巖、楊收同輔政。咸通八年罷相，檢校司空、同平章事，兼成都尹，充劍南西川節度使。屬南蠻入寇，蜀中饑饉，軍儲不備，蠻陷嶲州，蜀川大擾。尋移孜爲河中尹、檢校司徒、河中晉絳節度使。

九年，龐勛據徐州，南蠻深入。天子懲孜治蜀無政，詔曰：

河中晉絳磁隰節度使、開府儀同三司、檢校司徒、同中書門下平章事、河中尹、上柱國、譙郡開國公、食邑二千戶夏侯孜，早以文詞，遂登科第，累更淸貫，亦有能名。東陽推撫俗之能，故絳著臨人之稱。其後用司風憲，寵領藩條，皆以公才，不辜時選。洎掌于經費，備歷重難，居然要會之權，頗得均平之道。錄其績効，擢處鈞衡。造膝之時，亦聞其算畫；沃心之際，備見其謀猷。於是念彼邊隅，控臨巴蜀，藉其才術，再靜蠻陬。翻致帑廩空虛，軍資罄竭，寃流閭境，寇逼連甍。雖易帥已來，頻移星琯，而無備之後，歲有干戈。昨者徼障初安，瘡痍復釁。敷尋事實，果驗根由。既乖經濟之源，益昧君臣之義。出於物論，非獨予懷，是議難處近藩，爰更散秩。可太子少保，分司東都。

未幾卒。

子潭、澤，皆登進士第。潭累官至禮部侍郎。中和三年選士，多至卿相。子坦。

劉瞻字幾之，彭城人。祖升，父景。瞻，大中初進士擢第〔三〕。四年，又登博學宏詞科，歷佐使府。咸通初升朝，累遷太常博士。劉瑑作相，以宗人遇之，薦爲翰林學士。轉員外郎中，正拜中書舍人、戶部侍郎承旨。出爲太原尹、河東節度使。入拜京兆尹，復爲戶部侍郎、翰林學士。十年，以本官同平章事，加中書侍郎，兼刑部尚書、集賢殿大學士。

十一年八月，同昌公主薨，懿宗尤嗟惜之。以翰林醫官韓宗召、康仲殷等用藥無効，收之下獄。兩家宗族，枝蔓盡捕三百餘人，狴牢皆滿。瞻召諫官令上疏，無敢極言。瞻自上疏曰：

臣聞修短之期，人之定分，賢愚共一，今古攸同。喬松蕣花，稟氣各異。至如籛鏗壽考，不因有智而延齡；顏子早亡，不爲不賢而促壽。此皆含靈稟氣，修短自然之理也。一昨同昌公主久嬰危疾，深軫聖慈。醫藥無徵，幽明遽隔。陛下過鍾宸愛，痛切追思，爰責醫工，令從嚴憲。然韓宗召等因緣藝術，備荷寵榮，想於診候之時，無不盡其方術。亦欲病如沃雪，藥暫通神，其奈禍福難移，竟成差跌。原其情狀，亦可哀矜。而差悞之愆，死未塞責。自陛下雷霆一怒，朝野震驚，囚九族於狴牢，因兩人之藥悞。老幼械繫三百餘人，咸云：「宗召荷恩之日，寸祿不霑，進藥之時，又不同議。此乃禍從天降，罪匪己爲。」物議沸騰，道路嗟嘆。

陛下以寬仁厚德，御宇十年，四海萬邦，咸歌聖政。何事遽移前志，頓易初心。以達理知命之君，涉肆暴不明之謗。且殉宮女而違道，囚平人而結冤，此皆陛下安不思危，忿不顧難者也。陛下信崇釋典，留意生天，大要不過喜捨慈悲，方便布施，不生惡念，所謂福田。則業累盡消，往生忉利，比居濁惡，未可同年。伏望陛下盡釋繫囚，易怒爲喜，虔奉空王之教，以資愛主之靈。中外臣僚，同深懇激。

帝閱疏大怒，即日罷瞻相位，檢校刑部尙書、同平章事、江陵尹，充荆南節度等使。再貶康州刺史，量移虢州刺史。入朝爲太子賓客分司。翰林學士戶部侍郎鄭畋、右諫議大夫高湘、比部郎中知制誥楊知至、禮部郎中魏簹、兵部員外張顏、刑部員外崔彥融、御史中丞孫瑝等，皆坐瞻親善貶逐。京兆尹温璋仰藥而卒。

劉瑑者，彭城人。祖璠，父煟。瑑，開成初進士擢第。會昌末，累遷尙書郎、知制誥，正拜中書舍人。大中初，轉刑部侍郎。瑑精於法律，選大中以前二百四十四年制敕可行用者二千八百六十五條，分爲六百四十六門，議其輕重，別成一家法書，號大中統類，奏行用之。出爲河南尹，遷檢校工部尚書、汴州刺史、宣武軍節度使。十一年五月，加檢校禮部尚書、太原尹、北都留守、河東節度觀察等使。其年十二月入朝，拜戶部侍郎，判度支。尋以本官同平章事，領使如故。十二年，累加集賢殿大學士。罷相，又歷方鎮，卒。弟瑱，亦登進士第。

曹確字剛中，河南人。父景伯，貞元十九年進士擢第，又登制科。確，開成二年登進士第，歷聘藩府。入朝爲侍御史，以工部員外郎知制誥，轉郎中，入內署爲學士，正拜中書舍人，賜金紫，權知河南尹事。入爲兵部侍郎。咸通五年，以本官同平章事，加中書侍郎、監修國史。

確精儒術，器識謹重，動循法度。懿宗以伶官李可及爲威衛將軍，確執奏曰：「臣覽貞觀故事，太宗初定官品令，文武官共六百四十三員，顧謂房玄齡曰：『朕設此官員，以待賢士。工商雜色之流，假令術踰儕類，止可厚給財物，必不可超授官秩，與朝賢君子比肩而立，同坐而食。』大和中，文宗欲以樂官尉遲璋爲王府率，拾遺竇洵直極諫，乃改授光州長史。伏乞以兩朝故事，別授可及之官。」帝不之聽。可及善音律，尤能轉喉爲新聲，音辭曲折，聽者忘倦。京師屠沽效之，呼爲「拍彈」。同昌公主除喪後，帝與淑妃思念不已，可及乃爲歎百年舞曲。舞人珠翠盛飾者數百人，畫魚龍地衣，用官絁五千匹。曲終樂闋，珠璣覆地，詞語悽惻，聞者涕流，帝故寵之。嘗於安國寺作菩薩蠻舞，如佛降生，帝益憐之。可及嘗爲子娶婦，帝賜酒二銀樽，啓之非酒，乃金翠也。人無敢非之者，唯確與中尉西門季玄屢論之，帝猶顧待不衰。僖宗卽位，崔彥昭奏逐之，死於嶺表。

確累加右僕射，判度支事。在相位六年。九年罷相，檢校司徒、平章事、潤州刺史、鎭海軍節度觀察等使。以出師扞龐勛功，就加太子太師。弟汾，亦進士登第，累官尙書郎、知制誥，正拜中書舍人。出爲河南尹，遷檢校工部尙書、許州刺史、忠武軍節度觀察等使。入爲戶部侍郎，判度支。弟兄並列將相之任，人士榮之。確與畢諴俱以儒術進用，及居相位，廉儉貞苦，君子多之，稱爲曹、畢。

畢諴者，字存之，鄆州須昌人也。伯祖構，高宗時吏部尙書。構弟栩，鄧王府司馬，生凌。凌爲汾州長史，生匀，爲協律郎。匀生諴，少孤貧，燃薪讀書，刻苦自勵。既長，博通經史，尤能歌詩。端慤好古，交遊不雜。大和中，進士擢第，又以書判拔萃，尚書杜悰鎮許昌，辟爲從事。悰領度支，諴爲巡官。悰鎮揚州，又從之。悰入相，諴爲監察，轉侍御史。武宗朝，宰相李德裕專政，出悰爲東蜀節度。悰之故吏，莫敢餞送問訊，唯諴無所顧慮，問遺不絕。德裕怒，出諴爲磁州刺史。宣宗即位，德裕得罪，凡被譴者皆徵還。諴入爲戶部員外郎，分司東都，歷駕部員外郎、倉部郎中。故事，勢門子弟，鄙倉、駕二曹，居之者不悅。唯諴受命，恬然恭遜，口無異言，執政多之。改職方郎中，兼侍御史知雜。期年，召爲翰林學士、中書舍人，遷刑部侍郎。

自大中末，党項羌叛，屢擾河西。宣宗召學士對邊事〔四〕，諴即援引古今，論列破羌之狀，上悅曰：「吾方擇能帥，安集河西，不期頗、牧在吾禁署，卿爲朕行乎？」諴忻然從命，即用諴爲邠寧節度、河西供軍安撫等使。諴至軍，遣使告喻叛徒，諸羌率化。又以邊境禦戎，以兵多積穀爲上策。乃召募軍士，開置屯田，歲收穀三十萬石，省度支錢數百萬。詔書嘉之，就加檢校工部尚書，移鎮澤潞，充昭義節度使。二年，改太原尹、北都留守、河東節度使。太原近胡，九姓爲亂。諴明賞罰，謹斥候，期年諸部革心。就加檢校尚書左僕射，移授汴州刺史，充宣武軍節度、宋亳汴觀察等使。

其年，入爲戶部尚書，領度支。月餘，改禮部尚書，同平章事，累遷中書侍郎、兵部尚書、集賢大學士。在相位三年，十月以疾固辭位，詔守兵部尙書，以其本官同平章事，出鎭河中。十二月二十三日，卒于鎭，時年六十二。

誠謹重，長於文學，尤精吏術。在相位，以同官任情不法，固辭而免，君子美之。子紹顏、知顏，登進士第，累歷顯官。

杜審權字殷衡，京兆人也。國初萊成公如晦六代孫。祖佐，位終大理正。佐生二子，元穎、元絳。元穎，穆宗朝宰相。絳位終太子賓客。絳生二子，審權、蔚，並登進士第。

審權，釋褐江西觀察判官，又以書判拔萃，拜右拾遺，轉左補闕。大中初，遷司勳員外郎，轉郎中知雜。又以本官知制誥，正拜中書舍人。十年，權知禮部貢舉。十一年，選士三十人，後多至達官。正拜禮部侍郎。其年冬，出爲陝州大都督府長史、陝虢都團練觀察使，加檢校戶部尚書、河中尹、河中晉絳節度使。懿宗卽位，召拜吏部尚書。三年，以本官同平章事，累加門下侍郎、右僕射。九年罷相，檢校司空，兼潤州刺史、鎭海軍節度使、蘇杭常等州觀察使。

時徐州戍將龐勛自桂州擅還，據徐、泗，大擾淮南。審權與淮南節度使令狐綯、荊南節度使崔鉉，奉詔出師，掎角討賊，而浙西饋運不絕，繼破徐戎。賊平，召拜尙書左僕射。十一年，制曰：

開府儀同三司、檢校司空、守尙書左僕射、上柱國、襄陽郡開國公、食邑二千戶杜審權，韻合黃鍾，行眞白璧。沖粹孕靈嶽之秀，精明涵列宿之光，塵外孤標，雲間獨步。踐歷華貫，餘二十年；鑒裁名流，凡幾百輩。清切之任無不試，重難之務無不經。儉不靜而立名，嚴以肅物，絕分毫徇己之意，秉尺寸度量之懷。貞方飭躬，温茂繕性。偪下，畏以居高。語默適時，喜慍莫見。頃罷機務，鎭于金陵，值淮夷猖狂，干戈悖起。累發猛士，挫彼賊鋒；廣備糗糧，助茲軍食。深惟將相之大體，頗覩文武之全才。王導以蕭灑之名，不忘戎事；謝安以恬澹之德，亦在兵間。及駟馬來朝，擢居端揆，嚴重自處，恬曠不渝。虞芮之故都，前蹤尙爾；郇瑕之舊地，往事依然。兼以股肱之良，爲吾腹心之寄，改佩相印，更握兵符。仍五敎之崇名，極一時之盛禮。可檢校司徒、同平章事、河中尹，充河中晉絳節度觀察等使。

數年以本官兼許州刺史、忠武軍節度觀察等使，入爲太子太傅，分司東都。卒，贈太師，謚曰德。三子：讓能、彥林、弘徽。

讓能，咸通十四年登進士第，釋褐咸陽尉。宰相王鐸鎮汴，奏爲推官。入爲長安尉、集賢校理。丁母憂，以孝聞。服闋，淮南節度使劉鄴辟掌記室，得殿中，賜緋。入爲監察。牛蔚鎮興元，奏爲節度判官。入爲右補闕，歷侍御史、起居郎、禮部兵部員外郎。蕭遘領度支，以本官判度支案。

黃巢犯京師，奔赴行在，拜禮部郎中、史館修撰。尋以本官知制誥，正拜中書舍人。謝日，面賜金紫之服，尋召充翰林學士。六飛在蜀，關東用兵，徵發招懷，書詔雲委。讓能詞才敏速，筆無點竄，動中事機，僖宗嘉之，累遷戶部侍郎。從駕還京，加禮部尚書，進階銀青光祿大夫，封建平縣開國子，食邑五百戶。轉兵部尚書、學士承旨。

沙陀逼京師，僖宗蒼黃出幸。是夜，讓能宿直禁中，聞難作，步出從駕。出城十餘里，得遺馬一匹，無羈勒，以紳束首而乘之。駕在鳳翔，朱玫兵遽至，僖宗急幸寶雞，近臣唯讓能獨從。翌日，孔緯等六七人至。邠師攻關，帝幸梁、漢，棧道爲石協所毀，崎嶇險阻之間，不離左右。帝顧謂之曰：「朕之失道，再致播遷。險難之中，卿常在側，古所謂忠于所事，卿無負矣！」讓能謝曰：「臣家世歷重任，蒙國厚恩，陛下不以臣愚，擢居近侍。臨難苟免，臣之恥也；獲扞牧圉，臣之幸也。」至褒中，加金紫光祿大夫，改兵部侍郎，同平章事。

時朱玫立襄王稱制，天下牧伯附之者十六七，貢賦殆絕。朝士纔十數人，行帑無寸金，衞兵不宿飽。帝垂泣側席，無如之何。讓能首陳大計，請以重臣使河中，諭王重榮以大義，果承詔請雪，以圖討逆。京師平，拜特進、中書侍郎，兼兵部尚書、集賢殿大學士，進封襄陽郡開國公，食邑二千戶。駕在鳳翔，李昌符作亂，倏然變起，讓能單步入侍。時朝臣受僞署者衆，法司請行極法，以戒事君，讓能固爭之，獲全者十七八。昭宗纂嗣，賜「扶危啓運保乂功臣」，加開府儀同三司、尚書左僕射，封晉國公，增邑千戶，仍賜鐵券。誅秦宗權，許、蔡平定，加司空、門下侍郎、監修國史。昭宗郊禮畢，進位司徒、太清宮使、弘文館大學士、延資庫使、諸道鹽鐵轉運等使，加食邑一千戶。明年，册拜太尉，加食邑一千戶。

自大順已來，鳳翔李茂貞大聚兵甲，恃功驕恣。會楊復恭走山南，茂貞欲兼有梁、漢之地，亟請問罪，詔未允而出師。昭宗怒其專，不得已而從之。及山南平，詔授以茂貞鎭興元，徐彥若鎭鳳翔，仍割果、閬兩州隸武定軍。茂貞怒，上章論列，語辭不遜，又與讓能書曰：

宰相之職，外撫四夷，內安百姓。陰陽不順，猶資燮理之功；宇宙將傾，須假扶持之力。卽萬靈舒慘，四海安危，盡繫朝綱，咸由廟算，既爲重任，方屬元臣。況今國步猶艱，皇居未壯。曩日九衢三市，草擁荒墟；當時萬戶千門，霜凝白骨。大廈傾欹而未已，沉痾綿息以無餘。皆云非賢后無以拯社稷之危，非眞宰無以革寰區之弊。今公捨築入夢，投竿爲師，踐履中台，制臨外閫，不究興亡之理，罕聞沉斷之機。蓋意有所不平，心有所未悟，輒思上問，願審臧謀。竊見楊守亮擅舉干戈，阻艱西道，將圖割據，吞併東川。居巴、賨爲一窟豺狼，在梁、漢致十年荆棘。果聞敗衂，尋挫凶狂。既前去而不諧，思却歸而無地。當道與邠州見爲隔絕綱運，方舉問罪兵師，忽聞朝廷授武定之雙旌，割果、閬之兩郡，未審是何名目？酬何功勞？忝大國之紀綱，蠹天子之州縣，非惟取笑於童稚，抑亦包羞於馬牛。自謂奇謀，信爲獨見。伏慮是明公賞凶黨無君之輩，挫忠臣奉國之心。要助姦邪，須摧正直。又聞公切於保位，利在安家。商量不自於中書，剸割全通於內地。雖知深奧，罕測津涯，亦聞駭異羣情，頗是喧騰衆口。其悖戾如此。

京師百姓，聞茂貞聚兵甲，羣情恟恟，數千百人守闕門。候中尉西門重遂出，擁馬論列曰：「乞不分割山南，請姑息鳳翔，與百姓爲主。」重遂曰：「此非吾事，出於宰相也。」昭宗怒，詔讓能只在中書調發畫計，不歸第。月餘，宰相崔昭緯陰結邠、岐爲城社，凡讓能出一言，即日達於茂貞、行瑜。茂貞令健兒數百人，雜市人於街。崔昭緯、鄭延昌歸第，市人擁肩輿訴曰：「岐帥無罪，幸相公不加討伐，致都邑不寧。」二相輿中喻之曰：「大政聖上委杜太尉，吾等不預。」市豪褰簾熟視，又不之識，因投瓦石，擊二相之輿。崔、鄭下輿散走，匿身獲免。

是日，喪堂印公服，天子怒，捕魁首誅之，由是用兵之意愈堅。京師之人，相與藏竄，嚴刑不能已。讓能奏曰：「陛下初臨大寶，國步未安。自艱難已來，且行貞元故事，姑息藩鎮。茂貞邇在國門，不宜起怨。臣料此時未可行也。」帝曰：「政刑削弱，詔令不出城門，此賈生慟哭之際也。又書不云乎？藥不瞑眩，厥疾弗瘳。朕不能孱孱度日，坐觀凌弱。卿爲我主張調發，用兵吾委諸王。」讓能對曰：「陛下憤藩臣之倔強，必欲強幹弱枝，以隆王室，此則中外大臣所宜戮力，以成陛下之志；不宜獨任微臣。」帝曰：「卿位居元輔，與朕同休共戚，無宜避事。」讓能泣辭曰：「臣待罪台司，未乞骸骨者，思有以報國恩耳，安敢愛身避事？況陛下之心，憲祖之志也。但時有所不便，勢有所必然。他日臣雖受晁錯之誅，但不足以殄七國之患，敢不奉詔，繼之以死。」

景福二年秋，上以嗣覃王爲招討使，神策將李鐬副之，率禁軍三萬，送彥若赴鎮。崔昭緯密與邠、鳳結託，心害讓能，言討伐非上意，出於太尉也。九月，茂貞出軍逆戰，王師敗于盩厔。岐兵乘勝至三橋，讓能奏曰：「臣固預言之矣。請歸罪於臣，可以紓難。」上涕下不能已，曰：「與卿訣矣。」即日貶爲雷州司戶。茂貞在臨皋驛，請誅讓能，尋賜死，時年五十三。駕自石門還京，念讓能之冤，追贈太師。子光乂、曉，以父枉横，不求聞達。曉入梁，位亦至宰輔。

彥林、弘徽，乾符中相次登進士第。彥林，光化中累官至尚書郎、知制誥，拜中書舍人。天祐初，爲御史中丞。弘徽，累官至中書舍人，遷戶部侍郎，充弘文館學士判館事，與兄同日被害。

劉鄴字漢藩，潤州句容人也。父三復，聰敏絕人，幼善屬文。少孤貧，母有廢疾，三復丐食供養，不離左右，久之不遂鄉賦。長慶中，李德裕拜浙西觀察使，三復以德裕禁密大臣，以所業文詣郡干謁。德裕閱其文，倒屣迎之，乃辟爲從事，管記室。母亡，哀毀殆不勝喪。德裕三爲浙西，凡十年，三復皆從之。大和中，德裕輔政，用爲員外郎。居無何，罷相，復鎭浙西，三復從之。汝州刺史劉禹錫以宗人遇之，深重其才，嘗爲詩贈三復，序曰：「從弟三復，三爲浙右從事，凡十餘年。往年主公入相，薦用登朝，中復從公之京口，未幾而罷。昨以尚書員外郎奉使至潞，旋承新命，改轅而東。三從公皆在舊地，徵諸故事，㝵無其比，因賦詩餞別以志之。」又從德裕歷滑臺、西蜀、揚州，累遷御史中丞。會昌中，德裕用事，自諫議、給事拜刑部侍郎、弘文館學士判館事。

朝廷用兵誅劉稹，澤潞既平，朝議以劉從諫妻裴氏是裴問之妹，欲原之。法司定罪，以劉稹之叛，裴以酒食會潞州將校妻女，泣告以固逆謀。三復奏曰：

劉從諫苞藏逆謀，比雖已露，今推窮僕妾，尤得事情。據其圖謀語言，制度服物，人臣僭亂，一至於斯。雖生前幸免於顯誅，而死後已從於追戮，凡在朝野，同深慶快。且自古人臣叛逆，合有三族之誅。尚書曰：「乃有顛越不恭，我則劓殄滅之，無遺育，無俾易種于茲新邑。」如此則阿裴已不得免於極法矣。又況從諫死後，主張狂謀，罪狀非一。劉稹年既幼小，逆節未深，裴爲母氏，固宜誡誘，若廣說忠孝之道，深陳禍福之源，必冀虺毒不施，梟音全革。而乃激厲凶黨，膠固叛心，廣招將校之妻，適有酒食之宴，號哭激其衆意，贈遺結其羣情。遂使叛黨稽不捨之誅，孽童延必死之命，以至周歲，方就誅夷，此阿裴之罪也。雖以裴問之功，或希減等，而國家有法，難議從輕。伏以管叔，周公之親弟也，有罪而且誅之。以周公之賢，尚不捨兄弟之罪；況裴問之功効，安能破朝廷法耶？據阿裴廢臣妾之道，懷逆亂之謀，裴問如周公之功，尚合行周公之戮。況於朝典，固在不疑。阿裴請準法。

從之。三復未幾病卒。

鄴六七歲能賦詩，李德裕尤憐之，與諸子同硯席師學。大中初，德裕貶逐，鄴無所依，以文章客遊江、浙。每有制作，人皆稱誦。高元裕廉察陝虢，署爲團練推官，得祕書省校書郎。咸通初，劉瞻、高璩居要職，以故人子薦爲左拾遺，召充翰林學士，轉尚書郎中知制誥，正拜中書舍人、戶部侍郎、學士承旨。

鄴以李德裕貶死珠崖，大中朝以令狐綯當權，累有赦宥，不蒙恩例。懿宗即位，綯在方鎮，屬郊天大赦，鄴奏論之曰：「故崖州司戶參軍李德裕，其父吉甫，元和中以直道明誠，高居相位，中外咸理，訏謨有功。德裕以偉望宏才，繼登台衮，險夷不易，勁正無羣。稟周勃厚重之姿，慕楊秉忠貞之節。頃以微累，竄于遐荒，既迫衰殘，竟歸冥寞。其子燁坐貶象州立山縣尉。去年遇陛下布惟新之命，覃作解之恩，移授郴州郴縣尉，今已歿於貶所。倘德裕猶有親援，可期振揚，微臣固不敢上論，以招浮議。今骨肉將盡，生涯已空，皆傷棨戟之門，遽作荆榛之地，孤骨未歸於塋兆，一男又沒於湘江。特乞聖明，俯垂哀愍，俾還遺骨，兼賜贈官。上弘錄舊之仁，下激徇公之節。」詔從之。

鄴尋以本官領諸道鹽鐵轉運使。其年同平章事，判度支，轉中書侍郎，兼吏部尚書，累加太清宮使、弘文館大學士。僖宗卽位，蕭倣、崔彥昭秉政，素惡鄴，乃罷鄴知政事，檢校尚書左僕射、同平章事、揚州大都督府長史、淮南節度使。是日鄴押班宣麻竟，通事引鄴內殿謝，不及笏記，鄴自敍十餘句語云：「霖雨無功，深愧代天之用；烟霄失路，未知歸骨之期。」

帝爲之惻然。

黃巢渡淮而南，詔以浙西高駢代還，尋除鳳翔尹、鳳翔隴右節度使，以疾辭，拜左僕射。巢賊犯長安，鄴從駕不及，與崔沆、豆盧瑑匿於金吾將軍張直方之家旬日。賊嚴切追捕，三人夜竄，爲賊所得，迫以僞命，稱病不應，俱爲賊所害。

豆盧瑑者，河東人。祖愿，父籍，皆以進士擢第。瑑，大中十三年亦登進士科。咸通末，累遷兵部員外郎，轉戶部郎中知制誥，召充翰林學士，正拜中書舍人。乾符中，累遷戶部侍郎、學士承旨。六年，與吏部侍郎崔沆同日拜平章事。宣制日，大風雷雨拔樹，左丞韋蟾與瑑善，往賀之。瑑言及雷雨之異，蟾曰：「此應相公爲霖作解之祥也。」瑑笑答曰：「霖何甚耶？」及巢賊犯京師，從僖宗出開遠門，爲盜所制，乃匿於張直方之家，遇害。識者以風雷不令之兆也。

弟瓚、璨，皆進士登第，累歷清要。瓚子革，中興位亦至宰輔。

史臣曰：近代衣冠人物，門族昌盛，從、頲之後，實富名流。而彥曾屬徐亂之秋，胤接李亡之數，計則繆矣，天可逃乎？楊、劉、曹、畢諸族，門非世胄，位以藝升，伏膺典墳，俯拾青紫。而收得位求多，以至敗名，行己飭躬，此爲深誡！杜氏三世輔相，太尉陷於橫流，臨難忘身，可爲流涕。

贊曰：漢代荀、陳，我朝崔、杜。有子有弟，多登宰輔。裴士改節，楊子敗名。膏粱移性，信而有徵。

校勘記

〔一〕以父憂免　「父憂」，新書卷一一四崔融傳作「母喪」。校勘記卷五九引張宗泰說：「上文既言少孤，則此句父憂二字當依新書作母喪。」

〔二〕澧州刺史　「澧」字各本原作「灃」，據本書卷四〇地理志、合鈔卷二二八崔珙傳改。

〔三〕大中　聞本作「太中」，餘各本作「太和」。校勘記卷五九說：「張本太和作大中，云下文云咸通升朝，大中與咸通時代相接。本作太和，未免相隔過遠。」據改。

〔四〕宣宗　各本原作「懿宗」，據新書卷一八三畢諴傳、通鑑卷二四九改。

舊唐書卷一百七十八

列傳第一百二十八

趙隱 弟騭 子光逢 光裔 光胤　張裼 子文蔚 濟美 貽憲
李蔚 子渥 洵 澤　崔彥昭　鄭畋 子凝績　盧攜　王徽

趙隱字大隱，京兆奉天人也。祖植。建中末朱泚之亂，德宗幸奉天，時倉卒變起，羽衞不集，數日間賊來攻城，植以家人奴客奮力拒守，仍獻家財以助軍賞，天子嘉之。賊平，咸寧王渾瑊辟爲推官，累遷殿中侍御史。貞元初，遷鄭州刺史。鄭滑節度使李融奏兼副使。十年，融病，軍府之政委於植。大將宋朝晏構三軍爲亂，中夜火發，植與監軍列卒待之。遲明，亂卒自潰，卽日誅斬皆盡。帝優詔嘉之，入爲衞尉少卿，三遷尙書工部侍郎。十七年，出爲廣州刺史、兼御史大夫、嶺南東道節度觀察等使，卒於鎭。子存約、滂。

存約，大和三年爲興元從事。是時軍亂，存約與節度使李絳方宴語，吏報：「新軍亂，突入府廨，公宜避之。」絳曰：「吾爲帥臣，去之安往？」麾存約令遁，存約曰：「苟公厚德，獲奉賓榻。背恩苟免，非吾志也。」即欲部分左右拒賊，是日與絳同遇害。

隱以父罹非禍，泣守松楸十餘年，杜門讀書，不應辟命。會昌中，父友當權要，敦勉仕進，方應弓招，累爲從事。大中三年，應進士登第，累遷郡守、尚書郎、給事中、河南尹，歷戶、兵二侍郎，領鹽鐵轉運等使。咸通末，以本官同平章事，加中書侍郎，兼禮部尚書，進階特進，天水伯，食邑七百戶。

隱性仁孝，與弟騭尤稱友悌。少孤貧，弟兄力耕稼以奉親，造次不干親戚。既居宰輔，不以權位自高。退朝易衣，弟兄侍母左右。歲時伏臘，公卿大臣盈門通訊，而大臣及母之榮，無如其比。乾符中罷相，檢校兵部尚書、潤州刺史、浙西觀察等使。入爲太常卿，轉吏部尚書，累加尚書左僕射。廣明中卒。子光逢、光裔、光胤。

弟騭，亦以進士登第。大中末，與兄隱並踐省閣。咸通初，以兵部員外郎知制誥，轉郎中，正拜中書舍人。六年，權知貢舉。七　，選士，多得名流，拜禮部侍郎、御史中丞，累遷華州刺史、潼關防禦、鎮國軍等使，卒。

光逢，乾符五年登進士第，釋褐鳳翔推官。入朝爲監察御史，丁父憂免。僖宗還京，授太常博士，歷禮部、司勳、吏部三員外郎，集賢殿學士，轉禮部郎中。景福中，以祠部郎中知制誥，尋召充翰林學士，正拜中書舍人、戶部侍郎、學士承旨。改兵部侍郎、尙書左丞，學士如故。乾寧三年，從駕幸華州，拜御史中丞，改禮部侍郎。劉季述廢立之後，宰相崔胤與黃門爭權，衣冠道喪。光逢移疾，退居洛陽，閉關却掃六七年。昭宗遷洛，起爲吏部侍郎，復爲左丞，歷太常卿。鼎沒於梁，累官至宰輔，封齊國公。

光裔，光啓三年進士擢第。乾寧中，累遷司勳郎中、弘文館學士，改膳部郎中、知制誥，賜金紫之服。兄弟對掌內外制命，時人榮之。季述廢立之後，光逢歸洛。光裔旅遊江表以避患，嶺南劉隱深禮之，奏爲副使，因家嶺外。

光胤，大順二年進士登第。天祐初，累官至駕部郎中。入梁，歷顯位。中興用爲宰輔。

張裼字公表，河間人。父君卿，元和中舉進士，詞學知名，累歷郡守。裼，會昌四年進士擢第，釋褐壽州防禦判官。于琮布衣時，客遊壽春，郡守待之不厚。裼以琮衣冠子，異禮遇之。琮將別，謂裼曰：「吾餉逆旅翁五十千，郡將之惠不登其數，如何？」裼方奉母，家貧，適得俸絹五十四，盡以遺琮，約曰：「他時出處窮達，交相卹也。」裼累辟太原掌書記。大中朝，琮爲翰林學士，俄登宰輔，判度支。琮召裼爲司勳員外郎、判度支，尋用爲翰林學士，轉郎中、知制誥，拜中書舍人、戶部侍郎、學士承旨。咸通末，琮爲韋保衡所構譴逐，裼坐貶封州司馬。保衡誅，琮得雪，裼量移入朝，爲太子賓客，遷吏部侍郎、京兆尹。乾符三年，出爲華州刺史。其年冬，檢校吏部尚書、鄆州刺史、天平軍節度觀察等使。四年，卒于鎮，時年六十四。子文蔚、濟美、貽憲。

文蔚，乾符二年進士擢第，累佐使府。龍紀初，入朝爲尚書郎。乾寧中，以祠部郎中知制誥，正拜中書舍人，賜紫。崔胤擅朝政，與蔚同年進士，尤相善，用爲翰林學士、戶部侍郎，轉兵部。從昭宗遷洛陽。輝王時，拜中書侍郎、平章事。入梁，卒。

濟美、貽憲，相繼以進士登第。貽憲覆試落籍，爲戶部巡官、集賢校理。

李蔚字茂休，隴西人。祖上公，位司農卿，元和初爲陝虢觀察使。父景素，大和中進士。蔚，開成末進士擢第，釋褐襄陽從事。會昌末調選，又以書判拔萃，拜監察御史，轉殿中監。大中七年，以員外郎知臺雜，尋知制誥，轉郎中，正拜中書舍人。咸通五年，權知禮部貢舉。六年，拜禮部侍郎，轉尚書右丞。

懿宗奉佛太過，常於禁中飯僧，親爲贊唄。以旃檀爲二高座，賜安國寺僧徹，逢八飯萬僧。蔚上疏諫曰：

臣聞孔丘聖者也，言則引周任之言；苻融賢者也，諫必稱王猛之議。誠以事求師古，詞貴達情。陛下自纘帝圖，克崇佛事，止當修外，未甚得中。臣略採本朝名臣啓奏之言，以證奉佛初終之要。

天后時，曾營大像，功費百萬，狄仁傑諫曰：「夫寶銥殫于綴飾，瓌材竭于輪奐。功不使鬼，必在役人，物不天來，皆從地出，非苦百姓，物何以求？物生有時，用之無度，臣每思惟，實所悲痛。至如往在江表，像法盛興，梁武、簡文，施捨無限。及乎三淮沸浪，五嶺騰烟，列刹盈衢，無救危亡之禍；緇衣蔽路，豈益勤王之師？況近年以來，風塵屢擾，水旱失節，征役稍繁。必若多費官財，又苦人力，一隅有難，將何以救？」此切當之言一也。

中宗時，公主外戚，奏度僧尼，姚崇諫曰：「佛不在外，求之于心。佛圖澄最賢，無益於後趙；羅什多藝，不救於姚秦。何充、苻融，皆遭敗滅；齊襄、梁武，未免災殃。但志發慈悲，心行利益，若蒼生安樂，卽是佛身。」此切當之言二也。

睿宗爲金仙、玉眞二公主造二道宮，辛替否諫曰：「自夏已來，淫雨不解，穀荒于壠，麥爛于場。入秋已來，亢旱爲災，苗而不實，霜損蟲暴，草菜枯黃，下人咨嗟，未加賑貸。陛下愛兩女而造兩觀，燒瓦運木，載土塡沙。道路流言，皆云用錢百萬。陛下聖人也，遠無不知；陛下明君也，細無不見。既知且見，知倉有幾年之儲？庫有幾年之帛？知百姓之間可存活乎？三邊之士可轉輸乎？今發一卒以扞邊陲，追一兵以衞社稷，多無衣食，皆帶饑寒，賞賜之間，迥無所出。軍旅驟敗，莫不由斯。而陛下破百萬貫錢，造不急之觀，以賈六合之怨，以違萬人之心。」此切當之言三也。

替否又諫造寺曰：「釋教以清淨爲基，慈悲爲主。常體道以濟物，不利己而害人；每去己以全眞，不營身以害教。今三時之月，築山穿池，損命也；殫府虛藏，損人也；廣殿長廊，營身也。損命則不慈悲，損人則不濟物，營身則不清淨。豈大聖至神之心乎？佛書曰：『一切有爲法，如夢幻泡影，如露亦如電。』臣以爲減雕琢之費以賑貧人，是有如來之德；息穿掘之苦以全昆蟲，是有如來之仁；罷營葺之直以給邊陲，是有湯武之功；迴不急之祿以購淸廉，是有唐虞之治。陛下緩其所急，急其所緩，親未來而疏見在，失眞實而冀虛無。重俗人之所爲，輕天子之功業，臣實痛之。」此切當之言四也。

臣觀仁傑，天后時上公也；姚崇，開元時賢相也；替否，睿宗之直臣也。臣每覽斯言，未嘗不廢卷而太息，痛其言之不行也。伏以陛下深重緇流，妙崇佛事，其爲樂善，實邁前蹤。但細詳時代之安危，溯鑒昔賢之敷奏，則思過半矣，道遠乎哉！臣過忝渥恩，言虧匡諫，但舉從繩之義，少裨負扆之明。營繕之間，稍宜停減。

優詔嘉之。尋拜京兆尹、太常卿。

尋以本官同平章事，加中書侍郎，與盧攜、鄭畋同輔政。罷相，出爲襄州刺史、山南東道節度使。入爲吏部尚書，加檢校尚書右僕射、汴州刺史、宣武軍節度觀察等使。咸通十四年，轉揚州大都督府長史、淮南節度副大使知節度事。乾符三年受代，百姓詣闕乞留一年，從之。四年，復爲吏部尚書，尋遷檢校司空、東都留守、東畿汝都防禦使。六年，河東軍亂〔一〕，殺崔季康，詔以邠寧李侃鎮太原，軍情不伏。以蔚嘗爲太原從事，軍民懷之，八月，以蔚爲太原尹、北都留守、河東節度觀察等使。其年十月到鎮，下車三日，暴病卒。弟綰，從兄繪，累官至刺史。蔚三子：渥、洵、澤。

渥，咸通末進士及第，釋褐太原從事，累拜中書舍人、禮部侍郎。光化三年，選貢士。洵至福建觀察使。

崔彥昭字思文，清河人。父豈。彥昭，大中三年進士擢第，釋褐諸侯府。咸通初，累遷兵部員外郎，轉郎中、知制誥，拜中書舍人，再遷戶部侍郎，判本司事。

彥昭長於經濟，儒學優深，精於吏事。前治數郡，所莅有聲，動多遺愛。十年，檢校禮部尚書、孟州刺史、河陽懷節度使，進階金紫。十二年正月，加檢校刑部尚書、太原尹、北都留守、河東節度管內觀察等使。時徐、泗用兵之後，北戎多寇邊，沙陀諸部動干紀律。彥昭柔以恩惠，來以兵威，三年之間，北門大治，軍民歌之。考滿受代，耆老數千詣闕乞留，詔報曰：「彥昭早著令名，累更劇任。入司邦計，開張用經緯之文；出統藩維，撫馭得韜鈐之術。自臨并部，隱若長城。但先和衆安人，不欲恃險與馬。遂致三軍百姓，瀝懇同詞，備述政能，唯恐罷去。顧茲重鎮，方委長材。既獲便安，未議移替，想當知悉。」

僖宗即位，就加檢校吏部尚書。時趙隱、高璩知政事，與彥昭同年進士，薦彥昭長於治財賦。十五年三月，召爲吏部侍郎，充諸道鹽鐵轉運使。乾符初，以本官同平章事、判度支。

先是，楊收、路巖、韋保衡皆以朋黨好賂得罪，蕭倣秉政，頗革前弊。而彥昭輔政數月，百職斯舉，察而不煩，士君子稱之。二年，因其轉官，僖宗誡曰：

彥昭歷試有勞，僉諧無愧，涉於六月，秉是一心。修乃文可以興文教，勵乃武可以成武功。重整前規，兩司大計，清能壁立，政乃風行。姦欺屏絕於多歧，請託銷摧於正議。不煩內庫，有助涓毫；不假外藩，有進絲髮。軍食所入，餘剩於明年；郊廟所供，克辦於今歲。頗符神化，眞謂廟謀。不有良臣，安能富國？宜酬勳於黃閣，俾正位於紫垣。敬服誠詞，永堅茂業。嗚呼！秉鈞之道，何所難哉；覆車之塗，近已多矣！與其樹黨，不若修身；與其收恩，不如秉直。買暫勝者貽其永敗，沽小智者囊其大愚。不貴及人，唯爭自我，初誠潤屋，尋以危家，金玉滿堂，莫之能守，縱經營而得位，用枉撓而當辜。唯爾選自朕心，採於人望。宣詔既畢，閉門未知，來逐奔車，退無私謝。獨推元老，曾請急徵，以守道而自臻，實榮親之最重。爾其堅持正直，允執規程。但畏幽陰，必歸公當。甘言可憚，敍往可嗤。獎善須明，懲姦須銳。利於人者，雖難必舉；利於己者，雖易勿爲。頻念孤寒，每思耕織。常自勤於數事，便有望於中興。彰朕知臣，在卿匡國，必使恩從下布，法自上行。但立直標，終無曲影。苟致我於堯、舜，亦比爾於皐、夔。可中書侍郎，依前判度支事。

彥昭事母至孝，雖位居宰輔，退朝侍膳，與家人雜處，承奉左右，未嘗高言。歲時慶賀，公卿拜席，時人榮之。累遷門下侍郎，兼刑部尚書，充太清宮使、弘文館大學士。與鄭畋、李蔚同知政事，三加兼官，皆領度支如故。進階特進，累兼尚書右僕射。罷相，歷方鎮，以太子太保分司卒。子保讓。

鄭畋字台文，滎陽人也。曾祖鄰，祖穆，父亞，並登進士第。亞字子佐，元和十五年擢進士第，又應賢良方正、直言極諫制科，吏部調選，又以書判拔萃，數歲之內，連中三科。聰悟絕倫，文章秀發。李德裕在翰林，亞以文干謁，深知之。出鎮浙西，辟爲從事。累屬家艱，人多忌嫉，久之不調。會昌初，始入朝爲監察御史，累遷刑部郎中。中丞李回奏知雜，遷諫議大夫、給事中。五年，德裕罷相鎮渚宮，授亞正議大夫，出爲桂州刺史、御史中丞、桂管都防禦經略使。大中二年，吳汝納訴冤，德裕再貶潮州，亞亦貶循州刺史，卒。

畋年十八，登進士第，釋褐汴宋節度推官，得祕書省校書郎。二十二，吏部調選，又以書判拔萃授渭南尉、直史館事。未行，亞出桂州，畋隨侍左右。大中朝，白敏中、令狐綯相繼秉政十餘年，素與德裕相惡，凡德裕親舊多廢斥之，畋久不偕於士伍。咸通中，令狐綯出鎮，劉瞻鎮北門，辟爲從事。入朝爲虞部員外郎。右丞鄭薰，令狐之黨也，摭畋舊事覆奏，不放入省，畋復出爲從事。五年，入爲刑部員外郎，轉萬年令。九年，劉瞻作相，薦爲翰林學士，轉戶部郎中。

畋以久罹擯棄，幸承拔擢，因授官自陳曰：「臣十八進士及第，二十二書判登科。此時結綬王畿，便貯青雲之望。洎一沉風水，久換星霜，厭外府之罇罍，渴明庭之禮樂。咸通五年，方始登朝。若匪遭逢聖君，無以發揚幽迹。臣任刑部員外郎日，累於閤內對敭，去冬蒙擢宰萬年，又得延英中謝。傾藿幸依於白日，捨盆終覩於青天。昨以京縣浩穰，苦心爲政，疲羸粗息，強禦無蹤。方專宰字之心，用副憂勤之化。陛下過垂採聽，超授恩榮，擢於百里之中，致在三清之上。纔超翰苑，遽改郎曹。」

尋加知制誥，又自陳曰：「臣會昌二年進士及第，大中首歲，書判登科。其時替故昭義節度使沈詢作渭南縣尉；兩考罷免，楊收以結綬替臣。詢則備歷顯榮，歿經數載；收則寵極台輔，絀已三年。臣則外困賓筵，內甘散秩，仰窺霄漢，空歎雲泥。雖云賦命屯奇，實以遭人排忌。」其因事自洗滌如此。

俄遷中書舍人。十年，王師討徐方，禁庭書詔旁午，畋灑翰泉涌，動無滯思，言皆破的，同僚閣筆推之。尋遷戶部侍郎。龐勛平，以本官充承旨。畋以德望先達，淪滯久之。既冠禁庭，當爲宰輔，因謝承旨自陳曰：「禁林素號清嚴，承旨尤稱峻重。偏膺顧問，首冠英賢。

今之宰輔四人，三以此官騰躍，其爲盛美，更異尋常。豈謂凡流，繼茲芳躅，臣所以憂不稱承旨之任也。至若繼劉瞻之愼密，守保衡之規程，瀝懇事君，披肝翊聖，以貞方爲介胄，用忠信作藩籬。丹青帝文，金玉王度，臣亦不敢讓承旨之職。況沉舟墜羽，因聖主發揚，有薄藝微才，受鴻恩知遇。再周寒暑，六忝官榮，由郎吏以至於貳卿，自末僚而遷於上列。」其切於大用如此。

其年八月，劉瞻以諫囚醫工宗族罷相，出爲荆南節度使。畋草制過爲美詞，懿宗省之甚怒，責之曰：「畋頃以行跡玷穢，爲時棄捐，朝籍周行，無階踐歷。竟因由徑，遂致叨居，塵忝既多，狡蠹尤甚。且居承旨，合體朕懷。一昨劉瞻出藩，朕豈無意？爾次當視草，過爲美詞。逞謠詭於筆端，寵愛憎於形內。徒知報瞻欵噎之惠，誰思蔑我拔擢之恩。載詳言僞而堅，果明同惡相濟。人之多僻，一至於斯！宜行竄逐之科，用屏回邪之黨。可梧州刺史。」

僖宗卽位，召還，授右散騎常侍，改兵部侍郎。乾符四年，遷吏部侍郎，尋降制曰：「頃者時鬱正途，權歸邪幸。爾畋執心無惑，秉節被讒，徵復鴛行，愈洽人望。既負彌綸之業，宜居輔弼之司。可本官同平章事。」僖宗上尊號禮畢，進加中書侍郎，進階特進，轉門下侍郎，兼禮部尚書、集賢殿大學士。

五年，黃巢起曹、鄆，南犯荆、襄，東渡江、淮，衆歸百萬，所經屢陷郡邑。六年，陷安南府據之，致書與浙東觀察使崔璆，求鄆州節鉞。璆言賊勢難圖，宜因授之，以絕北顧之患，天子下百僚議。初黃巢之起也，宰相盧攜以浙西觀察使高駢素有軍功，奏爲淮南節度使，令扼賊衝，尋以駢爲諸道行營都統。及崔璆之奏，朝臣議之。有請假節以紓患者，畋採羣議，欲以南海節制縻之。攜以始用高駢，欲立奇功以圖勝。攜曰：「高駢將略無雙，淮土甲兵甚鋭。今諸道之師方集，蕞爾纖寇，不足平殄。何事捨之示怯，而令諸軍解體耶！」畋曰：「巢賊之亂，本因饑歲。人以利合，乃至實繁，江、淮以南，薦食殆半。國家久不用兵，士皆忘戰，所在節將，閉門自守，尚不能枝。不如釋咎包容，權降恩澤。彼本以饑年利合，一遇豐歲，孰不懷思鄉土？其衆一離，則巢賊几上肉耳，此所謂不戰而屈人兵也。若此際不以計攻，全恃兵力，恐天下之憂未艾也。」羣議然之，而左僕射于琮曰：「南海有市舶之利，歲貢珠璣。如令妖賊所有，國藏漸當廢竭。」上亦望駢成功，乃依攜議。及中書商量制敕，畋曰：「妖賊百萬，橫行天下，高公遷延玩寇，無意翦除，又從而保之，彼得計矣。國祚安危，在我輩三四人畫度。公倚淮南用兵，吾不知稅駕之所矣。」攜怒，拂衣而起，袂染於硯，因投之。僖宗聞之怒，曰：「大臣相詬，何以表儀四海？」二人俱罷政事，以太子賓客分司東都。

廣明元年，賊自嶺表北渡江、浙，虜崔璆，陷淮南郡縣。高駢止令張璘控制衝要，閉壁自固。天子始思畋前言，二人俱徵還，拜畋禮部尚書。尋出為鳳翔隴右節度使。是冬，賊陷京師，僖宗出幸。畋聞難作，候駕於斜谷迎謁，垂泣曰：「將相悞陛下，以至於此。臣實罪人，請死以懲無狀。」上曰：「非卿失也。朕以狂寇凌犯，且駐蹕興元，卿宜堅扼賊衝，勿令滋蔓。」畋對曰：「臣心報國，死而後已，請陛下無東顧之憂。然道路艱虞，奏報梗澀，臨機不能遠稟聖旨，願聽臣便宜從事。」上曰：「苟利宗社，任卿所行。」畋還鎮，蒐乘補卒，繕修戎仗，濬飾城壘。盡出家財以散士卒。晝夜如臨大敵。

中和元年二月，賊將尚讓、王璠率衆五萬，欲攻鳳翔，畋預知賊至，令大將李昌言等伏於要害。賊以畋儒者，必不能拒，步騎長驅，部伍不整。畋以銳卒數千，陳于高岡，虛立旗幟，延袤數里。距賊十餘里，伐鼓而陣。賊不之測衆寡，始欲列卒而陣，後軍未至，而昌言等發伏擊之，其衆大撓。日既晡矣，岐軍四合，追擊於龍尾陂，賊委兵仗自潰，斬馘萬計，得其鎧仗，岐軍大振。天子聞之，謂宰相曰：「予知畋不盡，儒者之勇，甚慰予懷。」即授畋檢校尚書左僕射、同平章事，充京西諸道行營都統。

時畿內諸鎮禁軍尚數萬，賊巢汙京師後，衆無所歸，畋承制招諭，諸鎮將校皆萃岐陽。畋分財以結其心，與之盟誓，期匡王室。又傳檄天下曰：

鳳翔隴右節度使、檢校尚書左僕射、同中書門下平章事、充京西諸道行營都統、上柱國、滎陽郡開國公、食邑二千戶鄭畋，移檄告諸藩鎮、郡縣、侯伯、牧守、將吏曰：夫屯亨有數，否泰相沿，如日月之蔽虧，似陰陽之愆伏。是以漢朝方盛，則莽、卓肆其姦凶；夏道未衰，而羿、浞騁其殘酷。不無僭越，尋亦誅夷。即知妖孽之生，古今難免。代有忠貞之士，力爲匡復之謀。我國家應五運以承乾，躡三王之垂統，綿區飲化，匝宇歸仁。十八帝之鴻猷，銘於神鼎；三百年之睿澤，播在人謠。加以政尙寬弘，刑無枉濫，翼翼勤行於王道，孜孜務恤於生靈。足可傳寶祚於無窮，御瑤圖於不朽。

近歲螟蝗作害，旱暵延災，因令無賴之徒，遽起亂常之暴，雖加討逐，猶肆猖狂。草賊黃巢，奴僕下才，豺狼醜類。寒耕熱耨，不勵力於田疇；媮食靡衣，務偷生於剽奪。結連凶黨，驅迫平人，始擾害於里閭，遂侵凌於郡邑。屬以藩臣不武，戎士貪財，徒加討逐之名，竟作遷延之役。致令滋蔓，累有邀求。聖上愛育情深，含弘道廣，指萬方而罪己，用百姓以爲心。假以節旄，委之藩鎮，冀其悛革，免困疲羸。而殊無犬馬之誠，但恣蟲蛇之毒。剽掠我征鎮，覆沒我京都，凌辱我衣冠，屠殘我士庶。視人命有同於草芥，謂大寶易取如弈棋。而乃竊據宮闈，僞稱名號，爛羊頭而拜爵，續狗尾以命官，燕巢幕以誇安，魚在鼎而猶戲。殊不知五侯拗怒，期分項羽之屍；四塚旣成，待葬蚩尤之骨。猶復廣侵田宅，濫瀆貨財，比谿壑以難盈，類烏鳶而縱攫。茫茫赤縣，僅同夷貊之鄉；惴惴黔黎，若在狴牢之內。固已人神共怒，行路傷心。

畋謬領藩垣，榮兼將相，每枕戈而待旦，常泣血以忘餐，誓與義士忠臣，共翦狐鳴狗盜。近承詔命，會合諸軍。皇帝親御六師，卽離三蜀，霜戈萬隊，鐵馬千羣，雕虎嘯以風生，應龍驤而雲起。淮南高相公，會關東諸道百萬雄師，計以夏初，會於關內。畋與涇原節度使程宗楚、秦州節度使仇公遇等，已驅組練，大集關畿，爭麾隴右之蛇矛，待掃關中之蟻聚。而吐蕃、党項以久被皇化，深憤國讎，願以沙漠之軍，共獻盪平之捷。此際華戎合勢，藩鎮連衡，旌旗煥爛於雲霞，劍戟晶熒於霜雪。莫不持繩待試，賈勇爭先，思垂竹帛之功，誓雪朝廷之恥。矧茲殘孽，不足殄除。況諸道世受國恩，身縻好爵，皆貯匡邦之略，咸傾致主之誠。自函、洛構氛，鑾輿避狄，莫不指銅駝而皆裂，望玉壘以魂銷。聞此勤王，固宜投袂。更希憤激，速殄寇讎。永圖社稷之勳，以報君親之德，迎鑾反正，豈不休哉。

時駕在坤維，音驛阻絕，以爲朝廷無能復振。及畋傳檄，諸藩聳動，各治勤王之師，巢賊聞之大懼。自是賊騎不過京西。當時非畋扼賊之衝，褒、蜀危矣。尋進位檢校司空。

其年冬，畋暴病，以岐山方禦賊衝，宜須驍將鎮守，表薦大將李昌言，詔可之。詔畋赴行在。二年正月至成都，以王鐸代畋將兵收復。畋尋以僕射平章事，以疾，久之不拜，累表乞解機務。二年冬，罷相，授太子少保。僖宗以畋子給事中凝績爲隴州刺史，詔侍畋就郡養疾，薨於郡舍，時年五十九。

光啓末，李茂貞授鳳翔節度使。畋會兵時，茂貞爲博野軍小校在奉天，畋盡召其軍至岐下，以茂貞勤於軍旅，甚奇之，委以遊邏之任。至是，茂貞思畋獎待之恩，上表論之曰：

臣伏見當道故檢校司空、同平章事鄭畋，瑞應星精，祥開月角，建洪鑪於聖代，成庶績於明時。鳳毛方浴於春池，龍節忽移於右輔。旋以羣蝺嘯聚，萬蝟鋒攢，蒼黃而玉輅省方，次第而金門徹鑰。九州相望，初猶豫以從風；百辟無歸，半狐疑而委質。而畋衝冠怒髮，投袂治兵，羅劍戟於罇前，練貔貅於閫外。坎牲誓衆，釁鼓出師，馳羽檄於四方，暢皇威於萬里。身維地軸，決橫流而盡入東溟；手正天關，掃妖星而重尊北極。及至囊沙減竈，伐鼓揚旌，四凶方侈於獸心，一陣盡塗於龍尾。大振建瓴之捷，只於反掌之間。不期天柱朝摧，將星夜隕，竹帛徒書於茂烈，松楸未煥於易名。臣始仕從戎，爰承指顧，稟三令五申之戒，預一匡九合之謀。今則謬以微功，獲居重鎮。尋武侯之遺愛，城壘宛然；念叔子之高蹤，涕零何極？伏冀特加贈謚，以慰泉扃。

昭宗嘉之，詔贈司徒，謚曰文昭。

畋文學優深，器量弘恕，美風儀，神彩如玉，尤能賦詩。與人結交，榮悴如一。始爲員外郎，爲鄭薰不放省上，畋不以爲憾。及畋作相，薰子爲郎，畋特奬拔爲給事中，列曹侍郎。其以德報怨，多此類也。子凝績，景福中歷刑部、戶部侍郎。

盧攜字子升，范陽人。祖損。父求，寶曆初登進士第，應諸府辟召。位終郡守。攜，大中九年進士擢第，授集賢校理，出佐使府。咸通中，入朝爲右拾遺、殿中侍御史，累轉員外郎中、長安縣令、鄭州刺史。召拜諫議大夫。乾符初，以本官召充翰林學士，拜中書舍人。乾符末〔三〕，加戶部侍郎、學士承旨。四年，以本官同中書門下平章事，累加門下侍郎，兼兵部尚書、弘文館大學士。

五年，黃巢陷荆南、江西外郛及虔、吉、饒、信等州，自浙東陷福建，遂至嶺南，陷廣州，殺節度使李岧，遂抗表求節鉞。初，王仙芝起河南，攜舉宋威、齊克讓、曾衮等有將略，用爲招討使。及宋威殺尙君長，致賊充斥，朝廷遂以宰臣王鐸爲都統，攜深不悅。浙帥崔璆等上表，請假黃巢廣州節鉞，上令宰臣議。攜以王鐸爲統帥，欲激怒黃巢，堅言不可假賊節制，止授率府率而已。與同列鄭畋爭論，投硯於地。由是兩罷之，爲太子賓客分司。

六年，高駢大將張璘頻破賊。攜素待高駢厚，常舉可爲統帥。天子以駢立功，復召攜輔政。及王鐸失守，罷都統，以高駢代之。由是自潼關以東，汝、陝、許、鄧、汴、滑、青、兗皆易帥。王鐸、鄭畋所授任者皆易之。攜內倚田令孜，外以高駢爲援，朝廷大政，高下在心。時攜病風，精神恍惚。政事可否，皆決於親吏溫季修，貨賄公行。及賊擾淮南，張驎被殺，而許州逐帥，溵水兵潰，朝廷震懼，皆歸罪於攜。及賊陷潼關，罷攜相，爲太子賓客，是夜仰藥而死。

子晏，天祐初爲河南縣尉，爲柳璨所殺。

王徽字昭文，京兆杜陵人，其先出於梁魏。魏爲秦滅，始皇徙關東豪族實關中，魏諸公子徙於霸陵。以其故王族，遂爲王氏。後周同州刺史熊，徽之十代祖，葬咸陽之鳳岐原，子孫因家焉。曾祖擇從兄易從，天后朝登進士第。從弟明從、言從，睿宗朝並以進士擢第。昆仲四人，開元中三至鳳閣舍人，故時號「鳳閣王家」。其後，易從子定，定子逢，逢弟仲周，定兄密，密子行古，行古子收，收子超，皆以進士登第。王氏自易從已降，至大中朝登進士科者一十八人，登臺省，歷牧守、賓佐者三十餘人。擇從，大足三年登進士第，先天中又應賢良方正制舉，升乙第，再遷京兆士曹參軍，充麗正殿學士。祖察，至德二年登進士第，位終連州刺史。父自立，位終緱氏令。

徽大中十一年進士擢第，釋褐祕書省校書郎。戶部侍郎沈詢判度支，辟爲巡官。宰相徐商領鹽鐵，又奏爲參佐。時宣宗詔宰相於進士中選子弟尚主〔三〕，或以徽籍上聞。徽性沖澹，遠勢利，聞之憂形於色。徽登第時，年踰四十，見宰相劉瑑哀祈，具陳年已高矣，居常多病，不足以塵污禁臠。瑑於上前言之方免。從令狐綯歷宣武、淮南兩鎮掌書記，得大理評事。召拜右拾遺，前後上疏論事二十三，人難言者必犯顏爭之，人士翕然稱重。會徐商罷相鎮江陵，以徽舊僚，欲加奏辟而不敢言。徽探知其旨，卽席言曰：「僕在進士中，荷公重顧，公佩印臨戎，下官安得不從？」商喜甚，奏授殿中侍御史，賜緋，荆南節度判官。高湜時持憲綱，奏爲侍御史知雜，兼職方員外郎，轉考功員外。時考簿上中下字朱書，吏緣爲姦，多有揩改。徽白僕射，請以墨書，遂絕姦吏之弊。宰相蕭倣以徽明於吏術，尤重之。乾封初〔四〕，遷司封郎中、長安縣令。學士闕人，倣用徽爲翰林學士，改職方郎中、知制誥，正拜中書舍人。延英中謝，面賜金紫，遷戶部侍郎、學士承旨。改兵部侍郎、尚書左丞，學士承旨如故。

廣明元年十二月三日，改戶部侍郎、同平章事。是日，黃巢入潼關，其夜僖宗出幸。徽與同列崔沆、豆盧瑑、僕射于琮，至曙方知車駕出幸，遂相奔馳赴行在。徽夜落荆榛中，墜於崖谷，爲賊所得，迫還京師。將授之僞命，徽示以足折口瘖，雖白刃環之，終無懼色。賊令輿歸第，命醫工視之。月餘，守視者稍怠，徽乃雜於負販，竄之河中，遣人間道奉絹表入蜀。天子嘉之，詔授光祿大夫，守兵部尚書。將赴行在，尋詔徽以本官充東面宣慰催陣使。時王鐸都統行營兵馬在河中，累年未能破賊。徽與行營都監楊復光謀，赦沙陀三部落，令赴難。其年夏，代北軍至，決戰累捷，收復京師，以功加尚書右僕射。

光啓中，潞州軍亂，殺其帥成麟，以兵部侍郎鄭昌圖權知昭義軍事。時孟方立割據山東三州，别爲一鎮。上黨支郡唯澤州耳，而軍中之人多附方立，昌圖不能制。宰相奏請以重臣鎮之，乃授徽檢校尚書左僕射、同平章事、潞州大都督府長史、澤潞邢洺磁觀察等使。時鑾輅未還，關東聚盜。而河東李克用與孟方立方爭澤潞。以朝廷兵力必不能加，上表訴之曰：

臣聞量才授任，本切於安人；奉上推忠，莫先於體國。臣早逢昌運，備歷華資，止仗竭誠，幸無躁迹。六年內置，雖叨侍從之榮；一日台司，未展匡扶之志。敢忘急病，用副憂勤。況重鎮兵符，元戎相印，特膺寵寄，出自宸衷，豈合憚勞，更陳衷款。但以鄭昌圖主留累月，將結深根；孟方立專據三州，轉成積釁。招其外則潞人胥怨，撫其內則邢將益疑。禍方熾於既焚，計奈何於已失。須觀勝負，乃決安危。欲遵命而勇行，則寢興百慮；思奉身而先退，則事體兩全。伏乞聖慈，博求廷議，擇其可付，理在從長。免徽臣負懷寵之譏，使上黨破必爭之勢。觸藩知難，庶無愧於前言；報國圖功，豈無伸於此日。

天子乃以昌圖鎮之，以徽爲諸道租庸供軍等使，餘官如故。

時京師收復之後，宮寺焚燒，園陵毀廢，故車駕久而未還，乃以徽爲大明宮留守、京畿安撫制置修奉園陵等使。徽方治財賦，又兼制置，王畿之人，大半流喪，乃招合遺散，撫之如子。數年之間，版戶稍葺，東內齋閣，繕完有序。徽拜表請車駕還京曰：「昨者狂寇將逃，延災方甚。而端門鳳跱，鎮福地而獨存；王氣龍盤，鬱祥烟而不散。足表宗祧降祉，臨御非遙。今雖初議修崇，未全壯麗，式示卑宮之儉，更凝馭道之尊。且肅宗纔見捷書，便離岐下；德宗雖當盛暑，不駐漢中。故事具存，昌期難緩，願迴鑾輅，早復京師。臣謬以散材，叨膺重寄，閉閤深念，拜章累陳。審時事之安危，繫廟謀之得失。臣雖隨宜制置，竭力撫綏，如或鑾駕未迴，必恐人心復散。縱成微效，終負殊私。勢有必然，理宜過慮。以茲淹駐，轉失機宜。實希永挂宸聽，亟還清蹕。」帝深嘉納，進位檢校司空、御史大夫，權知京兆尹事。

中外權臣，遣人治第京師。因其亂後，多侵犯居人，百姓告訴相繼。徽不避權豪，平之以法。由是殘民安業，而權幸側目惡其強，乃以其黨薛杞爲少尹，知府事。杞方居父喪，徽執奏不令入府。權臣愈怒，奏罷徽使務，以本官徽赴行在。尋授太子少師，移疾退居蒲州，滿十旬，請罷。僖宗還宮，復授太子少師，疾，未任朝謁。宰相以徽怨望，奏貶集州刺史，徽乃輿疾赴貶所。不旬日，沙陀逼京師，僖宗出幸寶雞，而軍容田令孜得咎。天子以徽無罪，召拜吏部尚書，封琅邪郡侯，食邑千戶。徽將赴行在，而襄王僭僞。邠、岐兵士，追逼乘輿，天子幸漢中，徽不能進。李熅僞制至河中府，召徽赴闕。徽託以風疾，不能步履。熅將僭號，逼內外臣僚署誓狀，徽稱臂緩，不能秉筆，竟不署名。

朱玫既誅，天子自褒中還至鳳翔，召徽拜御史大夫。車駕還宮，徽上章，以足膝風痺，不任朝拜，乞除散秩，復授太子少師。及便殿中謝，昭宗顧瞻進對，曰：「王徽神氣尚強，安可自便？」乃改授吏部尚書。大亂之後，銓選失緒，吏爲姦蠹，有重疊補擬者。徽從初注授，便置手曆，一一檢視，人無擁滯，內外稱之。進位檢校司空，守尚書右僕射。大順元年十二月卒，贈太尉，諡曰貞。子三人：椿、橒、松。

史臣曰：議兵之難，古無百勝。蓋以行權制變，法斷在於臨機；出奇無窮，聲實懸於中的。昔晉國之平孫皓，賈公閭堅沮渡江；吳人欲拒曹瞞，張輔吳終慚失策。彼之賢俊，未免悔尤。況盧子昇平代書生，素迷軍志，只保高駢之平昔，不料高駢之苞藏，以至力困黃巢，毒流赤縣，絕吭仰藥，何所補焉？台文氣激壯圖，志攄宿憤，慷慨誓衆，叱咤臨戎，竟扼賊喉，以康天步，謂之不武，斯焉取斯？崔、趙以鼎職奉親，天倫並達，積慶垂裕，播美士林。徽志吐盜泉，脫身虎口，功名不墜，君子多之。

贊曰：武以伸威，謀以制敵。何必臨戎，陳師衽席。高駢玩寇，盧攜保姦。聖斷一悞，崎嶇劍山。

校勘記

〔一〕河東軍亂　「河東」，各本原作「河南」，據本書卷一九下僖宗本紀改。

〔二〕乾符末　按乾符共六年，下文有「四年」，此處不應爲「乾符末」，疑有誤。

〔三〕時宣宗詔宰相於進士中選子弟尚主　「宣宗」，各本原作「懿宗」，新書卷一八五王徽傳作「宣宗」。按王徽於宣宗大中十一年進士及第，十二年正月劉瑑同平章事，五月瑑卒，則徽見瑑乞免尚主，當在宣宗時。據改。

〔四〕乾封初　乾封爲高宗年號，徽爲大中、大順間人，大中後有咸通、乾符、廣明等年號，疑此「乾封」爲「乾符」之誤。

舊唐書卷一百七十九

列傳第一百二十九

蕭遘 弟蘧　孔緯 子崇弼　韋昭度　崔昭緯　張濬　朱朴

鄭綮　劉崇望 兄崇龜　弟崇魯　崇謨　徐彥若 父商　弟彥樞　子綰

陸扆　柳璨 弟瑊　瑀

蕭遘，蘭陵人。開元朝宰相太師徐國公嵩之四代孫〔一〕。嵩生衡。衡生復，德宗朝宰相。復生湛。湛生寘，咸通中宰相。寘生遘，以咸通五年登進士第，釋褐祕書省校書郎、太原從事。入朝爲右拾遺，再遷起居舍人。與韋保衡同年登進士第，保衡以幸進無藝，同年門生皆薄之。遘形神秀偉，志操不羣，自比李德裕，同年皆戲呼「太尉」，保衡心銜之。及保衡作相，摭遘之失，貶爲播州司馬。途經三峽，維舟月夜賦詩自悼，慮保衡見害，遽有神人謂之曰：「相公勿憂，予當禦侮奉衞。」遘心異之。過峽州，經白帝祠，卽所覩之神人也。保衡誅，以禮部員外郎徵還，轉考功員外郎、知制誥。乾符初，召充翰林學士，正拜中書舍人，累遷戶部侍郎、翰林承旨。

黃巢犯闕，僖宗出幸，以供饋不給，須近臣掌計，改兵部侍郎、判度支。中和元年三月，自褒中幸成都，次綿州。以本官同平章事，加中書侍郎，累兼吏部尚書、監修國史。

遘少負大節，以經濟爲己任，洎處台司，風望尤峻，奏對朗拔，天子器之。光啓初，王綱不振。是時天下諸侯，半出羣盜，強弱相噬，怙衆邀寵，國法莫能制。有李凝古者，從支詳爲徐州從事，詳爲衙將時溥所逐，而賓佐陷於徐。及溥爲節度使，因食中毒，而惡凝古者譖之，云爲支詳報讎行酖，溥收凝古殺之。凝古父損，時爲右常侍，溥上章披訴，言損與凝古同謀。內官田令孜受溥厚賂，曲奏請收損下獄。中丞盧渥附令孜，鍛鍊其獄。侍御史王華嫉惡，堅執奏證損無罪。令孜怒，奏移損付神策獄按問，王華拒不奉詔，奏曰：「李損位居近侍，當死卽死，安可取辱於黃門之手？」遘非時進狀，請開延英，奏曰：「李凝古行酖之謀，其事曖昧，已遭屠害，今不復論。李損父子相別三四年，音問斷絕，安得誣罔同謀？時溥恃勳壞法，凌蔑朝廷，而抗表請按侍臣，悖戾何甚？厚誣良善，人皆痛心。若李損羅織而誅，行當便及臣等。」帝爲之改容，損得免，止於停任。

時田令孜專總禁軍，公卿僚庶，無不候其顏色，唯遘以道自處，未嘗屈降。是年冬，令孜奏安邑兩池鹽利，請直屬禁軍。王重榮上章論列，乃奏移重榮別鎮。重榮不受，令孜請率禁軍討之。重榮求援於太原，李克用引軍赴之，拒戰沙苑，禁軍大敗，逼京城。僖宗懼，出幸鳳翔。諸藩上章抗論令孜生事，離間方面。遘素惡令孜，乃與裴澈致書召朱玫。玫以邠州之軍五千迎駕，仍與河中、太原修睦，請同匡王室。由是，諸鎮繼上章，請駕還京。令孜聞玫軍至，迫脅天子幸陳倉。時僖宗倉卒出城，夜中百官不及扈從，玫怒令孜弄權，又以天子不諒其忠，語辭怨望，乃訴于遘曰：「主上六年奔播，百端艱險。中原士庶，與賊血戰，肝腦塗地，十室九空。比至收復京都，十亡七八。殘民遺老，方喜車駕歸宮。主上不念生靈轉輸之勞，甲士血戰之效，將勤王之功業，爲敕使之寵榮，而更志在亂邦，與國生事，召戎結怨，不自他人。昨奉指蹤，徑來奔問，不蒙見信，翻類脅君。古者忠而獲罪，正如此也。吾等報國之心極矣，戰賊之力殫矣，安能垂頭疊翼，喘喘於閹寺之手哉！春秋之義，喪君有君。相公徐思其宜，改圖可也。」遘曰：「主上臨御十餘年，未聞過行。比來喪亂播越，失於授任非才。近年令孜掣肘，動不如意，上每言之，流涕不已。昨去陳倉，上無行意，令孜陳兵帳下，列卒階前，造次迫行，不容俟旦。靜言此賊，罪不容誅。至尊之心，孰不深鑒？足下乃心王室，止有歸兵還鎮，拜表迎鑾，德業功名，益光圖史。捨此已往，理或未安。改圖之言，未敢聞命。」玫曰：「李家王子極多，有天下者，豈一王哉？」遘曰：「廢立危事，雖有伊尹、霍光之賢，尚貽後悔。古人云：『勿爲福始，勿爲禍先。』如公矢謀，未見其利。」玫退而宣言曰：「我冊箇王子爲主，不從者斬。」及立襄王，請薑爲冊文。薑曰：「少嬰衰疾，文思減落。比來禁署，未免倩人，請命能者。」竟不措筆。乃命鄭昌圖爲之，玫滋不悅。及還長安，以昌圖代薑爲相，署薑太子太保。乃移疾，滿百日，退居河中之永樂縣。

薑在相位五年，累兼尚書右僕射，進封楚國公。僖宗再還京，宰相孔緯與薑不協，以其受僞命，奏貶官，尋賜死於永樂。咸通中，王鐸掌貢籍，薑與韋保衡俱以進士中選，而保衡暴貴，與鐸同在中書。及僖宗在蜀，薑又與鐸並居相位。帝嘗召宰臣，鐸年高，升階足跌，踣勾陳中，薑旁掖起，帝目之喜曰：「輔弼之臣和，予之幸也。」謂薑曰：「適見卿扶王鐸，予喜卿善事長矣。」薑對曰：「臣扶王鐸不獨司長。臣應舉歲，鐸爲主司，以臣中選門生也。」上笑曰：「王鐸選進士，朕選宰相，於卿無負矣。」薑謝之而退。

薑爲大臣，士行無缺。逢時不幸，爲僞熅所汚，不以令終，人士惜之。弟蘧，時爲永樂令。

孔緯字化文，魯曲阜人，宣尼之裔。曾祖岑父，位終祕書省著作佐郎，諫議大夫巢父兄也。祖戣，位終禮部尚書，自有傳。父遵孺，終華陰縣丞。

緯少孤，依諸父温裕、温業，皆居方鎮，與名公交，故緯聲籍早達。大中十三年，進士擢第，釋褐祕書省校書郎。崔慎由鎮梓州，辟爲從事。又從崔鉉爲揚州支使，得協律郎。崔慎由鎮華州、河中，緯皆從之，歷觀察判官。宰相楊收奏授長安尉，直弘文館。御史中丞王鐸奏爲監察御史，轉禮部員外郎。宰相徐商奏兼集賢直學士，改考功員外郎。丁內憂免。服闋，以右司員外郎入朝。宰臣趙隱嘉其能文，薦爲翰林學士，轉考功郎中、知制誥，賜緋。正拜中書舍人，累遷戶部侍郎。謝日，面賜金紫之服。乾符中，罷學士，出爲御史中丞。緯器志方雅，嫉惡如讎。既總憲綱，中外不繩而自肅。歷戶部、兵部、吏部三侍郎。居選曹，動循格令。權要有所託，私書盈几，不之省。執政怒之，改太常卿。

黃巢之亂，從僖宗幸蜀，改刑部尚書，判戶部事。宰臣蕭遘在翰林時，與緯情旨不協。至是因戶部取給不充，移之散秩，改太子少保。光啓元年，從駕還京。

是時田令孜軍敗，沙陀逼京師，帝移幸鳳翔，邠帥朱玫引兵來迎駕。令孜挾帝幸山南。時中夜出幸，百官不及扈從，而隨駕者黃門衞士數百人而已。帝駐寶雞，候百官，詔授緯御史大夫，遣中使傳詔，令緯率百僚赴行在。時京師急變，從駕官屬至盩厔，並爲亂兵所剽，資裝殆盡。緯承命見宰相論事，蕭遘、裴澈以田令孜在帝左右，意不欲行，辭疾不見緯。緯遣臺吏促百官上路，皆以袍笏不具爲詞。緯無如之何，乃召三院御史謂之曰：「吾輩世荷國恩，身居憲秩。雖六飛奔迫，而咫尺天顏，累詔追徵，皆無承稟，非臣子之義也。凡布衣交舊，緩急猶相救卹，況在君親？策名委質，安可背也！」言竟泣下。三院曰：「夫豈不懷，但盩厔剽剝之餘，乞食不給。今若首途，聊營一日之費，俟信宿繼行可也。」緯拂衣起曰：「吾妻危疾，旦不保夕，丈夫豈以妻子之故，怠君父之急乎？公輩善自爲謀，吾行決矣。」

卽日見李昌符告曰：「主上再有詔命，令促百僚前進。觀羣公立意，未有發期。僕忝戚闈，不宜居後。道途多梗，明公幸假五十騎，送至陳倉。」昌符嘉之，謂緯曰：「路無頓遞，裹糧辦耶？」乃送錢五十緡，令騎士援緯達散關。緯知朱玫必蓄異志，奏曰：「關城小邑，不足以駐六師，請速幸梁州。」翌日，車駕離陳倉，纔入關而邠、岐之兵圍寶雞，攻散關。微緯之言幾危矣。

至褒中，改兵部侍郎、同中書門下平章事，尋改中書侍郎、集賢殿大學士。王行瑜斬朱玫，平定京城，遷門下侍郎、監修國史。從駕還京，駐蹕岐陽，進階特進，兼吏部尚書，領諸道鹽鐵轉運使。車駕還宮，進位左僕射，賜「持危啓運保乂功臣」，食邑四千戶，食實封二百戶，賜鐵券，恕十死罪，賜天興縣莊、善和里宅各一區，兼領京畿營田使。

僖宗晏駕，充山陵使。僖宗祔廟，緯準故事，不入朝。昭宗遣中使召赴延英，令緯依舊視事，進加司空。以國學盜火所焚，令緯完葺，仍兼領國子祭酒。蔡賊秦宗權伏誅，進階開府儀同三司，進位司徒，封魯國公。

十一月，昭宗謁郊廟，兩中尉、內樞密請朝服。所司申前例，中貴人無朝服助祭之禮〔三〕，少府監亦無素製冠服。中尉怒，立令製造，下太常禮院。禮官舉故事，亦稱無中尉朝服助祭之文，諫官亦論之。緯奏曰：「中貴不衣朝服助祭，國典也。陛下欲以權道寵內臣，則請依所兼之官而爲之服。」天子召諫官謂之曰：「大禮日近，無宜立異，爲朕容之。」於是內官以朝服助祭。郊禮畢，進位兼太保。

大順元年夏，幽州、汴州請討太原，宰臣張濬請自率禁軍爲招討。上持疑未決，問計於緯。緯以討之爲便，語在濬傳。其年秋，濬軍爲太原所擊，大敗而還。濬罷相貶官，緯坐附濬，以檢校太保、江陵尹、荆南節度觀察等使，未離闕下，再貶均州刺史。緯、濬密遣人求援於汴州，朱全忠上章論救。緯至商州，有詔俾令就便，遂寓居華州。

乾寧二年五月，三鎭入京師，殺宰相韋昭度、李谿。帝以大臣朋黨，外交方鎭，思用骨鯁正人，遣中使趣華州召緯入朝，以疾未任上路。六月，授太子賓客。其日之夕，改吏部尙書。翌日，拜司空，兼門下侍郎、同平章事、太淸宮使，修奉太廟、弘文館大學士、延資庫使。階爵、功臣名、食邑並如故。旬日之內，驛騎敦促，相望于路，扶疾至京師。延英中謝，奏曰：「臣前時待罪宰相，智術短淺，有負弼諧。陛下特貸刑書，曲全腰領。臣期於死報泉壤，不望生叩玉階。復拜龍顏，實臣榮幸。然臣比嬰衰疾，伏枕累年，形骸雖存，生意都盡。平居勉強，御事猶疏。況比匡贏，寧勝重委？國祚方泰，英彥盈庭，豈以朽腐之人，再塵機務。臣力疾一拜殿庭，乞陛下許臣自便。」因嗚咽流涕。緯久疾，拜蹈艱難，上令中使止之，改容軫念。令閤門使送緯中書視事。不旬日，沙陀攻河中，同州王行約入京師謀亂，天子出幸石門。緯從駕至莎城，疾漸危篤，先還京城。九月，卒於光德里第，贈太尉。

緯家尚節義，挺然不屈。雖權勢熏灼，未嘗假以恩禮。大順初，天武都頭李順節恃恩頗橫，不期年領浙西節度使，俄加平章事。謝日，臺吏申中書，稱天武相公衙謝，準例班見百僚。緯判曰：「不用立班。」順節粗暴小人，不閑朝法，盛飾趨中書，既見無班，心甚怏怏。他日因會，順節微言之，緯曰：「必知公慊也。夫百辟卿士，天子庭臣也，比來班見宰相，以輔臣居班列之首，奉長之義也。公握天武健兒，而於政事廳受百僚班見，意自安乎？必若須此儀，俟去『都頭』二字可也。」順節不敢復言。其秉禮不回，多此類也。

孔氏自元和後，昆仲貴盛，至正卿方鎮者六七人，未有爲宰輔者，至緯始在鼎司。子崇弼，亦登進士第，仕至散騎常侍。

韋昭度字正紀，京兆人。祖縃，父逢。昭度，咸通八年進士擢第。乾符中，累遷尚書郎、知制誥，正拜中書舍人。從僖宗幸蜀，拜戶部侍郎。中和元年，權知禮部貢舉。明年，以本官同平章事，兼吏部尚書。

昭宗卽位，閬州刺史王建攻陳敬瑄於成都，隔絕貢奉，乃以昭度檢校司空、同平章事、成都尹、劍南西川節度招撫宣慰等使。昭度赴鎭，敬瑄不受代，詔東川顧彥朗與王建合勢討之，昭度爲行營招討。卒歲止拔漢州。王建謂昭度曰：「相公勞師弊衆，遠事蠻夷。訪聞京洛以東，羣侯相噬，禍難未已，朝廷不治，腹心之疾也。相公宜亟還京師，洛謀匡合，平定兩河，國家之利也。敬瑄小醜，以日月制之，擒之必矣，此事責建可辦。」昭度然之，奏請還都。昭度未及京師，建以重兵守劍門，急攻成都下之，殺敬瑄，自稱留後。昭度還，以檢校司空充東都留守。召還，爲右僕射。

景福二年冬，宰相杜讓能爲鳳翔所殺，復委昭度知政事，與李谿並命。時宰相崔昭緯專政，惡李谿之爲人。降制日，令知制誥劉崇魯哭麻以沮之。谿上表論列，天子待谿益厚。明年春，復命谿同平章事，昭緯不勝其忿。先是，邠州王行瑜求爲尚書令，昭度奏議云：「國朝已來，功如郭子儀，未省曾兼此官。」乃賜號「尚父」。崔昭緯宗人鋋曾爲行瑜從事，朝廷每降制敕不便於昭緯者，即令鋋訴於行瑜，俾上章論列。朝旨小有依違，即表章不遜。至是李谿入拜，昭緯謂鋋曰：「前時尚父之命已行，而昭度沮之，今又引谿同列。此人姦纖，惑上視聽，宗社不寧，恐復有杜太尉之事。」行瑜與李茂貞上章言：「命相非其人，懼危宗社。」天子優詔曉諭，言谿有才。其年五月，行瑜、茂貞、華州韓建以兵入覲，面奏昭度、李谿之姦邪，請加譴逐。制敕未行，三鎮兵害昭度於都亭驛。及行瑜誅，降制復其官爵，令其家收葬。

崔昭緯，淸河人也。祖庇，滑州酸棗縣尉。父璙，鄂州觀察使。昭緯進士及第。昭宗朝，歷中書舍人、翰林學士、戶部侍郎、同平章事。性姦纖，忌前達。內結中人，外連藩閫，屬朝廷微弱，每託援以凌人主。昭宗明察，心不能堪。以誘召三鎮將兵詣闕，賊殺宰輔內臣，帝深切齒。會太原之師誅行瑜，罷相，授右僕射。

後又以託附汴州，再貶梧州司馬。尋降制曰：

崔昭緯頃居內署，粗著微勞。擢於侍從之司，委以燮調之任。不能忠貞報國，端愼處身，潛交結於姦臣，致漏泄於機事。星霜累換，臣輔蔑聞。爾罪一也。又快其私忿，輒恣陰謀。託崔鋋之險巇，連行瑜之計畫，遂致稱兵向闕，怙衆脅君。故宰臣韋昭度、李谿並以無辜見害，幾危宗社，顯辱君親。爾罪二也。及德瑜敗滅，京國甫安，而乃自懼欺誣，別謀託附。又於藩閫，潛請薦論，不唯苟免罪愆，兼亦再希任用。貪榮冒寵，僭濫無厭，敗俗傷風，賢愚共鄙。爾罪三也。又將厚賂，欲結諸王，輕侮我憲章，玷瀆我骨肉。貨財之數，文字具存。賴諸王作朕腹心，嫉其蠹害，盡將昭緯情款，兼其親吏姓名，直具奏聞，拒其求託。昭緯曾居宰輔，久歷清崇，但欲逞其回邪，都不顧其事體。觀其識見，實駭聽聞。爾罪四也。自姦邪既露，情狀難容。尚示寬刑，未行嚴憲，投于荒裔，冀其自新。而不能退省過尤，恭承制命，速赴貶所，用守常規。而猶自務宴安，尋聞所在留駐，攪擾藩鎮，侮慢朝章。曾無稟畏之心，可驗苞藏之計。罔知愆咎，唯謗朝廷。爾罪五也。朕以恩澤者帝王之雨露，刑法者邦國之雷霆，無雨露則庶物不榮，無雷霆則萬邦不肅。朕體天道以化育，遵王度以澄清，罪既昭彰，理難含垢。凡百多士，宜體予懷。宜所在賜自盡。

時昭緯行次至荊南，中使至，斬之。

兄昭符，仕至禮部尚書。昭愿，太子少保。昭矩，給事中。昭遠，考功員外郎。

張濬字禹川，河間人。祖仲素，位至中書舍人。父鐐，官卑，家寓州。濬倜儻不羈，涉獵文史，好大言，爲士友之所擯棄。初從鄉賦隨計，咸薄其爲人。濬憤憤不得志，乃田衣野服，隱於金鳳山，學鬼谷縱横之術，欲以捭闔取貴仕。乾符中，樞密使楊復恭因使遇之，自處士薦爲太常博士，累轉度支員外郎。

黄巢將逼關輔，濬託疾請告，侍其母，挈族避亂商州。賊犯京師，僖宗出幸，途無供頓，衞軍不得食。漢陰令李康獻糗餌數百騾綱，軍士始得食。僖宗召康問曰：「卿爲縣令，安操心及此？」康對曰：「臣爲塵吏，敢有此進獻？張濬員外敎臣也。」帝異之，急召至行在，拜兵部郎中。未幾，拜諫議大夫。

其年冬，宰相王鐸至滑臺，兼充天下行營都統。方徵兵諸侯，奏用濬爲都統判官。時王敬武初破弘霸郎，軍威大振，累詔徵平盧兵，敬武獨不赴援。鐸遣濬往説之，敬武已受僞命，復怙強不迎詔使。濬至，謁見，責之曰：「公爲天子守藩，王臣齎詔宣諭，而侮慢詔使。既未識君臣禮分，復何顔以御軍民哉？」敬武愕然謝咎。既宣詔，軍士按兵默然，濬並召將佐集於鞠場面諭之曰：「人生效忠仗義，所冀粗分順逆，懸知利害。黄巢前日販鹽虜耳，公等捨累葉天子而臣販鹽白丁，何利害之可論耶！今諸侯勤王，天下響應，公等獨據一州，坐觀成敗。賊平之後，去就何安？若能此際排難解紛，陳師鞠旅，共誅寇盜，迎奉鑾輿，則富貴功名，指掌可取。吾惜公輩捨安而卽危也。」諸將改容引過，謂敬武曰：「諫議之言是也。」卽時出軍，從濬入援京師。賊平，累遷戶部侍郎。僖宗再幸山南，拜平章事、判度支。

濬初發迹，依楊復恭。及復恭失勢，乃依田令孜，以至重位，而反薄復恭。及再幸山南，復恭代令孜爲中尉，罷濬知政事。昭宗初在藩邸，深嫉宦官，復恭有援立大勳，恃恩任事，上心不平之。當時趨向者，多言濬有方略，能畫大計，復用爲宰相、判度支。上嘗問濬，致理何事最急？對曰：「莫若強兵。兵強而天下服。」上由是專務蒐補兵甲，欲以武功勝天下。後延英論前代爲治得失，濬曰：「不必遠徵漢、晉之弊。臣竊見陛下春秋鼎盛，英睿如此，內外逼於強臣，臣每思之，實痛心而泣血也。」

會朱全忠誅秦宗權，安居受殺李克恭，以潞州降全忠。幽州李匡威、雲州赫連鐸等奏請出軍討太原。詔四品以上官議，皆言：「國祚未安，不宜生事。假如得太原，亦非國家所有。」濬議曰：「先帝頻至播越，王室不寧。原其亂階，由克用、全忠之矛盾也。請因其奏，乘全忠立功，可斷兩雄之勢。」上曰：「收復之功，克用第一。今乘其危困而加兵，諸侯其謂我何？」濬懇論用兵之利害，蓋欲示外勢而擠復恭也。上旨未決。宰臣孔緯曰：「張濬所陳，萬代之利也。陛下所惜，卽目之利也。以臣所料，師渡河而賊必自破。昨計度軍中轉餉犒勞，一二年間，必無闕事，陛下斷意行之。」

既二相俱論，乃以濬爲河東行營兵馬都招討宣慰使，以京兆尹孫揆副之，仍授揆昭義節度使，華州韓建爲供軍使，朱全忠爲太原西南面招討使，李匡威、赫連鐸爲太原東北面招討使。全忠以汴軍三千爲濬牙隊。大順元年六月，濬率軍五十二都，兼邠寧、鄜、夏雜虜共五萬人騎，發自京師。昭宗御安喜樓臨送，濬酒酣泣奏曰：「陛下勤爲賊臣掣肘，臣所以誓死憤惋，爲陛下除其僭逼。」楊復恭聞之不悅。中尉內使餞於長樂，復恭奉巵酒屬濬，濬辭曰：「聖人賜酒，已醉矣。」復恭戲曰：「相公握禁兵，擁大旆，獨當一面，不領復恭意作面子耶！」濬笑曰：「賊平之後，方見面子。」復恭銜之。

時汴、華、邠、岐之師渡河，會濬於晉州。汴將朱崇節權知潞州事，太原將李存孝攻之。濬慮賊平汴人據昭義，乃令孫揆分兵赴鎮，中使韓歸範送旌節至軍。八月，揆與歸範赴潞州。至潞，並爲存孝擒送太原。九月，汴將葛從周棄潞州。十月，濬軍至陰地，邠、岐、華三鎮之師營平陽。李存孝擊之，一戰而敗，委兵仗潰散。進攻晉州。數日，中夜濬斂衆遁走。比曙，喪師殆半。存孝進收晉、絳、慈、隰等州〔三〕。濬狼狽由含山踰王屋，出河清〔四〕，坼屋木縳筏濟河，部下離散將盡。李克用上章論訴曰：

晉州長寧關使張承暉於當道錄到張濬榜并詔曰，張濬充招討制置使，令率師討臣，兼削臣屬籍官爵者。臣誠冤誠憤，頓首頓首。伏以宰臣張濬欺天蔽日，廊廟不容。

讒臣於君，奪臣之位。憑燕帥妄奏，與汴賊結恩，矯託皇威，擅宣王命，徵集師旅，撓亂乾坤。悞陛下中興之謀，資黔黎重傷之困。臣實何罪，而陛下伐之？此則宰臣持權，面欺陛下。

況臣父子二代，受恩四朝，破徐方，救荆楚，收鳳闕，碎梟巢，致陛下今日冠通天之冠，佩白玉之璽。臣之屬籍，懿皇所賜；臣之師律，先帝所命。臣無逆節，濬討何名？若陛下若厭逐功臣，欲用文吏，自可遷臣封邑，以俟就第。奈何加諸其罪，孰肯無詞？若以臣雲中之伐，獲罪於時，則拓拔思恭取鄜、延，朱全忠侵徐、鄆，陛下何不討之？假令李孝德不忠於主，伐之爲是，則朱瑄、時溥有何罪耶？此乃同坐而異名，賞彼而誅此，使天下藩服，強者扼腕，弱者自動，流言竊議，爲臣怨嗟，固非中興之術也。

且陛下阽危之秋，則獎臣爲韓、彭、伊、霍；既安之後，駡臣曰戎、羯、蕃、夷。海內握兵立事如臣者衆矣，寧不懼陛下他時之駡哉！臣昨遇燕軍，以禮退舍。匡威淺昧，厚自矜誇，乃言臣中矢石，覆士卒。致內外吠聲一發，短謀競陳，悞陛下君臣之分。況命官選將，自有典刑，不必幸臣之弱而後取之。倘臣延期挺命，尙固一方，彼實何顏以見陛下。此則姦邪朋黨，輕弄邦典，陛下凝旒端扆，何由知之？今張濬既以出軍，微臣固難束手。臣便欲叫閽，輕騎面叩玉階，訴邪佞於陛下之彤墀，納詔命於先皇之宗廟，然後束身司敗，甘處憲章。

時克用令所擒中使奉表，表至而濬敗，朝廷聳震，制曰：

漢武因恭儉富庶之後，建置朔方，孫弘沮之，十不得一。而良史以弘有宰相體者，誠以愛人治國爲先，拓境開疆爲末。及孝宣値雄才削平之餘，將議北征，魏相爭之，五將尋罷。果致中興，號爲賢輔。況朕承天厭兵戈之後，人思休息之時。敢望皐、夔，共成堯日；庶幾孫、魏，粗及漢年。苟易於斯，如何倚注。

光祿大夫、門下侍郎、兼戶部尙書、同中書門下平章事、上柱國、淸河郡開國伯、食邑一千二百戶、充河東行營諸道兵馬招討制置等使張濬，早以盛名，稱爲奇士，由是再加徵用，委以鈞衡，謂其必致小康，克勝大任。而乃罔思守道，但欲邀功，用不詭之詢謀，起無名之兵革。自云一舉，止在旬時，堅請抗論，勢莫能奪。輕葛亮渭濱之役，小裴度淮右之行。經歷寒暄，耗費百萬。虛誕彰于朝野，詐詭布於華夷，橫草蔑聞，燎原愈急。俾擁旄乘驛之使，囚在虜庭；勤王奉國之軍，懷歸本土。忘廊廟之威重，結藩屏之仇讎。欲使海內生靈，竭其貢賦；不獨河中郡邑，蕩爲丘墟。潛生厲階，欲誰歸咎？

於戲！徵晁錯之故事，思王恢之舊章，國有明文，爾當何逭？尙以愛人以禮，理體宜然。廉鎭劇權，武昌善地，宜罷樞軸之務，仍停支度之司。勉自思惟，以逃後命。可檢校戶部尚書、鄂州刺史、武昌軍節度觀察等使。尋貶連州刺史，馳驛發遣。行至藍田關不行，留華州依韓建。時朝廷微弱，竟不能詰。

乾寧二年，三鎭殺韋昭度，帝召孔緯欲大用，亦以濬爲兵部尚書，又領天下租庸使。三年，天子幸華州，罷濬使務，守尚書右僕射。上疏乞致仕，授左僕射致仕，乃還洛陽，居於長水縣別墅。濬雖退居山墅，朝廷或有得失，必章疏上言。德王廢立之際，濬致書諸藩，請圖匡復。王師範靑州起兵，欲取濬爲謀主。事雖不果，其迹頗泄。朱全忠將圖篡代，懼濬搆亂四方，不欲顯誅，密諷張全義令圖之。乃令牙將楊麟率健卒五十人，有如劫盜，圍其墅而殺之，天復三年十二月晦夜也。

永寧縣吏葉彥者，張氏待之素厚。楊麟之來，彥知之，告濬第二子格曰：「相公之禍不可免，郎君宜自爲謀。」濬謂格曰：「留則併命，去或可免。汝自圖之，勿以吾爲累，冀存後祀也。」格拜辭而去。葉彥率義士三十人送渡漢江而旋。格由荆江上峽入蜀。王建僭號，用爲宰相。中興平蜀，任圜攜格而還。格感葉彥之惠，訪之身已歿，而厚報其家。濬第三子竄於楊行密。

自乾寧之後，賊臣內侮，王室寖微，昭宗不堪凌弱，欲簡拔奇材以爲相。然採於羣小之論，未嘗獲一名人。登用之徒，無不爲時嗤誚。

朱朴者，乾寧中爲國子博士。腐儒木強，無他才伎。道士許巖士出入禁中，嘗依朴爲姦利，從容上前薦朴有經濟才。昭宗召見，對以經義，甚悅，卽日拜諫議大夫、平章事。在中書與名公齒，筆札議論，動爲笑端。數月，巖士事敗，俱爲韓建所殺。

鄭綮者，以進士登第，歷監察、殿中，倉、戶二員外，金、刑、右司三郎中。家貧求郡，出爲廬州刺史。黃巢自嶺表還，經淮南剽掠，綮移黃巢文牒，請不犯郡界，巢笑而從之，一郡獨不被寇。天子嘉之，賜緋魚袋。罷郡，有錢千緡，寄州帑。後郡數陷，盜不犯鄭使君寄庫錢。至楊行密爲刺史，送所寄於京師還綮。

綮善爲詩，多侮劇刺時，故落格調，時號鄭五歇後體。初去廬江，與郡人別云：「唯有兩行公廨淚，一時灑向渡頭風。」滑稽皆此類也。

王徽爲御史大夫，奏綮爲兵部郎中、知臺雜，遷給事中，賜金紫。僖宗自山南還，以宰相杜讓能弟弘徽爲中書舍人。綮以弘徽兄在中書，弟不宜同居禁近，封還制書，天子不報，綮卽移病休官。無幾，以左散騎常侍徵還。朝政有闕，無不上章論列。事雖不行，喧傳都下，執政惡之，改國子祭酒。物議以綮匡諫而置之散地不可，執政懼，復用爲常侍。

光化初，昭宗還宮，庶政未愜，綮每形於詩什而嘲之，中人或誦其語於上前。昭宗見其激訐，謂有蘊蓄，就常奏班簿側注云：「鄭綮可禮部侍郎、平章事。」中書胥吏詣其家參謁，綮笑而問之曰：「諸君大悞，俾天下人並不識字，宰相不及鄭五也。」胥吏曰：「出自聖旨特恩，來日制下。」抗其手曰：「萬一如此，笑殺他人。」明日果制下，親賓來賀，搔首言曰：「歇後鄭五作宰相，時事可知矣。」累表遜讓不獲。既入視事，侃然守道，無復詼諧。終以物望非宜，自求引退。三月餘，移疾乞骸，以太子少保致仕。光化二年卒。

時議以昭宗命台臣濬、朴、綮三人尤謬，季末之妖也。

劉崇望字希徒。其先代郡人，隨元魏孝文帝徙洛陽，遂爲河南人。八代祖隋大理卿坦，生政會，輔太宗起義晉陽，官至戶部尙書，封渝國公，圖形凌烟閣。政會生玄意，尙太宗女南平公主，歷洪、饒八州採訪使。玄意生奇，位至吏部侍郞。奇生愼知，仕至獲嘉令。愼知生娶，仕至東阿令。娶生藻，位終祕書郞。藻生符，進士登第，咸通中位終蔡州刺史，生八子，崇龜、崇望、崇魯、崇謩最知名。

崇龜，咸通六年進士擢第，累遷起居舍人，禮部、兵部二員外。丁母憂免。廣明元年春，鄭從讜罷相，鎮太原，奏崇龜爲度支判官、檢校吏部郎中、御史中丞，賜金紫。中和三年入朝，爲兵部郎中，拜給事中。大順中，遷左散騎常侍、集賢殿學士、判院事，改戶部侍郎，檢校戶部尚書。出爲廣州刺史、淸海軍節度、嶺南東道觀察處置等使，卒。

崇望，咸通十五年登進士科。王凝廉問宣歙，辟爲轉運巡官。戶部侍郎裴坦領鹽鐵，辟爲參佐。崔安潛鎮許昌、成都，崇望昆仲四人，皆在安潛幕下。入爲長安尉，直弘文館，遷監察御史、右補闕、起居郎、弘文館學士，轉司勳、吏部二員外郎。崔安潛爲吏部尚書，崇望判南曹，滌除宿弊，復淸選部。田令孜干政，藩鎮怨望，河中尤甚，不修職貢。僖宗在山南，以蒲坂近關，欲其効用，選使諭旨，以崇望爲諫議大夫。既至，諭以大義，重榮奉詔恭順，誓心匡復，請殺朱玫自贖。使還，上悅，召入翰林充學士，累遷戶部侍郎、承旨，轉兵部，在禁署四年。

昭宗卽位，拜中書侍郎、同平章事，累兼兵部、吏部尚書。大順初，同列張濬畫策討太源，崇望以爲不可，濬果敗。濬黜，崇望代爲門下侍郎、監修國史、判度支。

明年，玉山都頭楊守信協楊復恭稱兵闕下，陣于通化門，上陳兵於延嘉門。是夜，命崇望守度支庫。明日曉，入含光門，未開，門內禁軍列于左右，俟門開卽劫掠兩市。及聞傳呼宰相來，門方啓，崇望駐馬慰諭之曰：「聖上在街東親總戎事。公等禁軍，何不樓前殺賊，立取功名。切不可剽掠街市，圖小利以成惡名也。」將士唯唯，從崇望至長樂門。守信見兵來，卽遁去，軍士呼萬歲。是日庫市獲全，軍人不亂，繫崇望之方略也。尋加左僕射。

時溥與朱全忠爭衡，全忠謀兼徐、泗，上表請以重臣鎭徐，乃以崇望守本官，充武寧軍節度使。溥不受代，行至華陰而還，拜太常卿。王重盈死，王珂、王珙爭河中節鉞，朝廷以宰相崔胤爲河中節度使。珂，李克用之子壻也。河東進奏官薛志勤揚言曰：「崔相雖重德，如作鎭河中代王珂，不如光德劉公，於我公事素也。」及三鎭以兵入朝，殺害大臣，以志勤之言，責授崇望昭州司馬。及王行瑜誅，太原上表言崇望無辜放逐。時已至荆南，有詔召還，拜吏部尙書。未至，王摶再知政事〔五〕，兼吏部尙書，乃改崇望兵部尙書。

時西川侵寇顧彥暉，欲併東川，以崇望檢校右僕射、平章事、梓州刺史、劍南東川節度使。未至鎭，召還，復爲兵部尙書。光化二年卒，時年六十二，册贈司空。

崇魯，廣明元年登進士第，鄭從讜奏充太原推官。時兄崇龜爲節度判官，昆仲同居幕府，尋轉掌書記。中和二年入朝，拜右拾遺、左補闕。景福初，以水部員外郎知制誥。二年，杜讓能得罪，昭宗復命韋昭度爲相，翰林學士李谿同平章事。崇魯與崔昭緯相善。昭緯恃邠、岐之援，讓能既誅之後，權歸於己，昭宗師李谿爲文，懼居位得寵則恩顧漸衰，乃私與崇魯謀沮之。及谿宣制之日，出班而哭，謂昭緯曰：「朝廷雖乏賢，不可用纖人爲宰輔。谿比依復恭、重遂居內職。前日杜太尉狼籍，爲朝廷深恥。今則削弱如此，安可更邅覆轍乎？」由是谿命不行。谿自十一月初至歲暮，聯上十表訴冤，其詞詆毀，所不忍聞。明年春，復命谿爲平章事。昭緯召李茂貞、王行瑜、韓建稱兵入朝，殺昭度與谿。其年，太原誅王行瑜，昭緯貶官，崇魯坐貶崖州司戶。初崇龜在外，聞崇魯哭厤，大恚，數日不食，謂所親曰：「吾家兄弟進身有素，未嘗以聲利敗名。吾門不幸，生此等兒。」

崇謨，中和三年進士及第。乾寧末，爲太常少卿、弘文館直學士。

徐彥若，天后朝大理卿有功之裔。曾祖宰，祖陶，父商，三世繼登進士科。商字義聲，大中十三年及第，釋褐祕書省校書郎。累遷侍御史，改禮部員外郎。尋知制誥，轉郎中，召充翰林學士，拜中書舍人、戶部侍郎判本司事，檢校戶部尙書、襄州刺史、山南東道節度等使。入爲御史大夫。咸通初，加刑部尙書，充諸道鹽鐵轉運使，遷兵部尙書、東莞子、食邑五百戶。四年，以本官同平章事。六年罷相，檢校右僕射、江陵尹、荆南節度觀察等使。入爲吏部尙書，累遷太子太保，卒。

彥若，咸通十二年進士擢第。乾符末，以尙書郎知制誥，正拜中書舍人。昭宗卽位，遷御史中丞，轉吏部侍郎，檢校戶部尙書，代李茂貞爲鳳翔隴節度使。茂貞不受代，復拜中丞，改兵部侍郎、同平章事，進加中書侍郎，累兼左僕射、監修國史。扈昭宗石門還宮，加開府儀同三司、守司空，進封齊國公，太淸宮、修奉太廟等使，加弘文館大學士，賜「扶危匡國致理功臣」名。昭宗自華還宮，進位太保、門下侍郎。時崔胤專權，以彥若在己上，欲事權萃於其門。二年九月，以彥若檢校太尉、同平章事、廣州刺史、淸海軍節度、嶺南東道節度等使。卒於鎭。

弟彥樞，位至太常少卿。

子綰，天祐初歷司勳、兵部二員外，戶部、兵部二郎中。

陸扆字祥文，本名允迪，吳郡人。徙家于陝，今爲陝州人。曾祖灃，位終殿中侍御史。祖師德，淮南觀察支使。父鄯，陝州法曹參軍。扆，光啓二年登進士第，其年從僖宗幸興元。九月，宰相韋昭度領鹽鐵，奏爲巡官。明年，宰相孔緯奏直史館，得校書郎，尋丁母憂免。龍紀元年冬，召授藍田尉，直弘文館，遷左拾遺，兼集賢學士。中丞柳玭奏改監察御史。大順二年三月，召充翰林學士，改屯田員外郎，賜緋。景福元年，加祠部郎中、知制誥。二年元日朝賀，面賜金紫之服。五月，拜中書舍人。

扆文思敏速，初無思慮，揮翰如飛，文理俱愜，同舍服其能。天子顧待特異。嘗金鑾作賦，命學士和，扆先成。帝覽而嗟挹之，曰：「朕聞貞元時有陸贄、吳通玄兄弟，能作內庭文書，後來絕不相繼。今吾得卿，斯文不墜矣。」

乾寧初，轉戶部侍郎。二年，改兵部，進階銀青光祿大夫、嘉興男、三百戶。三年正月，宣授學士承旨，尋改左丞。其年七月，改戶部侍郎、同平章事。故事，三署除拜，有光署錢以宴舊僚，內署即無斯例。扆拜輔相之月，送學士光院錢五百貫，特舉新例，內署榮之。八月，加中書侍郎、集賢殿大學士、判戶部事。九月，覃王率師送徐彥若赴鳳翔。師之起也，扆堅請曰：「播越之後，國步初集，不宜與近輔交惡，必爲他盜所窺。加以親王統兵，物議騰口，無益於事，祇貽後患。」昭宗已發兵，怒扆沮議，是月十九日，責授硤州刺史。師出果敗，車駕出幸。四年二月，復授扆工部尚書。八月，轉兵部尚書，從昭宗自華還宮。

明年正月，復拜中書侍郎、同平章事。光化三年四月，兼戶部尚書，進封吳郡開國公，食邑一千戶。九月，轉門下侍郎、監修國史。天復元年五月，進階特進，兼兵部尚書，加食邑五百戶。車駕自鳳翔還京，赦後諸道皆降詔書，獨鳳翔無詔。扆奏曰：「鳳翔近在國門，責其心迹，罪實難容。然比來職貢無虧，朝廷未與之絕。一朝獨無詔命，示人不廣也。」崔胤怒，奏貶扆沂王傅，分司東都，削階至正議大夫。居無何，崔胤誅，復授吏部尚書，階封如故。從昭宗遷洛。其年秋，昭宗遇弒。明年五月，責授濮州司戶，與裴樞、崔遠、獨孤損等被害於滑州白馬驛，時年五十九。子璪，後爲緱氏令。

柳璨，河東人。曾祖子華。祖公器，僕射公綽之再從弟也　父遵。璨少孤貧好學，僻居林泉。晝則採樵，夜則燃木葉以照書。性謇直，無緣飾。宗人璧、玭，貴仕於朝，鄙璨朴鈍，不以諸宗齒之。光化中，登進士第。尤精漢史，魯國顏蕘深重之。蕘爲中書舍人，判史館，引爲直學士。璨以劉子玄所撰史通譏駁經史過當，璨紀子玄之失，別爲十卷，號柳氏釋史，學者伏其優贍。遷左拾遺。公卿朝野，託爲牋奏，時譽日洽。以其博奥，目爲「柳箧子」。

昭宗好文，初寵待李谿頗厚。洎谿不得其死，心常惜之，求文士似谿者。或薦璨高才，召見，試以詩什，甚喜。無幾，召爲翰林學士。崔胤得罪前一日，召璨入內殿草制敕。胤死之日，既夕，璨自內出，前驅傳呼相公來。人未見制敕，莫測所以。翌日對學士，上謂之曰：「朕以柳璨奇特，似可獎任。若令預政事，宜授何官？」承旨張文蔚曰：「陛下拔用賢能，固不拘資級。恩命高下，出自聖懷。若循兩省遷轉，拾遺超等入起居郎，臨大位非宜也。」帝曰：「超至諫議大夫可乎？」文蔚曰：「此命甚愜。」卽以諫議大夫平章事，改中書侍郎。任人之速，古無茲例。

同列裴樞、獨孤損、崔遠皆宿素名德，遽與璨同列，意微輕之，璨深蓄怨。昭宗遷洛，諸司內使、宿衞將佐，皆朱全忠腹心也，璨皆將迎，接之以恩，厚相交結，故當時權任皆歸之。二年五月，西北長星竟天，掃太微、文昌、帝座諸宿，全忠方謀篡代，而妖星謫見，占者云：「君臣俱災，宜刑殺以應天變。」蔣玄暉、張廷範謀殺衣冠宿望難制者，璨卽首疏素所不快者三十餘人，相次誅殺，班行爲之一空，冤聲載路。傷害既甚，朱全忠心惡之。會全忠授九錫，蔣玄暉等別陳意見。王殷至大梁，誣玄暉等通導宮掖，欲興復李氏。全忠怒，捕廷範，令河南聚衆，五車分裂之，兼誅璨，臨刑呼曰：「負國賊柳璨，死其宜矣！」初，璨遷洛後，累兼戶部尚書、守司空，進階光祿大夫、鹽鐵轉運使。其弟瑀、瑊坐璨笞死。

史臣曰：嗚呼！李氏之失馭也，孛沴之氣紛如，仁義之徒殆盡。狐鳴鴟嘯，瓦解土崩。加以囂浮士子，闒茸鯫儒，昧管、葛濟時之才，無王、謝扶顚之業，邀功射利，陷族喪邦。濬、緯帶河礪嶽之門，寂無琨、逖；奮挺揭竿之類，唯効敦、玄。手未捨於棘矜，心已萌于問鼎。加養虎於前，胤、璨剝盧於後。逐徐、薛於瘴海，置檗、朴於巖廊。殿廷有哭制之夫，輔弼走破輿之黨。九疇既紊，百怪斯呈。木將朽而蠹蝎生，厲既篤而夔魖見。妖徒若此，亡國宜然。何必長星，更臨衰運？

贊曰：蕭召朱玫，孔符張濬。身世罹殃，邦家起釁。如木斯蠹，自潰於中。抵巇侮亂，安責伏戎。

校勘記

〔一〕四代孫　合鈔卷二三〇蕭遘傳注說：「按下文，當作五代孫。」

〔二〕中貴人無朝服助祭之禮　各本「朝服」上原有「例」字，據冊府卷三三六刪。

〔三〕存孝進收晉絳慈隰等州　「慈」字殘宋本、殿本、懼盈齋本作「磁」，局本作「磁」。按磁州屬河北道，此處與絳、隰等州相鄰者則爲河東道之慈州。新書卷一八五張濬傳作「慈州」，據改。

〔四〕河淸　各本原作「淸河」，新書卷一八五張濬傳作「河淸」。張森楷說：「河淸是河南府屬縣，爲濬馬奔衝道。」據改。

〔五〕王摶　各本原作「王溥」，據新書卷九〇劉政會傳改。

舊唐書卷一百八十

列傳第一百三十

朱克融　李載義　楊志誠 史元忠附　張仲武 子直方　張允伸
張公素　李可舉　李全忠 子匡威　匡籌

朱克融，賊泚之從孫也。祖滔，父洄。克融少爲幽州軍校，事節度使劉總。總將歸朝，慮其有變，籍軍中素有異志者，薦之闕下，時克融亦在籍中。宰相崔植、杜元穎不知兵，且無遠略，謂兩河無虞，遂奏勒歸鎭。長慶初，幽州軍亂，囚其帥張弘靖。時洄廢疾於家，軍中素伏其謀略，至是衆欲立之，洄自以老且病，推克融統軍務焉。朝廷尋加檢校左散騎常侍，授以符節。

寶曆二年，遣使送方鎭及三軍時服，克融怒所賜疏弱，執中使以聞。上特優容，別命中使宣諭，仍改賜衣物，流其使楊文端等。先是克融執中使，奏稱：「竊聞陛下欲幸東都，請將兵馬丼丁匠五千人，修理宮闕，迎候車駕。」又上言無衣，擬於朝廷請三十萬端疋，以備一歲所費，不然則三軍不安。天子怒其悖慢，取宰臣裴度謀，優容之，語見別卷。克融官至檢校司空、吳興郡王。其年五月，本州軍亂，殺之，子延齡亦遇害。次子延嗣竊立，尋爲大將李載義所殺。

李載義字方穀，常山愍王之後。代以武力稱，繼爲幽州屬郡守。載義少孤，與鄉曲之不令者遊。有勇力，善挽強角觝。劉濟爲幽州節度使，見而偉之，致於親軍，從征伐。以功遷衙前都知兵馬使，檢校光祿大夫、兼監察御史。寶曆中，幽師殺朱克融。其子延嗣竊襲父位，不遵朝旨，虐用其人，載義遂殺之，數其罪以聞。敬宗嘉之，拜檢校戶部尚書、兼御史大夫，封武威郡王，充幽州盧龍等軍節度副大使，知節度事。

未幾，李同捷據滄景以邀襲父爵。載義上表，請討同捷以自効。上嘉其誠懇，特加檢校右僕射。累破賊軍，以功加司空，進階金紫。大和三年，平滄景，策勳加平章事，仍賜實封三百戶。四年，奚寇邊，以兵擊走之，仍虜其名王，就加太保。五年春，爲其部下楊志誠所逐，因入覲。上以載義有平滄景之功，又能恭順朝旨，册拜太保、同平章事。其年，改山南西道節度、觀察等使，兼興元尹。七年，遷北都留守，兼太原尹，充河東節度觀察處置等使。尋加開府儀同三司。丁母憂，起復驃騎大將軍，餘如故。

迴鶻每遣使入朝，所至強暴。邊城長吏多務苟安，不敢制之以法，但嚴兵防守，虜益驕悍，或突入市肆，暴橫無所憚。至是，有迴鶻將軍李暢者，曉習中國事，知不能以法制馭，益驕恣。鞭捶驛吏，貪求無已。載義因召李暢與語曰：「可汗使將軍朝貢，以固舅甥之好，不當使將軍暴踐中華。今朝廷饗餼至厚，所以禮蕃客也。苟有不至，吏當坐死。若將軍之部伍不戢，凌侮上國，剽掠廬舍，載義必殺爲盜者。將軍勿以法令可輕而不戒勵之！」遂罷防守之兵，而使兩卒司其門。虜知其不爲下，無敢犯令。九年，加侍中。開成二年卒，年五十，贈太尉。

載義晚年驕恣，慘暴一方。以楊志誠復爲部下所逐，過太原，載義躬自毆擊，遂欲殺之，賴從事救解以免。然而擅殺志誠之妻孥及將卒。朝廷錄其功，屈法不問。

楊志誠，大和五年爲幽州後院副兵馬使，事李載義。時朝廷賜載義德政碑文，載義延中使擊鞠，志誠亦與焉，遂於鞠場叫呼謀亂，載義奔於易州，志誠乃爲本道馬步都知兵馬使。

文宗聞之驚，急召宰臣。時牛僧孺先至，上謂曰：「幽州今日之事可奈何？」僧孺曰：「此不足煩聖慮，臣被召疾趨氣促，容臣稍緩息以對。」上良久曰：「卿以爲不足憂，何也？」僧孺對曰：「陛下以范陽得失繫國家休戚耶？且自安、史之後，范陽非國家所有。前時劉總向化，以土地歸闕，朝廷約用錢八十萬貫，而未嘗得范陽尺布斗粟上供天府，則今日志誠之得，猶前日載義之得也。陛下但因而撫之，亦事之宜也。且范陽國家所賴者，以其北捍突厥，不令南寇。今若假志誠節鉞，惜其土地，必自爲力。則爪牙之用，固不計於逆順。臣固曰不足煩聖慮。」上大喜曰：「如卿之言，吾洗然矣。」尋以嘉王運遙領節度，以志誠爲節度觀察留後，檢校左散騎常侍，兼幽州左司馬。尋改檢校工部尚書、節度副大使，知節度事。

七年，轉檢校吏部尚書。詔下，進奏官徐迪詣中書白宰相曰：「軍中不識朝廷體位，只知自尚書改僕射爲遷，何知工部轉吏部爲美？且軍士盛飾以待新恩，一旦復爲尚書，軍中必慚。今中使往彼，其勢恐不得出。」及使至，其傔奔還，奏曰：「楊志誠怒不得僕射，三軍亦有怨言。春衣使魏寶義、兼他使焦奉鸞尹士恭，並爲志誠縶留矣。」志誠遣將王文穎謝恩，并讓官，復賜官告批答，文穎不受而歸。朝廷納裴度言，務以含垢，下詔諭之，因再遣使加尚書右僕射。

八年，爲三軍所逐，而立史元忠。元忠進志誠所造衮龍衣二副及被服鞍韉，皆繡飾鸞鳳日月之形，或爲王字。因付御史臺按問，流嶺南。行至商州，殺之。

初，元忠既逐志誠，詔以通王淳遙領節度，授元忠左散騎常侍、幽州大都督府左司馬、知府事，充節度留後。明年，轉檢校工部尚書、節度副大使，知節度事。後爲偏將陳行泰所殺。

張仲武，范陽人也。仲武少業左氏春秋，擲筆爲薊北雄武軍使。會昌初，陳行泰殺節度使史元忠，權主留後。俄而行泰又爲次將張絳所殺，令三軍上表，請降符節。時仲武遣軍吏吳仲舒表請以本軍伐叛。上遣宰臣詢其事，仲舒曰：「絳與行泰皆是游客，主軍人心不附。仲武是軍中舊將張光朝之子，年五十餘，兼曉儒書，老於戎事，性抱忠義，願歸心闕廷。」李德裕因奏：「陳行泰、張絳皆令大將上奏，邀求節旄，所以必不可與。今仲武上表布誠，先陳密款，因而拔用，即似有名。」許之，乃授兵馬留後，詔撫王紘遙領節度。尋改仲武節度副大使、知節度事，檢校工部尚書、幽州大都督府長史、兼御史大夫、蘭陵郡王。俄而迴鶻擾邊。

時迴鶻有特勤那頡啜擁赤心宰相一族七千帳〔一〕，東逼漁陽。仲武遣其弟仲至與裨將游奉寰、王如清等，率鋭兵三萬人大破之。前後收其侯王貴族千餘人，降三萬人，獲牛馬、橐駝、旗纛、罽幕不可勝計。遣從事李周瞳、牙門將國從玘相次獻捷。詔加檢校兵部尙書，兼東面招撫迴鶻使。先是，奚、契丹皆有迴鶻監護使，督以歲貢，且爲漢諜。至是，遣裨將石公緒等諭意兩部，凡戮八百餘人。又迴鶻初遣宣門將軍等四十七人，詭詞結歡，潛伺邊隙。仲武使密路其下，盡得陰謀，且欲馳入五原，驅掠雜虜。遂逗遛其使，緩彼師期。人馬病死，竟不遣之。迴鶻烏介可汗既敗，不敢近邊，乃依康居求活，盡徙餘種，寄託黑車子。仲武由是威加北狄，表請於薊北立紀聖功銘，敕李德裕爲之文，其銘曰：

大和之初，赤氣宵興；開成之末，彤雲暮凝。異鳥南來，胡滅之徵，北夷颷掃，厥國土崩。逼迫遷徙，震我邊鄙，長蛇去穴，奔鯨失水。上都薊門，兵連千里，曾不畏天，猶爲驕子。丐我邊穀，邀我王師，假我一城，建彼幡旗。「歸計強漢」，郅支嫚辭，狠顧朔野，伏莽見羸。雁門之北，羌戎雜處，戢戢羣羊，茫茫大鹵。縱其梟騎，驚我牧圉，暴若豺狼，疾如風雨。皇赫斯怒，羽檄徵兵，謀而泉默，斷乃霆聲。沉機變化，動合神明，沙漠之外，虜無隱情。漁陽突騎，燕歌壯氣，赳赳元戎，眈眈虎視。金鼓奮衆，干旄蔽地，爰命其弟，屬之大事。翩翩飛將，董我三軍，稟兄之制，代帥之勤。威略火烈，胡馬星分，戈迴白日，劍薄浮雲。天街之北，旄頭已落，絕轡之野，蚩尤未縛。俾我元侯，恢弘遠略，終取單于，係之徽索。陰山寢鋒，亭徼弢弓，萬里昆夷，九譯而通。蠻夷既同，天子之功，儒臣篆美，刊石垂鴻。

仲武歷官至司徒、中書門下平章事。大中年卒，謚曰莊。

子直方，以幽州節度副使襲父位。動多不法，慮爲將卒所圖，三年冬，託以遊獵，奔赴闕庭，尋授金吾將軍。直方性率暴，行豪奪之事，以罪累貶柳州司馬。十一年，還右驍衞將軍，分司東都。咸通中，位至羽林統軍。中和歲，賊巢犯闕，公卿恃其豪，多隱藏於第。直方納招亡命，謀欲劫巢。或有告者，由是以兵圍而害之。

張允仲字逢昌，范陽人也。曾祖秀，檀州刺史。祖巖，納降軍使。父朝掖，贈太尉。允仲世仕幽州軍門，累職至押衙，兼馬步都知兵馬使。大中四年，戎帥周綝寢疾，表允仲爲留後，朝廷可其奏，加右散騎常侍。其年冬，詔賜旌節，遷檢校工部尙書。咸通九年，累加至光祿大夫、檢校司徒、兼太傅、同中書門下平章事、燕國公。十年，徐人作亂，請以弟允皐領兵伐叛，懿宗不允。進助軍米五十萬石，鹽二萬石，詔嘉之，賜以錦綵、玉帶、金銀器等。

冬，又加特進，兼侍中。十二年，以風恙拜章請就醫藥，詔許之。以子簡會檢校工部尙書，充節度副大使。十三年，允伸再上表進納所賜旌節。朝命未至，其年正月二十五日卒，年八十八。册贈太尉，謚曰忠烈。允伸領鎭凡二十三年，克勤克儉，比歲豐登。邊鄙無虞，軍民用乂。至今談者美之。有子十四人。

簡眞，幽府左司馬，先允伸卒。簡壽，右領軍衞大將軍。餘或升朝籍，或爲刺史、郡佐。

張公素，范陽人。咸通中，爲幽州軍校，事張允伸，累遷至平州刺史。允伸卒，子簡會權主留後事，公素領本郡兵赴焉。三軍素畏公素威望，簡會知力不能制，卽時出奔，遂立爲帥。朝廷尋授旌節，累加至中書門下平章事。無幾，李茂勳奪其位，公素歸闕，貶復州司戶參軍。

李可舉，本迴鶻阿布思之族也。張仲武破迴鶻，可舉父茂勳與本部侯王降焉。茂勳善騎射，性沉毅，仲武器之。常遣拓邊，以功封郡王，賜姓名。咸通末，納降軍使陳貢言者，幽之宿將，人所信服。茂勳密謀劫而殺之，聲云貢言舉兵。張公素以兵逆擊不利，公素走，茂勳入城，軍民方知其非貢言也。既有其衆，遂推而立之，朝廷卽降符節。無幾，以疾告老，授右僕射致仕，表可舉自節度副使、幽州左司馬加右散騎常侍，爲節度留後。中和中，累官至檢校太尉。

中和末，以太原李克用兵勢方盛，與定州王處存密相締結。可舉慮其窺伺山東，終爲己患，遂遣使搆雲中赫連鐸乘其背，則與鎭州合謀舉兵，兼言易、定是燕、趙之餘，云得其地則正其疆理而分之。時可舉遣將李全忠攻易州。有次將劉仁恭者，多權數，攻之彌月不下，乃穴地道以入其城。既下易州，士卒稍驕。王處存引輕軍三千，以羊皮蒙之，夜伏於城外，仍別於間道以騎士伺之。燕軍望見，謂之羣羊，爭趨焉。處存乘其無部伍，一擊大敗之，尋復其城。全忠遁歸，懼可舉罪之，收其餘衆，反攻幽州。可舉危急，收集其族，登樓自燔而死。

李全忠，范陽人。廣明中，爲棣州司馬。有蘆生于室，一尺三節，心惡之，謂別駕張建曰：「吾室生蘆，無乃怪歟？」建曰：「蘆，茅類，得澤而滋，公家有茅土之慶，殆天意乎！其生三節，必傳節鉞者三人。公勉樹功名，無忘斯言。」全忠秩滿還鄉里，事節度使李可舉爲牙將。時可舉兵鋒方盛，欲與鎮人分易、定，遣全忠將兵攻之，爲定州軍大敗於易水。全忠懼，率其餘衆掩攻幽州。可舉死，三軍推全忠爲留後，朝廷因以節鉞授之，光啓元年春也。全忠卒，子匡威自襲父位，稱留後。匡威素稱豪爽，屬遇亂離，繕甲燕薊，有吞四海之志。赫連鐸據雲中，屢引匡威與河東爭雲、代，交兵積年。景福初，鎮州王鎔誘河東將李存孝，克用怒，加兵討之。時鎔童幼，求援於燕，匡威親率軍應之。二年春，河東復出師井陘，鎔再乞師，匡威來援。匡威弟匡籌，妻張氏有國色。師將發，家人會別，匡威酒酣，留張氏報之。匡籌私懷忿怒，匡威軍至博野，匡籌乃據城自爲節度。匡威部下聞之，亡歸者半。匡威退無歸路，將入覲京師。時匡威留於深州，遣判官李抱貞奉章以聞。屬京師大亂之後，聞匡威來朝，市人震恐，咸曰「金頭王來謀社稷」，士庶有亡竄山谷者。匡威其實不行，欲圖鎮州，示無留意。鎔以匡威再來援己，致其失師，遣使迎歸府第，父事之。匡威爲鎔城郛繕甲，指陳方略，視鎔如子。每陰謀騾施，以悅人心。鎮之三軍，素忠於王氏，惡其所爲。會鎔過匡威第慰忌辰，匡威縞衣裹甲，伏兵劫鎔入牙城。鎔兵逆戰，燔東偏門，軍士呼譟登屋，矢下如雨。鎔僕墨君和亂中扶鎔登屋免難，而斬匡威以徇。

是歲，匡籌出師攻鎭之樂壽、武強以報恥。匡威部曲劉仁恭歸於河東。乾寧元年冬，河東聽仁恭之謀，出師進討。二月，敗燕軍於居庸，匡籌挈其族遁去，將赴京師。至景城，爲滄州節度使盧彥威所殺，掠其輜車、妓妾。匡籌妻張氏產於路，不能進，劉仁恭獲之，獻於李克用，後立爲夫人，嬖寵專房。李氏父子三葉，十年而亡。

史臣曰：大都偶國，亂之本也。故古先哲王建國，公侯之封，不過千乘，所以強幹弱枝，防其悖慢。彼幽州者，列九圍之一，地方千里而遙，其民剛強，厥田沃壤。遠則慕田光、荆卿之義，近則染祿山、思明之風。二百餘年，自相崇樹，雖朝廷有時命帥，而土人多務逐君。習苦忘非，尾大不掉，非一朝一夕之故也。若李載義、張仲武、張允伸因利乘便，獲領旌旗，以仁守之，恭順朝旨，亦足多也。如朱克融、楊志誠、史元忠、張公素、李可舉、李全忠，以不仁得之，靡更釁志。或尋爲簒奪，或僅傳子孫，咸非令終，蓋其宜也。

贊曰：碣石之野，氣勁人豪。二百餘載，自相尊高。載義、仲武，亦多忠勞。餘因簒得，不仁何逃？

校勘記

〔一〕特勤　「特」字各本原作「將」，據新書卷二一二張仲武傳改。

舊唐書卷一百八十一

列傳第一百三十一

史憲誠 子孝章　何進滔 子弘敬　韓允忠 子簡　樂彥禎 子從訓

羅弘信 子威

史憲誠，其先出於奚虜，今爲靈武建康人。祖道德，開府儀同三司、試太常卿、上柱國、懷澤郡王。父周洛，爲魏博軍校，事田季安，至兵馬大使、銀青光祿大夫、檢校太子賓客、兼御史中丞、柱國、北海郡王。憲誠始以材勇，隨父歷軍中右職，兼監察御史。元和中，田弘正討李師道，令憲誠以先鋒四千人濟河，累下其城栅。復以大軍齊進，乘勢逐北，魏之全師迫于鄆之城下。師道窮蹙，劉悟斬首投魏軍。錄功，超授憲誠兼中丞。

鎭州王承宗死，弘正自魏移領鎭州。居數月，爲王廷湊所殺，遂以兵叛，朝廷以弘正子布爲魏博節度使，領兵討伐，俾復父冤。時幽州朱克融援助廷湊，布不能制，因自引決，軍情囂然。憲誠爲中軍都知兵馬使，乘亂以河朔舊事動其人心，諸軍卽擁而歸魏，共立爲帥，國家因而命之。時克融、廷湊並據兵爲亂，憲誠喜得旄節，雖外順朝旨，而中與朱、王爲輔車之勢，長慶二年正月也。

尋遣司門郎中韋文恪宣慰。時李岕爲亂，與憲誠書問交通。憲誠表請與岕節鉞，仍於黎陽檥舟，示欲渡河。及見文恪，舉止驕倨，其言甚悖，旋聞岕爲帳下所殺，乃從改過，謂文恪曰：「憲誠蕃人，猶狗也。唯能識主，雖被棒打，終不忍離。」其狡譎如此。朝廷每爲優容，尋加左僕射。敬宗卽位，進秩司空。

大和二年，滄景節度使李全略卒，其子同捷竊據軍城，表邀符節，舉兵伐之。先是，憲誠與全略婚媾，及同捷叛，復潛以糧餉爲助。上屢發使申諭，尋又就加平章事。憲誠嘗遣曉將至闕下，恣爲張大，宰相韋處厚以語折糾之，憲誠不敢復與同捷爲應。時憲誠示出師共討同捷。及滄景平，加司徒。憲誠心不自安，乃遣子孝章入覲，又飛章願以所管奉命，上嘉之，乃加侍中，移鎭河中。憲誠素懷向背，不能以忠誠感激其衆。未及出城，大和三年六月二十六日夜，爲軍衆所害，册贈太尉。

孝章幼聰悟好學。元和中，李愬爲魏帥，取大將子弟列于軍籍。孝章倡言願効文職，愬奇之，令攝府參軍。及憲誠領節鉞，改士曹參軍、兼監察御史，賜緋。孝章以父在鎭多違朝旨，嘗雪涕極諫，備陳逆順之理。朝廷聞而嘉之，乃授檢校太子左諭德、兼侍御史，充節度副使。累遷至散騎常侍、兼御史大夫，賜紫。領本道兵同平滄景，加工部尚書。尋請赴闕，文宗慰勞甚厚，憲誠亦因懇乞朝覲。上知憲誠之入覲，自孝章之謀，遂加禮部尚書，分相、衞、澶三州別爲一鎭，俾孝章領之。孝章未到鎭，憲誠遇害。上以孝章有忠節，起復爲右金吾衞將軍。間歲，授鄜坊節度使。居四年，遷于滑。一歲，入爲右領軍大將軍，改右金吾大將軍，俄授邠寧節度。孝章歷三鎭，雖無異績，而謹身畏法，以保初終。開成三年十月卒，贈右僕射。

何進滔，靈武人也。曾祖孝物，祖俊，並本州軍校。父默，夏州衙前兵馬使，檢校太子賓客，試太常卿。以進滔之貴，贈左散騎常侍。進滔客寄於魏，委質軍門，事節度使田弘正。弘正奉詔討鄆州，破李師道，時進滔爲衙內都知兵馬使，以功授兼侍御史。大和三年，軍衆害史憲誠，連聲而呼曰：「得衙內都知兵馬使何端公知留後，卽三軍安矣。」推而立之。朝廷因授進滔左散騎常侍、魏博等州節度觀察處置等使。爲魏帥十餘年，大得民情，累官至司徒、平章事卒。

子弘敬襲其位。朝廷時遣河中帥李執方、滄州帥劉約各遣使勸令歸闕，別俟朝旨。弘敬不從，竟就加節制。及劉稹反，不時起兵。鎮州王元逵下邢、洺二州，兵次上黨，弘敬方出師壓境。大中後，宣宗務其姑息，繼加官爵，亦至使相。咸通初卒，子全皞嗣之。朝廷尋降符節，累官亦至同平章事。十一年，爲軍人所害。子孫相繼，四十餘年。

韓允忠，魏州人也。舊名君雄，懿宗改賜今名。父國昌，歷本州右職。會昌中，從何弘敬破劉稹，以功爲貝州刺史、兼御史中丞。以允忠故，累贈兵部尙書。允忠少仕軍門，繼升裨校。潞州之役，亦與其行。咸通十一年，何全皞爲軍衆所殺，推允忠爲帥。時僖宗爲普王，卽降詔遙領節度，授允忠左散騎常侍、兼御史中丞，充節度觀察留後。不數月，轉檢校工部尙書、魏州大都督府長史、充魏博節度觀察等使。累加至檢校司空、同平章事。乾符元年十一月卒，年六十一。累贈太尉。

子簡，自允忠初授戎帥，便爲節度副使。乾符初，累官至檢校工部尚書。允忠卒，卽起復爲節度觀察留後。踰月，加檢校右僕射。其後累加至侍中，封昌黎郡王。賊巢之亂，諸葛爽受其僞命河陽節度使。時僖宗在蜀，寇盜蜂起，簡據有六州，甲兵强盛，竊懷僭亂之志，且欲啓其封疆，乃舉兵攻河陽，爽棄城而走。簡遂留兵保守，因北掠邢、洺而歸，遂移軍攻鄆。鄆帥曹全晸出戰，爲簡所敗，死之。鄆將崔君裕收合殘衆，保鄆州。簡進攻其城，半年不下，河陽復爲諸葛爽所襲。簡因欲先討君裕，次及河陽，乃舉兵至鄆，君裕請降。尋移軍復攻河陽，行及新鄉，爲爽軍逆擊，敗之。簡單騎奔迴，憂憤，疽發背而卒，時中和元年十一月也。

樂彥禎，魏州人也。父少寂，歷澶、博、貝三州刺史，贈工部尚書。彥禎少爲本州軍校。韓簡之領節旄也，以彥禎爲馬步軍都虞候，轉博州刺史。下河陽，走諸葛爽，有功，遷澶州刺史。簡再討河陽之敗也，彥禎以一軍先歸，魏人遂共立之，朝廷尋授檢校工部尚書，知魏博留後。俄加戶部尚書，充節度觀察處置等使。中和四年，累加至尚書左僕射、同平章事。僖宗自蜀迴，加開府儀同三司，册拜司徒。彥禎志滿驕大，動多不法。一旦徵六州之衆，板築羅城，約河門舊堤，周八十里，月餘而畢，人用怨咨。

又其子從訓天資悖逆。王鐸自滑移鎮滄州，過魏郊，從訓見其女妓，利之，先伏兵於漳南高雞泊，俟鐸之至，圍而害之，掠其所有。時朝廷微弱，不能詰。魏人素知鐸名望，議者惜之，而罪從訓。從訓又召亡命之徒五百餘輩，出入臥內，號爲「子將」，委以腹心，軍人籍籍，各有異議。從訓聞而忌之，易服遁出，止於近縣，彥禎因命爲六州都指揮使。未幾，又兼相州刺史。到任之後，般輦軍器，取索錢帛，使人來往，交午塗路，軍府疑貳。彥禎危懼而卒，衆推都將趙文玣知留後事。從訓自相州領兵三萬餘人至城下，文玣按兵不出。衆懷疑懼，復害文玣，推羅弘信爲帥。弘信以兵出戰，敗之。從訓招集餘衆，次於洹水。弘信遣將程公佐領兵討擊，大敗之，梟從訓首於軍門，時文德元年春也。

羅弘信字德孚，魏州貴鄉人。曾祖秀，祖珍，父讓，皆爲本州軍校。弘信少從戎役，歷事節度使韓簡、樂彥禎。光啓末，彥禎子從訓忌牙軍，出居於外，軍衆廢彥禎，推趙文玣權主軍州事。衆復以爲不便，因推弘信爲帥。先是，有鄰人密謂弘信曰：「某嘗夜遇一白鬚翁，相告云，君當爲土地主。如是者再三。」弘信竊異之。及廢文玣，軍人聚呼曰：「孰願爲節度使者？」弘信卽應之曰：「白鬚翁早以命我。」衆乃環而視之，曰：「可也。」由是立之。僖宗聞之，文德元年四月，詔加工部尙書，權知節度留後。七月，復加金紫光祿大夫、檢校尙書右僕射，充魏博節度觀察處置等使。龍紀中，加檢校司空、同平章事，封豫章郡公。

乾寧中，朱全忠急攻兗鄆，朱瑄求援於太原。太原發軍，假道於魏，令大將李存信屯莘縣。存信御軍無法，侵魏之芻牧，弘信不平之。全忠復遣人謂之曰：「太原志吞河朔，迴戈之日，貴道堪憂。」弘信乃託好於汴，出師三萬攻存信，敗之。太原怒，舉兵攻魏，營於觀音門外，汴將葛從周援之，屯於洹水。李克用子落落時爲鐵林軍使，爲從周所擒，乃退歸。自是太原之師，每歲侵擾相、魏，魏人患之。朱全忠方事兗鄆，懼弘信離貳，每歲時賂遺，必卑辭厚禮答貺，全忠對魏使北面拜而受之曰：「六兄比予倍年已上，兄弟之國，安得以常鄰遇之。」弘信以爲厚己，亦推心焉。弘信累官至檢校太師、守侍中、臨淸王。光化元年九月卒，年六十三，贈太師，追封北平王，諡曰莊肅。子威。

威字端己。文德初，授左散騎常侍，充天雄軍節度副使。自龍紀至乾寧，十年之中，累加官爵。弘信卒，襲父位爲留後，朝廷從而命之。天復末，累加至檢校太傅、兼侍中、長沙王。天祐初，授檢校太尉、守侍中，進封鄴王，賜號「忠勤宣力致理功臣」。

魏之牙中軍者，自至德中，田承嗣盜據相、魏、澶、博、衞、貝等六州，召募軍中子弟置之部下，遂以爲號。皆豐給厚賜，不勝驕寵。年代寖遠，父子相襲，親黨膠固。其兇戾者，強買豪奪，踰法犯令，長吏不能禁。變易主帥，有同兒戲，如史憲誠、何進滔、韓君雄、樂彥禎，皆爲其所立，優奬小不如意，則舉族被害。威懲其往弊，雖以貨賂姑息，而心銜之。

威嗣世之明年，正月，幽州劉仁恭擁兵十萬，謀亂河朔，進陷貝州，長驅攻魏。威求援於汴，朱全忠遣將李思安屯於洹水，葛從周自邢、洺引軍入魏。燕將劉守文、單可及攻汴軍於內黃。思安逆戰，大敗之，乘勝追躡。從周出會掩擊，復敗燕軍，斬首三萬。三年，威引汴軍攻滄州以報之。自是，威感全忠援助之恩，合從景附。

天祐二年七月十三日夜，牙軍裨校李公佺作亂，威僅以身免，公佺出奔滄州。自是愈懼，遣使求援於全忠，密謀破之。全忠遣李思安會魏博軍，再攻滄州。全忠女妻威子廷規，先是卒，全忠遣長直軍校馬嗣勳選兵千人，密於輿中實兵甲入魏，言助女葬事。三年正月五日，嗣勳至，全忠親率大軍濟河，言視行營於滄景。威欲因而出迎，至期，即假全忠帳下銳卒入而夾攻之。牙軍頗疑，堅請不出。威恐洩其事，慰納之。是月十四日夜，率廝養百十輩，與嗣勳合攻之。時宿於牙城者千人，遲明殺之殆盡，凡八千家，皆破其族。魏軍攻滄州者在歷亭聞有變，其將史仁遇擁之，保于高唐，六州之內，皆爲讎敵，累月平之。威仕梁數年後卒，年三十四，位至守太師、兼中書令，贈尚書令，謚曰貞壯。威性明敏，達於吏道。伏膺儒術，招納文人，聚書至萬卷。每花朝月夕，與賓佐賦咏，甚有情致。錢塘人羅隱者，有當世詩名，自號江東生。威遣使賂遺，敍其宗姓，推爲叔父。隱亦集其詩寄之。威酷嗜其作，目己所爲曰偷江東集，凡五卷，今鄴中人士諷詠之。

史臣曰：魏、鎭、燕三鎭，不能制之也久矣。兵強地廣，合從連衡，爵命雖假於朝廷，羣臣自謀於元帥。如史憲誠等五家，其初皆因此而得之，其後亦因此而失之。蓋不知取之以權，守之以仁，則遠矣。若善繼者，史氏、羅氏之二子有焉，其餘不足觀也。

贊曰：逆取順守，古亦有之。如其逆守，滅亡必隨。史、何、韓、樂，世數盛衰。足以爲鑒，念茲在茲。

舊唐書卷一百八十二

列傳第一百三十二

王重榮 子珂 王處存 弟處直 諸葛爽 高駢 畢師鐸 秦彥 時溥 朱瑄 弟瑾

王重榮，河中人。父縱，鹽州刺史，咸通中有邊功。重榮以父蔭補軍校，與兄重盈俱號驍雄，名譽軍中。廣明初，重榮爲河中馬步軍都虞候。巢賊據長安，蒲帥李都不能拒，稱臣於賊，賊僞授重榮節度副使。河中密邇京師，賊徵求無已，軍府疲於供億，賊使百輩，塡委傳舍。重榮謂都曰：「吾以外援未至，詭謀附賊以紓難。今軍府積實，苦被徵求，復來收兵，是賊危我也，倘不改圖，危亡必矣。請絕橋道，嬰城自固。」都曰：「吾兵微力寡，絕之立見其患。唯公圖之，願以節鉞假公。」翌日，都歸行在，重榮知留後事，乃斬賊使，求援鄰藩。既而賊將朱温舟師自同州至，黃鄴之兵自華陰至，數萬攻之。重榮戒勵士衆，大敗之，獲其兵仗，軍聲益振，朝廷遂授節鉞，檢校司空。時中和元年夏也。賊將李祥守華州，重榮合勢攻之，擒祥以徇。

俄而忠武監軍楊復光率陳、蔡之師萬人，與重榮合。賊既失同、華，狂躁益熾。黄巢自率精兵數萬，至梁田坡。時重榮軍華陰南，楊復光在渭北，犄角破賊，出其不意，大敗賊軍，獲其將趙璋，巢中流矢而退。而重榮之師，亡耗殆半，懼賊復來，深憂之，謂復光曰：「軍雖小捷，鋭旅亡失。萬一賊黨復來，其將何軍以應？吾之成敗，未可知也。」復光曰：「鴈門李僕射，與僕家世事舊，其尊人與僕父兄同患難。僕射奮不顧身，死義知己。倘得李鴈門爲援，吾事濟矣。」因遣使傳詔徵兵。明年，李克用領兵至，大敗巢賊，收復京城。其倡義啓導之功，實重榮居首。京師平，以功檢校太尉、同平章事、琅邪郡王。

光啓元年，僖宗還京。喪亂之後，六軍初復，國藏虛竭。觀軍容使田令孜奏以安邑、解縣兩池榷課，直屬省司，以充贍給。舊事，河中節度兼榷使，每年額輸省課。重榮累表論列，既循往例，兼恃大功。令孜不許，奏請移重榮爲定州節度。制下，不奉詔，令孜率禁軍攻之，屯于沙苑，爲重榮擊敗之。十二月，令孜挾天子出幸寶雞，太原聞之，乃與重榮入援京師，遣使迎鴐還宮。令孜尤懼，却劫幸山南。及朱玫立襄王稱制，重榮不受命，會太原之師於河西，以圖興復。明年，王行瑜殺朱玫，僖宗反正，重榮之忠力居多。

重榮用法稍嚴，季年尤甚。部下常行儒者，嘗有所譴罰，深銜之。光啓三年六月，行儒以兵攻府第，重榮夜出於城外別墅。詰旦，爲行儒所害，行儒乃推重盈爲帥。重盈既立，誅行儒與其黨，安集軍民。

乾寧初，重盈卒，軍府推行軍司馬王珂爲留後。重盈子珙，時爲陝帥，瑤爲絳州刺史。珂即重榮兄重簡子，出繼重榮。由是爭爲蒲帥。瑤、珙上章論列，又與朱溫書云：「珂非吾兄弟，予家之蒼頭也，小字蟲兒，安得繼嗣？」珂上章云：「亡父有興復之功。」遣使求援於太原，太原保薦於朝。珙厚結王行瑜、李茂貞、韓建爲援，三鎭互相表薦。昭宗詔諭之曰：「吾以太原與重榮有再造之功，已俞其奏矣。」故明年五月，茂貞等三人率兵入覲，賊害時政，請以河中授珙。珙、瑤連兵攻河中，李克用怒，出師討三鎭。瑤、珙兵退，克用拔絳州，斬瑤，乃師於渭北。天子以珂爲河中節度，授以旄鉞，仍充供軍糧料使。既誅王行瑜，克用以女妻之。珂親至太原，太原令李嗣昭將兵助珂攻珙，珙每戰頻敗。珙性慘刻，人有踰犯，必斬首置於座前，言笑自若，部下咸苦之。因其削弱，皆懷離叛。光化二年六月，部將李璠殺珙，自稱留後。

光化末，朱溫初伏鎭、定，將圖關輔，屬劉季述廢立之際，京師俶擾，崔胤潛乞師於汴，以圖反正。温謂其將張存敬、侯言曰：「王珂恃太原之勢，侮慢藩鄰，骨肉相殘，自大其事，爾爲我持一繩以縛之。」存敬等率兵數萬渡河，由含山出其不意，天復元年正月，兵攻晉、絳。珂將絳州刺史陶建釗、晉州刺史張漢瑜既無備，卽開門降，温令别將何絪守晉州，扼其援路。二月，存敬大軍逼河中，珂遣告急於太原。晉、絳既當兵衝，援師不能進，珂妻書告太原曰：「賊勢攻逼，朝夕爲俘囚，乞食大梁，大人安忍不救？」克用曰：「賊阻前途，衆寡不敵，救則與爾兩亡。可與王郞歸朝廷。」珂計無從出，卽謀歸京師。又使人告李茂貞曰：「聖上初返正，詔藩鎭無相侵伐，同匡王室。朱公不顧國家約束，卒遣賊臣，急攻敝邑，則朱公之心可見矣。敝邑若亡，則同、華、邠、岐非諸君所能保也。天子神器，拱手而授人矣，此自然之勢也。公可與華州令公早出精鋭固潼關，以應敝邑。僕自量不武，請於公之西偏求爲鎭守，此地請公有之。關西安危，國祚延促，繫公此舉也。」茂貞不答。

珂勢蹙，將渡河歸京師，人情離合。時河橋毁圮，凌澌梗塞，舟楫難濟。珂族檥舟有日，珂夜自慰諭守陴者，默然無應。牙將劉訓夜半至珂寢門，珂叱之曰：「兵欲反耶？」訓解衣袒臂曰：「公苟懷疑，訓請斷臂。」珂曰：「事勢如何，計將安出？」訓曰：「若夜出整棹待濟，人必爭舟。苟一夫鴟張，其禍莫測。不如俟明旦，以情諭三軍，願從者必半，然後登舟赴闕，可以前濟。不然，則召諸將校，且爲款狀，以緩賊軍，徐圖向背，策之上也。」珂然之，卽登城謂存敬曰：「吾於汴王有家世事分，公宜退舍。俟汴王至，吾自聽命。」存敬卽日退舍。三月，朱温自洛陽至，先哭於重榮之墓，悲不自勝，陳辭致祭，蒲人聞之感悅。珂欲面縛牽羊以見。温報曰：「太師阿舅之恩，何時可忘耶？郎君若以亡國之禮相見，黃泉其謂我何？」及珂出，迎之於路，握手歔欷，聯轡而入。居半月，以存敬守河中，珂舉家徙于汴。後温令珂入覲，遣人殺之於華州傳舍。自重榮初帥河中，傳至珂二十年。

王處存，京兆萬年縣勝業里人。世隸神策軍，爲京師富族，財產數百萬。父宗，自軍校累至檢校司空、金吾大將軍、左街使，遙領興元節度。宗善興利，乘時貿易，由是富擬王者，仕宦因貲而貴，侯服玉食，僮奴萬指。處存起家右軍鎭使，累至驍衞將軍、左軍巡使。乾符六年十月，檢校刑部尚書、義武軍節度使。

明年，黃巢犯闕，僖宗出幸，處存號哭累日，不俟詔命，卽率本軍入援。遣二千人間道往山南，衞從車駕。時李都守河中降賊，會王重榮斬僞使，通使於處存，乃同盟誓師，營於渭北。時巢賊僭號，天下藩鎭，多受其僞命，唯鄭畋守鳳翔，鄭從讜守太原。處存、王重榮首倡義舉，以招太原。俄而鄭畋破賊前鋒，王鐸自行在至，故諸鎭翻然改圖，以出勤王之師。

中和元年四月，涇原行軍唐弘夫敗賊將林言、尙讓軍，乘勝進逼京師。處存自渭北親選驍卒五千，皆以白繻爲號，夜入京城，賊已遁去。京師故人見處存，遮道慟哭，歡呼塞路。軍人皆釋兵，爭據第宅，坊市少年多帶白號雜軍。翌日，賊偵知，自灞上復襲京師，市人以爲王師，歡呼迎之。處存爲賊所迫，收軍還營。賊怒，召集兩市丁壯七八萬，併殺之，血流成渠。

處存家在京師，世受國恩，以賊寇未平，鑾輿出狩，每言及時事，未嘗不嗚咽流涕，諸軍義之。前後遣使十輩迎李克用，旣姿世姻好，特相款昵。洎收京師，王鐸第其功，勤王舉義，處存爲之最；收城破賊，克用爲之最。以功檢校司空。後又遣大將張公慶率勁兵三千，合諸軍滅賊巢於泰山，以功檢校司徒。

田令孜討王重榮，詔處存爲河中節度，處存上章申理，言：「重榮無罪，有大功於國，不宜輕有除改，以搖藩鎭之心。」初幽、鎭兩藩，兵甲彊盛，易定於其間，疲於侵寇。及匡威得志驕盈，恆欲兼幷之，賴與太原姻好，每爲之援。處存亦睦鄰以禮，優撫軍民，折節下士，人多歸之，以至抗衡列鎭。累加侍中、檢校太尉。乾寧二年九月卒，年六十五，贈太子太師，諡曰忠肅。

三軍以河朔舊事，推其子副大使郜爲留後，朝廷從而命之，授以旄鉞，尋加檢校司空、同平章事，累至太保。光化三年七月，汴將張存敬進寇幽州，旋入祁溝。郜遣馬步都將王處直將兵拒之，爲存敬所敗，退營沙河。汴人進擊，營於懷德驛，處直之衆奔撓，城中大恐。十月，郜委城攜族奔於太原，太原累表授檢校太尉。天復初，卒於晉陽。其弟鄴，克用以女妻之，歷嵐、石、洺三州刺史、大同軍防禦使。天祐中卒。

處直字允明，處存母弟也。初爲定州後院軍都知兵馬使。汴人入寇，處直拒戰不利而退，三軍大譟，推處直爲帥。及郜出奔，乃權留後事。汴將張存敬攻城，梯衝雲合，處直登城呼曰：「敝邑於朝廷未嘗不忠，於藩鄰未嘗失禮，不虞君之涉吾地，何也？」朱温遣人報之曰：「何以附太原而弱鄰道？」處直報曰：「吾兄與太原同時立勳王室，地又親鄰，脩好往來，常道也。請從此改圖。」温許之。仍歸罪於孔目吏梁問，出絹十萬匹，牛酒以犒汴軍，存敬脩盟而退。温因表授旄鉞，檢校左僕射。天祐元年，加太保，封太原王。後仕僞梁，授北平王，檢校太尉。不數歲，復於莊宗〔一〕。後十餘年，爲其子都廢歸私第，尋卒，年六十一。

諸葛爽，青州博昌人。役屬縣爲伍伯，爲令所笞，乃棄役，以里謳自給。會龐勛之亂，乃委身爲徐卒，累軍功至小校。官軍討徐，龐勛勢蹙。率百餘人與泗州守將陽羣歸國，累授汝州防禦使。李琢爲招討使，討沙陀於雲州，表爽爲副。廣明元年，賊陷京師〔三〕，詔爽率代北行營兵馬，赴難關中。爽軍屯櫟陽。潼關不守，車駕出幸，爽乃降賊，巢以爽爲河陽節度使。巢賊敗，復表歸國，進位檢校司徒。

時魏博韓簡軍勢方盛。中和元年四月，魏人攻河陽，大敗爽軍於修武，爽棄城遁走。簡令大將守河陽，乃出師討曹全晸於鄆州。十月，孟州人復誘爽，爽自金商率兵千人，復入河陽。乃犒勞魏人，令趙文玣率之而去。十一月，爽攻新鄉，簡自鄆來逆戰，軍於獲嘉西北。時簡將引魏人入趨關輔，誅除巢孽，自有圖王之志，三軍屢諫不從。偏將樂彥禎因衆心搖，說激之，牙軍奔歸魏州。爽軍乘之，簡鄉兵八萬大敗，奔騰亂死，清水爲之不流。明年正月，簡爲牙軍所殺，爽軍由是大振。

及巢賊將敗，爽復歸國。爽雖起羣盜，既貴之後，善於爲理，所至法令澄清，人無怨歎，人士以此多之。光啓二年，爽卒，帳中將劉經、張言以爽子仲方爲孟帥。俄而蔡賊孫儒率衆攻之，城陷於賊，仲方歸於汴，儒遂據孟州。

高駢字千里，幽州人。祖崇文，元和初功臣，封南平王，自有傳。父承明，神策虞候。駢，家世仕禁軍，幼而朗拔，好爲文，多與儒者遊，喜言理道。兩軍中貴，翕然稱重，乃縻之勇爵，累歷神策都虞候。會党項羌叛，令率禁兵萬人戍長武城。時諸將禦羌無功，唯駢伺隙用兵，出無不捷，懿宗深嘉之。西蕃寇邊，移鎮秦州，尋授秦州刺史、本州經略使。

先是李琢爲安南都護，貪於貨賄，虐賦夷獠，人多怨叛，遂結蠻軍合勢攻安南，陷之。自是累年亟命將帥，未能收復。五年，移駢爲安南都護。至則匡合五管之兵，期年之內，招懷溪洞，誅其首惡，一戰而蠻卒遁去，收復交州郡邑。又以廣州饋運艱澀，駢視其水路，自交至廣，多有巨石梗途，乃購募工徒，作法去之。由是舟楫無滯，安南儲備不乏，至今賴之。天子嘉其才，遷檢校工部尚書、鄆州刺史、天平軍節度觀察等使。治鄆之政，民吏歌之。

南詔蠻寇巂州，渡瀘肆掠。乃以駢爲成都尹、劍南西川節度觀察等使。蜀土散惡，成都比無垣墉，駢乃計每歲完葺之費，甃之以塼甓，雉堞由是完堅。傳檄雲南，以兵壓境，講信修好〔三〕，不敢入寇，進位檢校尚書右僕射、江陵尹、荆南節度觀察等使。乾符四年，進位檢校司空、潤州刺史、鎮海軍節度、浙江西道觀察等使，進封燕國公。

時草賊王仙芝陷荆襄，宋威率諸道師討逐，其衆離散過江表。天子以駢前鎮鄆，軍民畏服，仙芝徒黨，郓人也，故授駢京口節鉞，以招懷之。尋授諸道兵馬都統、江淮鹽鐵轉運等使。駢令其將張璘、梁纘分兵討賊，前後累捷，降其首領數十人，賊南趨嶺表，天子嘉之。六年冬，進位檢校司徒、揚州大都督府長史、淮南節度副大使知節度事，兵馬都統、鹽鐵轉運使如故。駢至淮南，繕完城壘，招募軍旅，土客之軍七萬，乃傳檄徵天下兵，威望大振。朝廷深倚賴之，進位檢校太尉、同平章事。

既而黄巢賊合仙芝殘黨，復陷湖南、浙西州郡，衆號百萬。巢據廣州，求天平節鉞，朝廷議欲以南海節鉞授之。宰相盧攜與駢素善，以駢前在浙西已立討賊之効，今方集諸道之師於淮甸，不宜捨賊，以弱士心。鄭畋議且宜假賊方鎮以紓難。二人爭論於朝，以言詞不遜，由是兩罷之。

廣明元年夏，駢方持兵柄，聞朝議異同，心頗不平之。黄巢之黨自嶺表北趨江淮，由采石渡江，張璘勒兵天長欲擊之。駢怨朝議有不附己者，欲賊縱横河洛，令朝廷聳振，則從而誅之。大將畢師鐸曰：「妖賊百萬，所經鎮戍若蹈無人之境。今朝廷所恃者都統，破賊要害之地，唯江淮爲首。彼衆我寡，若不據津要以擊之，俾北渡長淮，何以扼束，中原陷覆必矣。」駢駭然曰：「君言是也。」即令出軍。有愛將吕用之者，以左道媚駢，駢頗用其言。用之懼師鐸等立功，即奪己權，從容謂駢曰：「相公勳業高矣，妖賊未殄，朝廷已有間言。賊若盪平，則威望震主，功居不賞，公安税駕耶？爲公良畫，莫若觀釁，自求多福。」駢深然之，乃止諸將，但握兵保境而已。

其年冬，賊陷河洛，中使促駢討賊，冠蓋相望，駢終逗撓不行。旣而兩京覆沒，盧攜死，駢大閱軍師，欲兼幷兩浙，爲孫策三分之計。天子在蜀，亟命出師。中和二年五月，雊雉於揚州廨舍，占者云：「野鳥入室，軍府將空。」駢心惡之。其月，盡出兵於東塘，結壘而處，每日教閱，如赴難之勢。仍與浙西周寶書，請同入援京師，寶大喜，卽點閱將赴之，遣人偵之，知其非實。駢在東塘凡百日，復還廣陵，蓋禳雊雉之異也。

僖宗知駢無赴難意，乃以宰臣王鐸爲京城四面諸道行營兵馬都統，崔安潛副之，韋昭度領江淮鹽鐵轉運使。增駢階爵，使務並停。駢旣失兵柄，又落利權，攘袂大詬，累上章論列，語詞不遜。其末章曰：

臣伏奉詔命，令臣自省，更勿依違者。臣仰天訴地，血淚交流，如劍戟攢心，若湯火在己。只如黃巢大寇，圍逼天長小城，四旬有餘，竟至敗走。臣散徵諸道兵甲，盡出家財賞給，而諸道多不發兵，財物卽爲己有。縱然遣使徵得，敕旨不許過淮。其時黃巢殘兇，纔及二萬，經過數千里，軍鎭盡若無人。只如潼關已東，止有一徑，其爲險固，甚於井陘。豈有狂寇奔衝，略無阻礙，卽百二之地，固是虛言，神策六軍，此時安在？陛下蒼黃西出，內官奔命東來，黎庶盡被殺傷，衣冠悉遭屠戮。今則園陵開毀，宗廟荆榛，遠近痛傷，遐邇嗟怨。雖然，姦臣未悟，陛下猶迷，不思宗廟之焚燒，不痛園陵之開毀。臣之痛也，實在於斯！此事見之多年，不獨知於今日。況自萑蒲盜起，朝廷徵用至多，上至帥臣，下及裨將，以臣所料，悉可坐擒，用此爲謀，安能辦事？陛下今用王鐸，盡主兵權，誠知狂寇必殲，梟巢卽覆。臣讀禮至宣尼射於矍相之圃，蓋觀者如堵牆，使子路出延射曰：「潰軍之將，亡國之大夫，與爲人後者，不入於射也。」嚴誠如斯，圖功也豈宜容易？陛下安忍委敗軍之將，陷一儒臣？崔安潛到處貪殘，只如西川，可爲驗矣，委之副貳，詎可平戎？況天下兵驕，在處僭越，豈二儒士，能戢彊兵，萬一乖張，將何救助？願陛下下念黎庶，上爲宗祧，無使百代有抱恨之臣，千古留刮席之恥。臣但慮寇生東土，劉氏復興，卽軹道之災，豈獨往日。乞陛下稍留神慮，以安宗社。今賢才在野，憸人滿朝，致陛下爲亡國之君，此等計將安出？伏乞戮賣官鬻爵之輩，徵鯁直公正之臣，委之重難，置之左右，克復宮闕，莫尙於斯。若此時謗誹忠臣，沉埋烈士，匡復宗社，未見有期。臣受國恩深，不覺語切，無任憂懼之至。

詔報駢曰：

省表具悉。卿一門忠孝，三代勳庸，銘於景鐘，煥在靑史。卿承祖父之訓，襲弓冶之基，起自禁軍，從微至著。始則囊錐露穎，稍有知音；尋則天驥呈才，急於試効。自秦州經略使，授交趾節旄，聯翩寵榮，汗漫富貴，未嘗斷絕，僅二十年。卿報國之功，亦可悉數。最顯赫者，安南拒蠻，至今海隅尙守。次則汝陽之日，政聲洽平。洎臨成都，脅歸驃信，三載之內，亦無侵淩。創築羅城，大新錦里，其爲雄壯，實少比儔。渚宮不暇於施爲，便當移鎭；建鄴纔聞於安靜，旋卽渡江。自到廣陵，併鍾多壘，卽亦招降草寇，救援臨淮。大約昭灼功勳，不大於此數者。朝廷累加渥澤，靡吝徽章，位極三公，兵環大鎭。銅鹽重務，綰握約及七年；都統雄藩，幅員幾於萬里。朕瞻如太華，倚若長城，凡有奏論，無不依允，其爲託賴，豈愧神明？

自黃巢肆毒咸京，卿並不離隋苑。豈金陵苑水，能遮鵝鸛之雄；風伯雨師，終阻帆檣之利？自聞歸止，寧免鬱陶。卿既安住蕪城，鄭畋以春初入覲，遂命上相，親領師徒，因落卿都統之名，固亦不乖事例，仍加封實，貴表優恩。何乃疑忿太深，指陳過當，移時省讀，深用震嗟。聊舉諸條，粗申報復。

卿表云：「自是陛下不用微臣，固非微臣有負陛下」者。朕拔卿汝上，超領劍南，荆、潤、維揚，聯居四鎭。綰利則牢盆在手，主兵則都統當權。直至京北、京南、神策諸鎭，悉在指揮之下，可知董制之雄。而乃貴作司徒，榮爲太尉，以爲不用，何名爲用乎？

卿又云：「若欲俯念舊勳，佇觀後効，何不以王鐸權位，與臣主持，必能糾率諸侯，誅鋤羣盜」者。朕緣久付卿兵柄，不能翦滅元兇，自天長漏網過淮，不出一兵襲逐，奄殘京國，首尾三年，廣陵之師，未離封部，忠臣積望，勇士興譏。所以擢用元臣，誅夷巨寇，心期貔武，便掃欃槍。卿初委張璘，請放却諸道兵士，辛勤召置，容易放還，璘果敗亡，巢益顚越。卿前年初夏，逞發神機，與京中朝貴書，題云：「得靈仙教導，芒種之後，賊必蕩平。」尋聞圍逼天長，必謂死在卿手，豈知魚跳鼎釜，狐脫網羅，遽過長淮，竟爲大憝。都統既不能禦遏，諸將更何以枝梧？果致連犯關河，繼傾都邑。從來倚仗之意，一旦控告無門，凝睇東南，惟增悽惻。及朕蒙塵入蜀，宗廟汚於賊庭，天下人心，無不雪涕。旣知曆數猶在，謳謠未移，則懷忠拗怒之臣，貯救難除姦之志，便須果決，安可因循？況恩厚者其報深，位重者其心急。此際天下義舉，皆望淮海率先。豈知近輔儒臣，先爲首唱，而窮邊勇將，誓志平戎，關東寂寥，不見干羽。洎乎初秋覽表，方云仲夏發兵，便詔軍前，幷移汝上。喜聞兵勢，渴見旌幢。尋稱宣潤阻艱，難從天討。謝玄破苻堅於淝水，裴度平元濟於淮西，未必儒臣不如武將。

卿又云：「若不斥逐邪佞，親近忠良，臣旣不能保家，陛下豈能安國，忽當今日，棄若寒灰」者。未委誰是忠良，誰爲邪佞？終日寵榮富貴，何嘗不保其家；無人扞禦寇戎，所以不安其國。豈有位兼將相，使帶銅鹽，自謂寒灰，眞同浪語。

卿又云：「不痛園陵之開毀，不念宗廟之焚燒，臣實痛之，實在茲也。」且龜玉毀於櫝中，誰之過也？鯨鯢漏於網外，抑有其由。卿手握強兵，身居大鎭，不能遮圍擒戮，致令脫漏猖狂，雖則上繫天時，抑亦旁由人事。朕自到西蜀，不離一室之中，屏棄笙歌，杜絕遊獵，蔬食適口，布服被身，焚香以望園陵，雪涕以思宗廟，省躬罪己，不敢遑安。「姦臣未悟」之言，誰人肯認，「陛下猶迷」之語，朕不敢當。

卿又云：「自來所用將帥，上至帥臣，下及裨將，以臣所料，悉可坐擒，用此爲謀，安能集事」者。且十室之邑，猶有忠信，天下至大，豈無英雄？況守固城池，悉嚴兵甲，縱非盡美，安得平欺？卿尙不能縛黃巢於天長，安能坐擒諸將。只如拓拔思恭、諸葛爽輩，安能坐擒耶？勿務大言，不堪垂訓。

卿又云王鐸是敗軍之將，兼徵引夔相射義者。昔曹沫三敗，終復魯讎；孟明再奔，竟雪秦恥。近代汾陽尙父，咸寧太師，亦曾不利鼓鼙，尋則功成鐘鼎。安知王鐸不立大勳？

卿又云：「無使百代有抱恨之臣，千古留刮席之恥，但慮寇生東土，劉氏復興，即軹道之災，豈獨往日」者。我國家景祚方遠，天命未窮，海內人心，尙樂唐德。朕不荒酒色，不虧刑名，不結怨於生靈，不貪財於宇縣。自知運曆，必保延洪。況巡省已來，禎祥薦降，西蜀半年之內，聲名又以備全。塞北、日南，悉來朝貢；黠戛、善闡，並至梯航。但慮天寶、建中，未如今日；淸宮復國，必有近期。卿云「劉氏復興」，不知誰爲其首？遽言「刮席之恥」，比朕於劉盆子耶？仍憂「軹道之災」，方朕於秦子嬰也？雖稱直行，何太罔誣！三復斯言，尤深駭異。

卿又云：「賢才在野，憸人滿朝，致陛下爲亡國之君，此子等計將安出，伏乞戮賣官鬻爵之輩，徵鯁直公正之臣」者。且唐、虞之世，未必盡是忠良；今巖野之間，安得不遺賢彥。朕每令銓擇，亦遣訪求。其於選將料兵，安人救物，但屬收復之業，講求理化之基，自有長才，同匡大計。賣官鬻爵之士，中外必不有之，勿聽狂辭，以資游說。且朕遠違宮闕，寄寓巴邛，所失恩者甚多，尙不興怨，卿落一都統，何足介懷？況天步未傾，皇綱尙整，三靈不昧，百度猶存。但守君臣之軌儀，正上下之名分，宜遵敎約，未可隳凌。朕雖沖人，安得輕侮！但以知卿歲久，許卿分深，貴存終始之恩，勿貯猜嫌之慮。所宜深省，無更過言。

駢始以兵權，欲臨藩鎭，呑併江南，一朝失之，威望頓減，陰謀自阻，故累表堅論，欲其復故。明年四月，王鐸與諸道之師敗賊關中，收復京城。駢聞之，悔恨萬狀。而部下多叛，計無所出，乃託求神仙，屏絕戎政，軍中可否，取決於呂用之。光啓初，僖宗再幸山南，李煴僭號，僞授駢中書令、諸道兵馬都統、江淮鹽鐵轉運等使。駢方怨望，而甘於僞署，稱藩納賄，不絕於途，宴安自得，日以神仙爲事。呂用之又薦豎工諸葛殷、張守一有長年之術〔四〕，駢並署爲牙將。於府第別建道院，院有迎仙樓、延和閣，高八十尺，飾以珠璣金鈿。侍女數百，皆羽衣霓服，和聲度曲，擬之鈞天。日與用之、殷、守一三人授道家法籙，談論於其間，賓佐罕見其面。

府第有隋煬帝所造門屋數間，俗號中書門，最爲宏壯，光啓元年，無故自壞。明年，淮南饑，蝗自西來，行而不飛，浮水緣城而入府第。道院竹木，一夕如翦，經像幢節，皆齧去其首。撲之不能止。旬日之內，蝗自食噉而盡。其年九月，雨魚。是月十日夜，大星隕于延和閣前，其聲如雷，火光爍地。自二年十一月雨雪陰晦，至三年二月不解。比歲不稔，食物踊貴，道殣相望，饑骸蔽地。是月，浙西周寶爲三軍所逐，駢喜，以爲妖異當之。

三月，蔡賊過淮口，駢令畢師鐸出軍禦之。師鐸與高郵鎮將張神劍、鄭漢璋等，率行營兵反攻揚州。四月城陷，師鐸囚駢於道院，召宣州觀察使秦彥爲廣陵帥。既而蔡賊楊行密自壽州率兵三萬，乘虛攻城。城中米斗五十千，餓死大半。駢家屬並在道院，秦彥供給甚薄，薪蒸亦闕，奴僕徹延和閣欄檻煮革帶食之，互相篡啖。駢召從事盧涚謂之曰：「予三朝爲國，粗立功名。比擺脫塵埃，自求清淨，非與人世爭利。一旦至此，神道其何望耶？」掩涕不能已。初，師鐸之入城也，愛將申及謂駢曰：「逆黨人數不多，卽目弛於防禁，願奉令公潛出廣陵，依投支郡，以圖雪恥，賊不足平也。若持疑不決，及旦夕不得在公左右。」駢怯懦不能行其謀。九月，師鐸出城戰敗，慮駢爲賊內應，又有尼奉仙，自言通神，謂師鐸曰：「揚府災，當有大人死應之，自此善也。」秦彥曰：「大人非高令公耶？」卽令師鐸以兵攻道院，侍者白駢曰：「有賊攻門。」曰：「此秦彥來。」整衣候之。俄而亂卒升階曳駢數之曰：「公上負天子恩，下陷揚州民，淮南塗炭，公之罪也。」駢未暇言，首已墮地矣。

駢旣死，左右奴客踰垣而遁，入行密軍。行密聞之，舉軍縞素，繞城大哭者竟日，仍焚紙奠酒，信宿不已。駢與兒姪死於道院，都一坎瘞之，裹之以氈。行密入城，以駢孫愈爲判官，令主喪事。葬送未行而愈卒，後故吏鄺師虔收葬之。初師鐸入城，呂用之、張守一出奔楊行密，詐言所居有金。行密入城，掘其家地下，得銅人長三尺餘，身被桎梏，釘其心，刻「高駢」二字於胸，蓋以魅道厭勝蠱惑其心，以至族滅。

畢師鐸者，曹州冤朐人。乾符初，與里人王仙芝嘯聚爲盜，相與陷曹、鄆、荆、襄。師鐸善騎射，其徒目爲「鷂子」。仙芝死，來降高駢。初敗黃巢於浙西，皆師鐸、梁纘之効也，頗寵待之。

駢末年惑於呂用之，舊將俞公楚、姚歸禮皆爲用之讒構見殺，師鐸意不自安，有愛妾復爲用之所奪。光啓三年三月，蔡賊楊行密逼淮口，駢令師鐸率三百騎戍高郵，戍將張神劍亦怒用之，兩人謀自安之計。用之伺知，亟請召還。師鐸母在廣陵，遣信令師鐸遁去。或謂師鐸曰：「請殺神劍，併高郵之兵趨府，令公必殺用之爲解。」又曰：「不如投徐州，則身存而家保。」師鐸曰：「非計也。呂用之誑惑主帥，塗炭生民，七八年來，鬼怨人怒。今日之事，安知天不假予誅妖亂而康淮甸耶？」又曰：「鄭漢璋是我歸順時副使，常切齒於用之，今率精兵在淮口。聞吾此舉，卽樂從也。」乃趨淮口，與漢璋合，得兵千人。又相與至高郵，問計於張神劍。神劍曰：「公見事晚耶？用之一妖物耳，前受襄王僞命，作鎭廣州，遲留不行，志圖淮海節鎭。令公已奪其魄，彼一旦成事，焉能北面事妖物耶！」卽割臂血爲盟，推師鐸爲盟主，稱大丞相，移檄郡縣，以誅用之、守一、殷爲名，乃署其卒長唐宏、王朗、駱玄眞、倪詳、逯本、趙簡等，分董其卒三千人。

四月，趨廣陵，營於大明寺。揚州大駭。呂用之分兵城守，高駢登延和閣，聞鼓譟聲怪之。用之曰：「師鐸兵士迴戈，止遏不得，適巳隨宜處置，公幸勿憂。苟不聽，徒勞玄女一符耳。」師鐸陳兵數日，用之屢出戰，師鐸憂其不克，求救于宣州秦彥曰：「苟得廣陵，則迎公爲帥。」彥令牙將秦稠，率兵三千助之。師鐸門客畢慕顏自城中出，曰：「人心已離，破之必矣。」秦稠軍至，兵威漸振。駢聞甚憂，謂用之曰：「吾以心腹仗爾，不能駕馭此輩，誤我何多？百姓遭罹飢饉，不可虐用。吾自枉手札喻師鐸，可令大將一人自行。」用之卽以其黨許戡送駢書，師鐸怒曰：「梁纘、韓問何在？令爾來耶！」卽斬之。用之選勁兵自衞。一日，至道院，駢叱去之，乃令猶子傑握牙兵，令師鐸母作書，遣大將古鍔與師鐸子出城喻之。師鐸令子還白曰：「不敢負令公恩德，正爲淮南除弊。但斬用之、守一，卽日退還高郵。」秦稠攻西南隅，城中應之，卽日城陷。呂用之由參佐門遁走。駢聞師鐸至，改服俟之，與師鐸交拜，如賓主之儀，卽日署爲節度副使，漢璋、神劍皆署職事。

秦稠點閱府庫監守之，仍密召彥於宣州。或謂師鐸曰：「公昨舉兵誅二妖物，故人情樂從。今軍府已安，以事理論之，公宜還政高公，自典兵馬，戎權在手，取捨自由，藩鄰聞之，不失大義。議者皆言秦稠破城之日，已召秦彥。彥若爲帥，兵權非足下有也。公感其援，但以金玉報之，阻其渡江，最爲上策。若秦彥作帥，則楊行密朝聞夕至。如高令復帥，外寇必自卷懷。」師鐸猶豫未決，而秦彥軍至。五月，彥爲節度使，署師鐸爲行軍司馬，移居牙外，心頗不悅。

是月，楊行密引軍攻揚州，彥兵拒戰繼敗。八月，師鐸與鄭漢璋出軍萬人擊行密，皆大敗而還，自是不復出。九月，師鐸殺高駢。十月，秦彥、師鐸突圍而遁。十一月，秦彥、師鐸引蔡賊孫儒之兵三萬圍揚州。行密求救于汴，朱全忠遣大將李璠率師淮口，以爲聲援。孫儒以廣陵未下，而汴卒來，又慮秦彥、師鐸異志。四年正月，孫儒斬秦彥、師鐸于高郵之南，鄭漢璋亦死焉。

秦彥者，徐州人，本名立。爲卒，隸徐軍。乾符中，坐盜繫獄，將死，夢人謂之曰：「爾可隨我。」及寤械破，乃得逸去，因改名彥。乃聚徒百人，殺下邳令，取其資裝入黃巢軍。巢兵敗於淮南，乃與許勍俱降高駢，累奏授和州刺史。中和二年，宣歙觀察使竇潏病，彥以兵襲取之，遂代潏爲觀察使，朝廷因而命之。

光啓三年，揚州牙將畢師鐸囚其帥高駢，懼外寇來侵，乃迎彥爲帥。彥召池州刺史趙鍠知宣州事，自率衆入揚州。師鐸推彥爲帥。

五月，壽州刺史楊行密率兵攻彥，遣其將張神劍令統兵屯灣頭山光寺。行密屯大雲寺，北跨長崗，前臨大道，自揚子江北至槐家橋，栅壘相聯。秦彥登城望之，懼形於色，令秦稠、師鐸率勁卒八千出鬭，爲行密所掩，盡沒，稠死之。彥急求援於蘇州刺史張雄，雄率兵赴之，屯于東塘。重圍半年，城中芻糧並盡，草根木實、市肆藥物、皮囊革帶，食之亦盡。外軍掠人而賣，人五十千。死者十六七，縱存者鬼形鳥面，氣息奄然。張雄多軍糧，相約交市。城中以寶貝市米，金一斤，通犀帶一，得米五升。雄軍得貨，不戰而去。九月，畢師鐸出戰，又敗，自是日與秦彥相對嗟惋。問神尼奉仙何以獲濟，尼曰：「走爲上計也。」十月，彥與師鐸突圍投孫儒，並爲所殺。

江淮之間，廣陵大鎮，富甲天下。自師鐸、秦彥之後，孫儒、行密繼踵相攻，四五年間，連兵不息，廬舍焚蕩，民戶喪亡，廣陵之雄富掃地矣。

時溥，彭城人，徐之牙將。黃巢據長安，詔徵天下兵進討。中和二年，武寧軍節度使支詳遣溥與副將陳璠率師五千赴難。行至河陰，軍亂，剽河陰縣迴。溥招合撫諭，其衆復集，懼罪，屯于境上。詳遣人迎犒，悉恕之，溥乃移軍向徐州。既入，軍人大呼，推溥爲留後，送詳於大彭館。溥大出資裝，遣陳璠援詳歸京。詳宿七里亭，其夜爲璠所殺，舉家屠害。溥以璠爲宿州刺史，竟以違命殺詳，溥誅璠，又令別將帥軍三千赴難京師。天子還宮，授之節鉞。

及黃巢攻陳州，秦宗權據蔡州，與賊連結。徐、蔡相近，溥出師討之，軍鋒益盛，每戰屢捷。黃巢之敗也，其將尙讓以數千人降溥，後林言又斬黃巢首歸徐州，時溥功居第一，詔授檢校太尉、中書令、鉅鹿郡王。宗權未平，仍授溥徐州行營兵馬都統。

蔡賊平，朱全忠與之爭功，遂相嫌怨。淮南亂，朝廷以全忠遙領淮南節度，以平孫儒、行密之亂。汴人應援，路出徐方，溥阻之。全忠怒，出師攻徐。自光啓至大順六七年間，汴軍四集，徐、泗三郡，民無耕稼，頻歲水災，人喪十六七。溥窘蹙，求和于汴，全忠曰：「移鎭則可。」然之。朝廷以尙書劉崇望代溥，以溥爲太子太師。溥懼出城見害，不受代。汴將龐師古陳兵于野，溥求援于兗州，朱瑾出兵救之，値大雪，糧盡而還。城中守陴者飢甚，加之病疫。汴將王重師、牛存節夜乘梯而入，溥與妻子登樓自焚而卒，景福二年四月也。地入于汴。

朱瑄，宋州人。父慶，盜鹽抵法。瑄逃於青州，爲王敬武牙卒。中和初，黃巢據長安，詔徵天下兵。敬武遣牙將曹全晸率兵三千赴難關西，以瑄爲軍候。會青州嚮急，敬武召全晸還，路由鄆州。時鄆帥薛崇爲草賊王仙芝所殺，鄆將崔君裕權知州事。全晸知其兵寡，襲殺君裕，據有鄆州，自稱留後。以瑄有功，署爲濮州刺史，留將牙軍。

光啓初，魏博韓簡欲兼并曹鄆，以兵濟河收鄆。全晸出兵逆戰，爲魏軍所敗，全晸死之。瑄收合殘卒，保州城。韓簡攻圍半年，不能拔。會魏軍亂退去，朝廷嘉之，授以節鉞。時瑄有衆三萬，其弟瑾，勇冠三軍，有爭天下之心。秦宗權之盛也，屢侵鄭、汴。朱全忠爲賊所攻，甚窘，求救於瑄。瑄令朱瑾出師援之，擊敗秦宗權，全忠乃與瑄情極隆厚。全忠狡譎翻覆，虎視藩鄰。會宗權誅，乃急攻徐州。時溥求援于瑄，瑄與全忠書，請釋溥修好，僞許之。瑄以恩及全忠，遣使讓之，又令朱瑾出軍援溥。及徐、泗平，全忠乃移兵攻鄆。三四年間，每春秋入其境剽掠，人不得耕織，民爲俘者十五六，瑄禦備殫竭。景福末，與弟瑾合兩鎭之兵，與汴人大戰于魚山下，瑄、瑾俱敗，兵士陷沒。汴將朱友裕以長塹圍之。乾寧四年正月，城中食竭，瑄與妻榮氏出奔，至中都，爲野人所害，傳首汴州。榮氏至汴州爲尼。

朱瑾，瑄之母弟，驍果善戰。初乾符末，朝廷以將軍齊克讓爲兗州節度，瑾將襲取之，乃求婚於克讓。及親迎，瑾選勇士衞從，禮會之夜竊發，逐克讓，遂據城稱留後。朝廷不獲已，以節鉞授之。及朱瑄平，汴人移兵攻兗，經年食盡，瑾出城求食，比還，爲別將所拒，不得入，乃渡淮依楊行密。行密寵待之，用爲壽州刺史，大敗汴軍于淸口，自此全忠不敢以兵渡淮。瑾，楊溥時謀亂，爲徐知訓所殺。

史臣曰：疾風知勁草，世亂見忠臣，誠哉是言也。土運中微，賊巢僭越，藩伯勤王，赴難者率有聲而無實。唯重榮斬賊使於近關，處存舉義師於安喜，橫身泣赴，不顧禍患，遂得義徒雲合，逆黨勢窮。宜乎服冕乘軒，傳家胙土。而重榮傷於峻法，嚴而少恩，禍發輿臺，誠悲枉橫。高駢起家禁旅，頗立功名，玩寇祟妖，致茲狼籍。後來勳德，可誡前車。瑄、溥不以善取，固宜凶終。瑾持此狠心，安逃虎口？王綱之紊，羣盜及茲，復何言哉！

贊曰：王者撫運，居安慮危。不以德處，卽爲盜闚。乾坤盪覆，生聚流離。讀駢章疏，可爲涕洟。

校勘記

〔一〕復於莊宗　合鈔卷二三三王處存傳「復」下有「仕」字。

〔二〕賊陷京師　新書卷一八七諸葛爽傳作「黃巢犯京師」。按本傳下文云「潼關不守，車駕出幸」，據本書卷一九下僖宗紀及卷二〇〇下黃巢傳俱云黃巢先克潼關，後「陷京師」。是潼關未克前，黃巢不得「陷京師」，「陷」字疑誤。

〔三〕講信修好　舊唐書補校說：「講信疑驃信之誤。」

〔四〕曁工　校勘記卷六〇：「曁字疑醫字之誤。」冊府卷九二二云：「有呂用之、張守一、諸葛殷者，皆江、吳醫祝之輩。」

舊唐書卷一百八十三

列傳第一百三十三

外戚

自古后族，能以德禮進退、全宗保名者，鮮矣。蓋恃宮掖之寵，接宴私之歡，高爵厚祿驕其內，聲色服玩惑於外，莫知師友之訓，不達危亡之道。故以中才處之，罕不覆敗，亦由重植之木，自然顚披也。明哲之君，知驕侈之易滿，榮寵之難保，授任各當其才，祿位不過其量，告之以天命不易，誡之以大義滅親，使居無過之地，永享不貲之福，與國終始，不失其所以親也。易曰：「震來虩虩，恐致福也。」又曰：「婦子嘻嘻，失家節也。」與其愛而失節，曷若懼而致福？魏氏懲漢人之敗，著矯枉之法：幼主嗣位，母后不得臨朝；外氏無功，時主不得封爵。雖曰刻薄，而卞、甄之族，竟無大過。皇唐受命，長孫、竇氏以勳賢任職，而武氏、韋氏以盈滿致覆。夫廢興者，豈天命哉，蓋人事也。竇威、長孫無忌各自有傳，其餘載其得失，爲外戚傳，以存鑒誡焉。

獨孤懷恩，元貞皇后弟之子也。父整，隋涿郡太守。懷恩幼時，以獻皇后之姪，養於宮中。後仕爲鄠縣令。高祖平京城，授長安令，在職嚴明，甚得時譽。及高祖受禪，擢拜工部尚書。時虞州刺史韋義節擊堯君素於蒲州，而義節文吏怯懦，頻戰不利。高祖遣懷恩代總其衆，懷恩督兵城下，爲賊所拒，頻戰不利，高祖切讓之，因是怨望。高祖嘗戲之曰：「弟姑子悉爲天子，次當舅子乎？」懷恩遂自以爲符命，每扼腕曰：「我家豈女獨富貴耶？」由是陰圖異計。

時虞鄉南山多羣盜，劉武周將宋金剛寇陷澮州，高祖悉發關中卒以隸太宗，屯於柏壁。懷恩遂與解縣令榮靜、前五原縣主簿元君寶謀引王行本兵及武周連和，與山賊劫永豐倉而斷柏壁糧道，割河東地以啗武周。事臨發，會夏縣人呂崇茂殺縣令，據縣起兵，應武周。高祖遣懷恩與永安王孝基、陝州總管于筠、內史侍郎唐儉攻崇茂。宋金剛潛兵來襲，諸將盡沒，君寶與開府劉讓亦同陷于賊中，遂洩懷恩之謀。既而懷恩逃歸，高祖復令率師攻蒲州。唐儉在賊中，說賊將尉遲敬德，請使讓還，連和罷兵，遂使發其事。會堯君素爲其下所殺，小帥王行本以蒲州降，懷恩勒兵入據其城。高祖將濟河，已御舟矣，會讓至，迺使召懷恩，懷恩不知事已洩，輕舟來赴。及中流而執之，收其黨按驗，遂誅之，時年三十六，籍沒其家。

竇德明，太穆順聖皇后兄之孫也。祖照，尚後魏文帝女義陽公主，封鉅鹿公。父彥，襲父封，仕隋爲西平郡守。德明少師事陳留王孝逸，頗涉文史。會漢王諒作亂，遣其將綦良攻黎州，德明時年十八，募得五千人，倍道而進，號令嚴整，一戰破之。以功累拜齊王府屬，坐事免。及義師圍長安，永安王孝基、襄邑王神符、江夏王道宗及高祖之壻竇誕、趙慈景並繫獄，隋將衞文昇、陰世師欲殺之。德明謂文昇曰：「罪不在此輩，殺之無傷於彼，適足招怨。」文昇乃止。及謁見高祖，竟不自言，時人稱其長者。武德初，拜考功郎中。從太宗擊王世充，頻有戰功，封顯武男。貞觀初，歷常、愛二州刺史。尋卒。

弟德玄，高宗時爲左相。德玄子懷貞。

懷貞少有名譽，時兄弟宗族，並以輿馬爲事，懷貞獨折節自修，衣服儉素。聖曆中爲清河令，治有能名。俄歷越州都督、揚州大都督府長史，所在皆以清幹著稱。

神龍二年，累遷御史大夫，兼檢校雍州長史。時韋庶人及安樂公主等干預朝政，懷貞每諂順委曲取容，改名從一，以避后父之諱，自是名稱日損。庶人微時乳母王氏，本蠻婢也，特封莒國夫人，嫁爲懷貞妻。俗謂乳母之壻爲阿䜩，懷貞每因謁見之次及進表疏，列在官位，必曰「皇后阿䜩」，時人或以「國䜩」呼之，初無慚色。宦官用權，懷貞尤所畏敬，每視事聽訟，見無鬚者，誤以接之。監察御史魏傳弓嘗以內常侍輔信義尤縱暴，將奏劾之，懷貞曰：「輔常侍深爲安樂公主所信任，權勢甚高，言成禍福，何得輒有彈糾？」傳弓曰：「今王綱漸壞，君子道消，正由此輩擅權耳。若得今日殺之，明日受誅，無所恨。」懷貞無以答，但固止之。

韋庶人敗，左遷濠州司馬。尋擢授益州大都督府長史。以附會太平公主，累拜侍中、兼御史大夫，代韋安石爲尚書左僕射，監脩國史，賜爵魏國公。睿宗爲金仙、玉眞二公主創立兩觀，料功甚多，時議皆以爲不可，唯懷貞贊成其事，躬自監役。懷貞族弟詹事司直維鎣謂懷貞曰：「兄位極台衮，當思獻可替否，以輔明主。奈何校量瓦木，廁跡工匠之間，欲令海內何所瞻仰也？」懷貞不能對，而監作如故。時人爲之語曰：「竇僕射前爲韋氏國奢，後作公主邑丞。」言懷貞伏事公主，同於邑官也。先天二年，太平公主逆謀事洩，懷貞懼罪，投水而死，追戮其屍，改姓毒氏。德明族弟孝諶。

孝諶，刑部尚書誕之子，昭成順聖皇后父也。則天時，歷太常少卿、潤州刺史。長壽二年，后母龐氏被酷吏所陷，誣與后呪詛不道，孝諶左遷羅州司馬而卒。

子希瑊、希球、希瓘，並流嶺南。神龍初，隨例雪免。景雲年，追贈孝諶太尉、邠國公，希瑊襲爵。玄宗卽位，加贈孝諶太保，希瑊等以舅氏，甚見優寵。希瑊累遷太子少傅、豳國公，尋卒。希球官至太子賓客，封冀國公，開元二十七年卒。及卒，謚曰靖。希瓘初賜爵畢國公，後改名瓌，初爲左散騎常侍，及希球卒，因授開府儀同三司。玄宗以早失太后，尤重外家，瓌兄弟三人皆國公，食實封。瓌子鍔，又尚玄宗女永昌長公主，恩寵賜賚，實爲厚矣。而兄弟皆貪鄙，過自封植，瓌又甚之。天寶七年，有竇勉潛交巫祝，勉犯法，瓌坐信其詭說，被停官，放歸田園。尋以尊老，又授開府儀同三司，依舊朝會。十三載十二月卒，玄宗哭於行在，贈司徒。財貨鉅萬。

琠從父弟維鋈，好學，以撰著爲業。時宗族咸以外戚，崇飾輿馬，維鋈獨清儉自守。中書令張說、黃門侍郎盧藏用、給事中裴子餘皆與之親善。官至水部郎中卒。撰吉凶禮要二十卷行於代。

長孫敞，文德順聖皇后之叔父也。仕隋爲左衞郎將。煬帝幸江都，留敞守京城禁苑。及義旗入關，率子弟迎謁於新豐，從平京城，以功除將作少監。出爲杞州刺史。貞觀初，坐贓免。太宗以后親，常令內給絹以供私費。尋拜宗正少卿致仕，加金紫光祿大夫，累封平原郡公。卒，贈幽州都督，諡曰良，陪葬昭陵。

敞從父弟操，周大司徒、薛國公覽之子也。武德中，爲陝東道行臺金部郎中，出爲陝州刺史。自州東引水入城，以代井汲，百姓于今利之。貞觀中，歷洛州刺史、益揚二州都督府長史，並有善政。二十三年，以子詮尚太宗女新城公主，拜岐州刺史。永徽初，加金紫光祿大夫，賜爵樂壽男。尋卒，贈吏部尚書、并州都督，謚曰安。詮官至尚衣奉御。詮即侍中韓瑗妻弟也，及瑗得罪，事連於詮，減死配流嶲州。詮至流所，縣令希旨杖殺之。

詮之甥有趙持滿者，工書善射，力搏猛獸，捷及奔馬，而親仁愛衆，多所交結，京師無貴賤皆愛慕之。初爲涼州長史，嘗逐野馬，自後射之，無不洞于胸腋，邊人深伏之。許敬宗懼其作難，誣與詮及無忌同反。及拷訊，終無異詞，且曰：「身可殺，辭不可奪。」吏竟代爲款以殺之。

武承嗣，荊州都督士彠之孫，則天順聖皇后兄子也。初，士彠娶相里氏，生元慶、元爽。又娶楊氏，生三女：長適越王府功曹賀蘭越石，次則天，次適郭氏。士彠卒後，兄子惟良、懷運及元爽等遇楊氏失禮。及則天立爲皇后，追贈士彠爲司徒、周忠孝王，封楊氏代國夫人。賀蘭越石早卒，封其妻爲韓國夫人。尋又加贈士彠爲太尉，楊氏改封爲榮國夫人。時元慶仕爲宗正少卿，元爽爲少府少監，惟良爲衞尉少卿，榮國夫人恨其曩日薄己，諷皇后抗疏請出元慶等爲外職，佯爲退讓，其實惡之也。於是元慶爲龍州刺史，元爽爲濠州刺史，惟良爲始州刺史。元慶至州病卒，元爽自濠州又配流振州而死。

乾封年，惟良與弟淄州刺史懷運，以岳牧例集於泰山之下。時韓國夫人女賀蘭氏在宮中，頗承恩寵。則天意欲除之，諷高宗幸其母宅，因惟良等獻食，則天密令人以毒藥貯賀蘭氏食中，賀蘭氏食之，暴卒，歸罪於惟良、懷運，乃誅之。仍諷百僚抗表請改其姓爲蝮氏，絕其屬籍。元爽等緣坐配流嶺外而死，乃以韓國夫人之子敏之爲士彠嗣，改姓武氏，累拜左侍極、蘭臺太史，襲爵周國公。仍令鳩集學士李嗣眞、吳兢之徒，於蘭臺刊正經史并著撰傳記。

敏之既年少色美，烝於榮國夫人，恃寵多愆犯，則天頗不悅之。咸亨二年，榮國夫人卒，則天出內大瑞錦，令敏之造佛像追福，敏之自隱用之。又司衞少卿楊思儉女有殊色，高宗及則天自選以爲太子妃，成有定日矣，敏之又逼而淫焉。及在榮國服內，私釋衰絰，著吉服，奏妓樂。時太平公主尙幼，往來榮國之家，宮人侍行，又嘗爲敏之所逼。俄而姦汙事發，配流雷州，行至韶州，以馬韁自縊而死。

承嗣，元爽子也。敏之死後，自嶺南召還，拜尙衣奉御，襲祖爵周國公。俄遷祕書監。則天臨朝，追尊士彠爲忠孝太皇，置崇先府官屬，五代祖已下，皆爲王。嗣聖元年，以承嗣爲禮部尙書。尋除太常卿、同中書門下三品。垂拱中，轉春官尙書，依舊知政事。載初元年，代蘇良嗣爲文昌左相、同鳳閣鸞臺三品，兼知內史事。

天授元年，於東都創置武氏七廟，追尊周文王爲始祖文皇帝，王子武爲睿祖康皇帝，云武氏之先也。后五代祖贈太原靖王居常爲嚴祖成皇帝，高祖贈趙肅恭王克己爲肅祖章敬皇帝，曾祖贈魏康王儉爲烈祖昭安皇帝，祖贈周安成王華爲顯祖文穆皇帝，考忠孝太皇爲太祖孝明高皇帝，妣皆隨帝號曰皇后。元慶爲梁憲王，元爽爲魏德王。又追封伯父及兄弟俱爲王，諸姑姊爲長公主。於是封承嗣爲魏王，元慶子夏官尙書三思爲梁王，后從父兄子納言攸寧爲建昌王，太子通事舍人攸歸爲九江王，司禮卿重規爲高平王，左衞親府中郎將載德爲潁川王，右衞將軍攸曁爲千乘王，司農卿懿宗爲河內王，左千牛中郎將嗣宗爲臨川王，右衞勳二府中郎將攸宜爲建安王，尙乘直長攸望爲會稽王，太子通事舍人攸緒爲安平王，攸止爲恆安王。又封承嗣男延基爲南陽王，延秀爲淮陽王，三思男崇訓爲高陽王，崇烈爲新安王，后兄子贈陳王承業男延暉爲嗣陳王，延祚爲咸安王。

承嗣嘗諷則天革命，盡誅皇室諸王及公卿中不附己者，承嗣從父弟三思又盛贊其計，天下于今冤之。俄又賜承嗣實封千戶，仍監修國史。承嗣自爲次當爲皇儲，令鳳閣舍人張嘉福諷諭百姓抗表陳請，則天竟不許。如意元年，授特進。尋拜太子太保，罷知政事。承嗣以不得立爲皇太子，怏怏而卒，贈太尉、幷州牧，謚曰宣。

子延基襲爵，則天避其父名，封爲繼魏王。尋與其妻永泰郡主及懿德太子等，話及張易之兄弟出入宮中，恐有不利，後忿爭不協，洩之，則天聞而大怒，咸令自殺。復以承嗣次子延義爲繼魏王。

中宗卽位，侍中敬暉等以唐室中興，武氏諸王宜削其王爵，乃率羣官上表曰：

臣聞神器者，天下之至公，必歸乎有德；皇極者，域中之大寶，必順乎天命。歷考前古，詳觀帝業，皆不並興，莫有二主。故三皇氏沒而五帝氏興，夏、商氏衰而周、漢氏作。何則？帝王之曆數，必應乎五行，水盛則火衰，木衰則金盛；天地之運也，合乎四時，春往則夏來，暑退則寒集。則知五行之數也，帝王不可違，違之則宗社不安，生人不理；四時之序，天地不能變，變之則霜露不均，水旱交錯。

自有隋失御，海內崩離，天曆之重，歸于唐室。萬方樂業，荷撥亂之功；三聖重光，布生成之德。可謂有功於四海，有德於蒸人。自弘道遏密，生靈降禍，百辟哀號，如喪考妣。則天皇后臨御帝圖，明目達聰，躬親庶績。則有讒邪凶孽，誣惑叡德，構害宗枝，誅夷殆盡。英藩賢戚，百不一存，餘類在者，投竄荒裔。冤酷人神，感傷天地，忠臣義士，實所痛心。自天授之際，時稱改革，武家子姪，咸樹封建，十餘年間，實亦榮極。于時唐室藩屏，豈得並封，故知事有升降，時使然也。

今則天皇帝厭倦萬機，神器大寶，重歸陛下。百姓謳歌，欣復唐業，上至卿士，下及蒼生，黃髮之倫，童兒之輩，莫不歡欣舞忭，如見父母。豈不以唐家恩德，感幽祇之心；陛下仁明，順天下之望？今皇業重構，聖祚中興，神祇之道，有助於先德矣，黎人之誠，無負於陛下矣。臣又聞之，業不兩盛，事不兩大，故天無二日，土無二王，前聖之格言，先哲之明誡。自皇明反正，天命惟新，武家諸王，封建依舊，生者既加茅土，死者仍追賦邑，萬姓失望，卿士寒心。何則？開闢已來，罕有斯理；帝王之道，實無此法。陛下縱欲開恩以行私惠，豈可違五行之曆數乎？乖四時之寒暑乎？

又海內衆情，朝廷竊議，爲武氏諸王身計，亦適將有損。何則？處之未得其所，居之實恐不安，陛下雖欲寵之，翻乃陷之，不遵古典故也。且唐曆有歸，周命已去，爵重則難保，祿薄則易全。又則天皇帝親政之時，武氏諸王，亦分外職。今居京輦，不降舊封，天下之心，竊將不可。陛下縱欲敦崇外戚，曲流恩貸，奈宗廟社稷之計何？奈卿士黎庶之議何？

伏願陛下爲社稷之遠圖，割私情之小愛，內崇經邦之要，外順遐邇之心，豈不固宗社之基，允人靈之願？則陛下巍巍之業，貫三光而洞九泉；親親之義，上有倫而下有序。臣特承榮寵，思竭丹赤，既爲唐臣，實爲唐計，伏乞聖慈，俯垂矜納。

中書舍人岑羲之詞也。上答曰：

朕嘗因暇景，博覽前修，帝籍皇圖，略稽其迹。至若二靈肇判，三才聿興，驪連栗陸之辰，尊盧大庭之日，時猶朴略，未著圖書。洎乎出震應期，畫八卦而成象；炎皇御曆，播百穀以興農。車服創於軒轅之朝，曆象建於唐堯之代，封建之事，闕爾無聞。自周漢已來，方崇藩屏。至於三微更王，五運迭興，以古揆今，事迹有爽。

比者別宗撫曆，異姓興邦，伏以則天大聖皇帝，內輔外臨，將五十載，在朕躬則爲慈母，於士庶即是明君。往者垂拱之中，嗣皇臨政，當此之際，魯衞並存。及乎全節興妖，琅邪構逆，災連七國，釁結三監，既行大義之懷，遂有泣誅之事。周唐革命，蓋爲從權，子姪封王，國之常典。卿等表云「天授之際，武家封建，唐家藩屏，豈得並封」者，至如千里一房，不預逆謀，還依姓李，無改舊惠，豈非善惡區分，申明逆順矣？今以聖上乖豫，高枕怡神，委政朕躬，纂承丕緒。昨者二月之首，攸暨等屢請削封，朕獨斷襟懷，不依來請。昔漢祖以布衣取天下，猶封異姓爲王，況朕以累聖開基，豈可削封外族。羣公等以「天無二日，土無二王」，抗表紫庭，用申丹懇者。然以賞罰之典，經國大綱，攸暨、三思，皆悉預告凶豎，雖不親冒白刃，而亦早獻丹誠，今若却除舊封，便慮有功難勸。於是降封梁王三思爲德靜郡王，量減實封二百戶，定王、駙馬都尉攸暨爲樂壽郡王，河內郡王懿宗爲耿國公，建昌郡王攸寧爲江國公，會稽郡王攸望爲鄴國公，臨川郡王嗣宗爲管國公，建安郡王攸宜爲息國公，高平郡王重規爲鄶國公，繼魏王延義爲魏國公，安平郡王攸緒爲巢國公，高陽郡王、駙馬都尉崇訓爲酇國公，淮陽郡王延秀爲桓國公，咸安郡王延祚爲咸安郡公。

中宗時，嗣宗至曹州刺史，攸宜工部尙書，重規岐州刺史，相次病卒。攸望至太常卿，左遷春州司馬而死。延秀伏誅後，武氏宗屬緣坐誅死及配流，殆將盡矣。先天二年，制削士彠帝號，依舊追贈太原王，妻楊氏亦削后號，依舊爲太原王妃。

延秀，承嗣第二子也。則天時，突厥默啜上言有女請和親，制延秀與閻知微俱往突厥，將親迎默啜女爲妻。既而默啜執知微，入寇趙、定等州，故延秀久不得還。神龍初，默啜更請通和，先令延秀送款，始得歸，封桓國公，又授左衞中郎將。時武崇訓爲安樂公主壻，卽延秀從父兄，數引至主第。延秀久在蕃中，解突厥語，常於主第，延秀唱突厥歌，作胡旋舞，有姿媚，主甚喜之。及崇訓死，延秀得幸，遂尙公主。

主，韋后所生男女中最小。初，中宗遷於房州，欲達州境，生於路次。性惠敏，容質秀絕。中宗韋后愛寵日深，恣其所欲，奏請無不允許，恃寵橫縱，權傾天下，自王侯宰相已下，除拜多出其門。所營第宅并造安樂佛寺，擬於宮掖，巧妙過之，令楊務廉於城西造定昆池於其莊，延袤數里。出降之時，以皇后仗發於宮中，中宗與韋后御安福門觀之，燈燭供擬，徹明如晝。延秀拜席日，授太常卿，兼右衞將軍、駙馬都尉，改封恆國公，實封五百戶。廢休祥宅，於金城坊造宅，窮極壯麗，帑藏爲之空竭。崇訓子數歲，因加金紫光祿大夫、太常卿同正員、左衞將軍，封鎬國公，賜實封五百戶，以嗣其父。公主產男滿月，中宗韋后幸其第，就第放赦，遣宰臣李嶠、文士宋之問、沈佺期、張說、閻朝隱等數百人賦詩美之。

延秀旣恃恩，放縱無所忌憚。又公主府倉曹符鳳知延秀有不臣之心，遂說曰：「今天下蒼生，猶以武氏爲念，大周必可再興。按讖書云『黑衣神孫披天裳』，駙馬卽神皇之孫也。」每勸令著皁褸子以應之。及韋庶人敗，延秀與公主在內宅，格戰良久，皆斬之。後追貶爲悖逆庶人。

三思，元慶子也。少以后族累轉右衞將軍。則天臨朝，擢拜夏官尚書。及革命，封梁王，賜實封一千戶。尋拜天官尚書。證聖元年，轉春官尚書，監修國史。聖曆元年，檢校內史。二年，進拜特進、太子賓客，仍並依舊監修國史。

三思略涉文史，性傾巧便僻，善事人，由是特蒙信任。則天數幸其第，賞賜甚厚。時薛懷義、張易之、昌宗皆承恩顧，三思與承嗣每折節事之。懷義欲乘馬，承嗣、三思必爲之執轡。又贈昌宗詩，盛稱昌宗才貌是王子晉後身，仍令朝士遞相屬和。三思又以則天厭居深宮，又欲與張易之、昌宗等扈從馳騁，以弄其權。乃請創造三陽宮于嵩高山，興泰宮于萬壽山，請則天每歲臨幸，前後工役甚衆，百姓怨之。

神龍初，進拜司空、同中書門下三品，加實封五百戶，固辭不受。未幾，隨例降封爲德靜郡王，量減實封二百戶。尋拜左散騎常侍，則天遺制令復其所減實封。初，敬暉等立功後，掌知國政，三思慮其更爲己患，而令其子崇訓因安樂公主構誣敬暉等，並流于嶺表而死。自是三思威權日盛，軍國政事，多所參綜，敬暉等所斥黜者，皆能引復舊職，令百官復修則天之法。時人皆言其陰懷篡逆，以比曹孟德、司馬仲達。

雍州人韋月將、高軫等並上疏言三思父子必爲逆亂。三思知而求索其罪，有司希旨，奏「月將坐當棄市，軫配流嶺外」。黃門侍郎宋璟執奏云：「月將所犯，不合至死。」三思怒，竟斥宋璟爲外職。三思既猜嫉正士，嘗言：「不知何等名作好人，唯有向我好者，是好人耳」。又與其所親兵部尙書宗楚客、將作大匠宗晉卿、太府卿紀處訥、鴻臚卿甘元柬遞相引致，干黷時政。侍御史周利用、冉祖雍，太僕丞李悛，光祿丞宋之遜，監察御史姚紹之等五人，常爲其耳目，時人呼爲「三思五狗」。中宗尋又制：武氏崇恩廟，一依天授時舊禮享祭，其昊陵〔一〕、順陵，並置官員，皆三思意也。

三思既與韋庶人及上官昭容私通，嘗忌節愍太子，又因安樂公主密謀廢黜之。三年七月，太子率羽林大將軍李多祚等，發左右羽林兵，殺三思及其子崇訓于其第，并殺其親黨十餘人。俄而事變，太子既死，中宗爲三思舉哀，廢朝五日，贈太尉，追封梁王，謚曰宣。安樂公主又以節愍太子首致祭于三思及崇訓靈柩前。睿宗踐祚，以三思父子俱有逆節，制令斲棺暴屍，平其墳墓。

崇訓，三思第二子也。則天時，封爲高陽郡王。長安中，尚安樂郡主。時三思用事於朝，欲寵其禮，中宗爲太子在東宮，三思宅在天津橋南，自重光門內行親迎禮，歸於其宅。三思又令宰臣李嶠、蘇味道，詞人沈佺期、宋之問、徐彥伯、張說、閻朝隱、崔融、崔湜、鄭愔等賦花燭行以美之。其時張易之、昌宗、宗楚客兄弟貴盛，時假詞於人，皆有新句。崇訓授左衞中郎將。神龍元年，拜駙馬都尉，遷太常卿，兼左衞將軍。降封酆國公，仍賜實封五百戶，尋徙封鎬國公。二年，兼太子賓客，攝左衞將軍。及爲節愍太子所殺，優制贈開府儀同三司，追贈魯王，謚曰忠。

懿宗，則天伯父士逸之孫也。父元忠，高宗時仕至倉部郎中。天授年，封士逸爲蜀王，懿宗封爲河內郡王，歷遷洛州長史、左金吾衞大將軍。萬歲通天年中，契丹賊帥孫萬榮寇河北，命懿宗爲大總管討之。軍次趙州，及聞賊將至冀州，懿宗懼，便欲棄軍而遁。人或謂曰：「賊衆極多，然其軍無輜重，以抄掠爲資，若按兵以守，勢必離散，因而擊之，可有大功也。」懿宗不聽，遂退據相州，時人嗤其怯懦，由是賊衆進屠趙州而去。尋又令懿宗安撫河北諸州。

先是，百姓有脅從賊衆，後得歸來者，懿宗以爲同反，總殺之，仍生刳取其膽，後行刑，流血盈前，言笑自若。初，孫萬榮別帥何阿小攻陷冀州，亦多屠害士女；至是，時人號懿宗與阿小爲兩何，爲之語曰：「唯此兩何，殺人最多。」懿宗又自天授已來，嘗受中旨，推鞫制獄，王公大臣，多被陷成其罪，時人以爲周興、來俊臣之亞焉。神龍初，隨例降爵，封耿國公，累轉懷州刺史，尋卒。

攸暨，則天伯父士讓孫也。天授中，封士讓爲楚王，攸暨封千乘郡王，賜爵實封三百戶。

兄攸寧爲建昌郡王，實封四百戶。攸寧歷遷鳳閣侍郎、納言、冬官尙書，病卒。攸暨初爲右衞中郎將，尙太平公主，授駙馬都尉。累遷右衞將軍，進封定王，又加實封三百戶。俄又改安定郡王，歷遷司禮卿、左散騎常侍，加特進。神龍中，拜司徒，復封定王，實封滿一千戶，固辭不拜。尋而隨例降封樂壽郡王，拜右散騎常侍，加開府儀同三司。延秀等誅後，又降封楚國公。延和元年卒，贈太尉、并州大都督，追封定王。尋以公主謀逆，令平毀其墓。

太平公主者，高宗少女也。以則天所生，特承恩寵。初，永隆年降駙馬薛紹。紹，垂拱中被誣告與諸王連謀伏誅，則天私殺攸暨之妻以配主焉。公主豐碩，方額廣頤，多權略，則天以爲類己，每預謀議，宮禁嚴峻，事不令泄。公主亦畏懼自檢，但崇飾邸第。二十餘年，天下獨有太平一公主，父爲帝，母爲后，夫爲親王，子爲郡王，貴盛無比。永淳已前朝制，親王食實封八百戶，有至一千戶；公主出降三百戶，公主加五十戶〔三〕。太平食湯沐之邑一千二百戶，聖曆初加至三千戶。

神龍元年，預誅張易之謀有功，進號鎭國太平公主，相王加號安國相王，並食實封通前五千戶，賞賜不可勝紀。公主薛氏二男二女，武氏二男一女，並食實封。又相王、衞王重俊、成王千里宅，遣衞士宿衞，環其所居，十步置一仗舍，持兵巡徼，同於宮禁。太平、長寧、安樂三公主，置鋪一如親王。二年正月，置公主府。景龍二年，公主男崇簡、崇敏、崇行，同授三品，與漁陽王兄弟四人同制。時中宗仁善，韋后、上官昭容用事禁中，皆以爲智謀不及公主，甚憚之。公主日益豪橫，進達朝士，多至大官，詞人後進造其門者，或有貧窘，則遺之金帛，士亦翕然稱之。

及唐隆元年六月，韋后作逆稱制，僞尊溫王。玄宗居臨淄邸，憤之，將淸內難。公主又預其謀，令男崇簡從之。及立溫王，數日，天下之心歸於相府，難爲其議。公主入啓幼主，以王室多故，資於長君，乃提下幼主，因與玄宗、大臣尊立睿宗。公主頻著大勳，益尊重，乃加實封五千戶，通前滿一萬戶。公主子崇行、崇敏、崇簡三人，封異姓王，崇行國子祭酒，四人九卿三品。每入奏事，坐語移時，所言皆聽。薦人或驟歷淸職，或至南北衙將相，權移人主。軍國大政，事必參決，如不朝謁，則宰臣就第議其可否。

公主由是滋驕，田園遍於近甸膏腴，而市易造作器物，吳、蜀、嶺南供送，相屬於路。綺疏寶帳，音樂輿乘，同於宮掖。侍兒披羅綺，常數百人，蒼頭監嫗，必盈千數。外州供狗馬玩好滋味，不可紀極。有胡僧惠範，家富於財寶，善事權貴，公主與之私，奏爲聖善寺主，加三品，封公，殖貨流於江劍。公主懼玄宗英武，乃連結將相，專謀異計。其時宰相七人，五出公主門，常元楷、李慈掌禁兵，常私謁公主。

先天二年七月，玄宗在武德殿，事漸危逼，乃勒兵誅其黨竇懷貞、蕭至忠、岑羲等。公主遽入山寺，數日方出，賜死于家。公主諸子及黨與死者數十人。籍其家，財貨山積，珍奇寶物，侔於御府，馬牧羊牧田園質庫，數年徵斂不盡。惠範家產亦數十萬貫。

攸緒，惟良子也。少有志行。天授中封安平郡王，歷遷殿中監，出爲揚州大都督府長史。聖曆中，棄官隱于嵩山，以琴書藥餌爲務。中宗即位，以安車備禮徵之，降書曰：

朕聞大隱忘情，不去朝市，至人無迹，何所凝滯。王高標峻尚，雅操孤貞，有咸一之用，弘體二之德，學究深遠，理實精微。草芥貂蟬，錙銖纓紱，蔭松山而辭竹苑，去朱邸而臥清溪，逍遙林壑，傲睨箕潁，有年歲矣。朕虔膺聖曆，重闡皇基，保乂邦家，寧輯區宇，求賢採彥，俯谷窺山。王之所居，接近嵩岳，長望高烈，思滿風烟。駐驛喬巖，追尋大隗，鳴鑾峒岫，詢訪廣成，機務殷繁，有懷莫遂。今遣國子司業杜慎盈以禮命徵辟，掃籜、龍之第，虛稷、契之筵，神化丹青，朕之志也。豈以黃屋之貴，傾彼白雲之心？通變之宜，希從降志，延貯閶闔，若在汾陽。

攸緒應召至都，授太子賓客。尋請歸嵩山，制從之，令京官五品已上餞送于定鼎門外。及三思、延秀等構逆，諸武多坐誅戮，唯攸緒以隱居不預其禍，時論美之。睿宗即位，又降敕曰：「頃以賊臣結黨，后族擅權，扇動宮闈，肆行鴆毒。靈祇所感，姦惡伏誅，今得宗社乂安，天地交泰。卿久厭簪紱，早慕林泉，守道不回，見幾而作，興言高尚，有足嘉稱。但怒用不遷，罪無相及，爲善有驗，卿之謂與！或慮驚疑，故令慰謝。」其見重如此。尋徵爲太子賓客，不就。開元二年，攸緒又請就廬山居止，制不許，仍令州縣數加存問，不令外人侵擾。十一年卒，年六十九。

薛懷義者，京兆鄠縣人，本姓馮，名小寶。以鬻臺貨爲業，偉形神，有膂力，爲市於洛陽，得幸於千金公主侍兒。公主知之，入宮言曰：「小寶有非常材用，可以近侍。」因得召見，恩遇日深。則天欲隱其迹，便於出入禁中，乃度爲僧。又以懷義非士族，乃改姓薛，令與太平公主壻薛紹合族，令紹以季父事之。自是與洛陽大德僧法明、處一、惠儼、稜行、感德、感知、靜軌、宣政等在內道場念誦。懷義出入乘廐馬，中官侍從，諸武朝貴，匍匐禮謁，人間呼爲薛師。

垂拱初，說則天於故洛陽城西修故白馬寺，懷義自護作，寺成，自爲寺主。頗恃恩狂蹶，其下犯法，人不敢言。右臺御史馮思勗屢以法劾之，懷義遇勗於途，令從者毆之，幾死。又於建春門內敬愛寺別造殿宇，改名佛授記寺。垂拱四年，拆乾元殿，於其地造明堂，懷義充使督作。凡役數萬人，曳一大木千人，置號頭，頭一嚾，千人齊和。明堂大屋凡三層，計高三百尺。又於明堂北起天堂，廣袤亞於明堂。懷義以功拜左威衞大將軍，封梁國公。永昌中，突厥默啜犯邊，以懷義爲清平道大總管，率軍擊之，至單于臺，刻石紀功而還。加輔國大將軍，進右衞大將軍，改封鄂國公、柱國，賜帛二千段。

懷義與法明等造大雲經，陳符命，言則天是彌勒下生，作閻浮提主，唐氏合微。故則天革命稱周，懷義與法明等九人並封縣公，賜物有差，皆賜紫袈裟、銀龜袋。其僞大雲經頒於天下，寺各藏一本，令升高座講說。則天將革命，誅殺宗屬諸王，唯千金公主以巧媚善進奉獨存，抗疏請以則天爲母，因得曲加恩寵，改邑號爲延安大長公主，加實封，賜姓武氏。以子克乂娶魏王武承嗣女，內門參問，不限早晚，見則盡歡。長壽二年，默啜復犯塞，又以懷義爲代北道行軍大總管，以李多祚、蘇宏暉爲將。未行，改朔方道行軍大總管，以內史李昭德爲行軍長史，鳳閣侍郎、平章事蘇味道爲行軍司馬，契苾明、曹仁師、沙吒忠義等十八將軍以討之。未行虜退，乃止。

懷義後厭入宮中，多居白馬寺，刺血畫大像，選有膂力白丁度爲僧，數滿千人。侍御史周矩疑其姦，奏請劾之，不許，固請之，則天曰：「卿且退，朕卽令去。」矩至臺，薛師亦至，乘馬蹋階而下，便坦腹於牀。矩召臺吏，將按之，遽乘馬而去。矩具以聞，則天曰：「此道人風病，不可苦問。所度僧任卿勘當。」矩按之，窮其狀以聞，諸僧悉配遠州。遷矩天官員外郎，竟爲薛師所構，下獄，免官。

後有御醫沈南璆得幸，薛師恩漸衰，恨怒頗甚。證聖中，乃焚明堂、天堂，並爲灰燼，則天愧而隱之，又令懷義充使督作。乃於明堂下置九州鼎，鑄銅爲十二屬形象，置於本辰位，皆高一丈，懷義率人作號頭安置之。其後益驕倨，則天惡之，令太平公主擇膂力婦人數十，密防慮之。人有發其陰謀者，太平公主乳母張夫人令壯士縛而縊殺之，以輦車載屍送白馬寺。其侍者僧徒，皆流竄遠惡處。

韋温，中宗韋庶人從父兄也。父玄儼，高宗末官至許州刺史。玄儼弟玄貞，初爲普州參軍，以女爲皇太子妃，擢拜豫州刺史。中宗嗣位，妃爲后。及帝降爲廬陵王，玄貞配流欽州而死。后母崔氏，爲欽州首領甯承兄弟所殺。玄貞有四子：洵、浩、洞、泚，亦死於容州。后二妹，逃竄獲免，間行歸長安。

及中宗復位，韋氏復爲皇后，其日，追贈玄貞爲上洛郡王。左拾遺賈虛己上疏諫曰：「孔子曰：『惟名與器，不可以假人。』且非李氏而王，自古盟書所棄。今陛下創制謀始，垂範將來，爲皇王令圖，子孫明鏡。匡復未幾，后族有私，臣雖庸愚，尙知未可，史官執簡，必是直書。今萬姓顒然，聞一善令，莫不途歌里頌，延頸向風，欣然慕化，日恐不及。陛下奈何行私惠，使樵夫議之。卽先朝贈太原王，殷鑒不遠。同雲生於膚寸，尋木起於蘗栽，誠可惜也。渙汗既行，難改成命，臣望請皇后抗表固辭，使天下知弘讓之風，彤管著沖謙之德，是則巍巍聖鑒，無得而稱。」疏奏不省。

尋又追贈玄貞爲太師、雍州牧、益州大都督，玄儼爲特進、幷州大都督、魯國公，遣使迎玄貞及崔氏喪柩歸京師。又遣廣州都督周仁軌率兵討斬甯承兄弟，以其首祭于崔氏，擢拜仁軌左羽林大將軍，賜爵汝南郡公，食實封五百戶。及玄貞等柩將至，上與后登長樂宮，望喪而泣。加贈玄貞爲酆王，謚曰文獻，仍號其廟曰褒德，陵曰榮先，各置官員，幷給戶一百人守衞灑掃。又贈玄貞子洵爲吏部尙書、汝南郡王，浩太常卿、武陵郡王，洞衞尉卿、淮南郡王，泚太僕卿、上蔡郡王，亦遣使迎其喪柩於京師。

溫，神龍中累遷禮部尙書，封魯國公。弟湑，左羽林將軍，封曹國公。后妹夫陸頌爲國子祭酒，馮太和爲太常少卿，太和尋卒，又適嗣虢王邕。湑子捷，尙成安公主，溫從祖弟濯，尙定安公主，皆拜駙馬都尉。景龍三年，溫遷太子少保、同中書門下三品，仍遙授揚州大都督。溫等既居榮要，燻灼朝野，時人比之武氏。湑及陸頌相次病卒，賻贈甚厚。及中宗崩，后令温總知內外兵馬，守援宮掖。又引從子播、族弟璿、弟捷、濯等，分掌屯營及左右羽林軍。臨淄王討韋氏，温等皆坐斬，宗族無少長皆死，語在韋庶人傳。睿宗卽位，仍令削平玄貞及洵等墳墓。

王仁皎，玄宗王庶人父也。景龍中，官至長上果毅。玄宗卽位，以后父，歷將作大匠、太僕卿，遷開府儀同三司，封祁國公。仁皎不預朝政，但厚自奉養，積子女財貨而已。開元七年卒，贈太尉，官供葬事。柩車既發，上於望春亭遙望之，令張說爲其碑文，玄宗親書石焉。子守一。

守一與后雙生。守一與玄宗有舊，及上登極，以淸陽公主妻之。從討蕭至忠、岑羲等有功，自尙乘奉御遷殿中少監，特封晉國公，累轉太子少保。父卒，襲爵祁國公。十一年，坐與庶人潛通左道，左遷柳州司馬，行至藍田驛，賜死。守一性貪鄙，積財巨萬，及籍沒其家，財帛不可勝計。

吳溆，章敬皇后之弟也，濮州濮陽人。祖神泉，位終縣令。父令珪，益州郫縣丞。寶曆二年〔三〕，代宗始封拜外族，贈神泉司徒，令珪太尉。令珪母弟前宣城令令瑤爲開府儀同三司、太子家令，封濮陽郡公；中郎將令瑜爲開府儀同三司、太子諭德、濟陽郡公。溆時爲盛王府錄事參軍，拜開府儀同三司、太子詹事、濮陽郡公。以元舅遷鴻臚少卿、金吾將軍。建中初，遷大將軍。溆雖居戚屬，恭遜謙和，人皆重之。

涇師之亂，從幸奉天，盧杞、白志貞謂德宗曰：「臣細觀朱泚心迹，必不至爲戎首，佇當效順。宜擇大臣一人，入京師慰諭，以觀其心。」上召從幸羣臣言之，皆憚其行。溆起奏曰：「不以臣才望無堪，臣願此行。」德宗甚悅。溆退而謂人曰：「人臣食君之祿，死君之難，臨危自計，非忠也。吾忝戚屬，今日委身於賊，誠知必死，不欲聖情慊於無人犯難也。」卽日齎詔見泚，深陳上待屬之意。時泚逆謀已定，貌雖從命，而心已異，乃留溆於客省，竟被害。上聞之，悲悼不已，贈太子太傅，賜其家實封二百戶，一子五品正員官，敕收城日葬事官給。弟湊。

湊，寶曆中與兄溆同日開府〔四〕，授太子詹事，俱封濮陽郡公。湊以兄弟三品，固辭太過，乞授卑官，乃以湊檢校太子賓客，兼太子家令，充十王宅使〔五〕。累轉左金吾衞大將軍。湊小心謹愼，智識周敏，特承顧問，偏見委信。大曆中，滑帥令狐彰、汴帥田神功相次歿於理所，時藩方兵驕，乘戎帥喪亡，人情多梗。代宗命湊銜命撫慰，至必委曲說諭，隨所欲爲之奏請，皆得軍民和協，帝深重之。

宰臣元載弄權，招致賄賂，醜迹日彰，帝惡之，將加之法，恐左右洩漏，無與言者，唯與湊密計圖之。及收載於內侍省，同列王縉，其黨楊炎、王昂、韓洄、包佶、韓會等，皆當從坐籍沒。湊諫救百端，言「法宜從寬，縉等從坐，理不至死。若不降以等差，一例極刑，恐虧損聖德」。由是縉等得減死，流貶之。

大曆末，丁繼母喪免。建中初，起爲右衞將軍，兼通州刺史。貞元初，入爲太子賓客，出爲福州刺史、御史中丞、福建觀察使，爲政勤儉淸苦，美譽日聞。宰相竇參以私怨惡之，數加譖毀，又言湊風病，不任趨馳。德宗召湊至京師，對于別殿，上令殿上行走，以驗其病否，由是悟參之誣，因是惡參。尋以湊爲陝州大都督府長史、陝虢觀察使，以代參之黨李翼。會劉玄佐卒，以湊檢校兵部尚書、汴州刺史、御史大夫、宣武軍節度使。時汴州軍亂，殺牙將曹金岸、縣令李邁，謀立玄佐子士寧。上將遣兵送湊赴鎭，召宰臣議，竇參深沮其行，恐軍中拒命，乃召湊迴，授右金吾衞大將軍，而以梁宋節鉞授士寧。

貞元十四年春夏旱，穀貴，人多流亡，京兆尹韓皐以政事不理黜官。上召湊，面授京兆尹，卽日令視事，經宿方下制。湊孜孜爲理，以勤儉爲務，人樂其政。時宮中選內官買物於市，倚勢強買，物不充價，人畏而避之，呼爲「宮市」。掌賦者多與中貴人交結假借，不言其弊。湊爲京尹，便殿從容論之，曰：「物議以中人買物於市，稍不便於人，此事甚細，虛掇流議。凡宮中所須，責臣可辦，不必更差中使。若以臣府縣外吏，不合預聞宮中所須，則乞選內官年高謹重者，充宮市令，庶息人間論議。」又奏：「掌閑彍騎、飛龍內園、芙蓉及禁軍諸司等使，雜供手力資課太多，量宜減省。」上多從之。

初，府掾吏以湊起自戚藩，不諳簿領，凡有疑獄難決之事，多候湊將出時方呈，冀免指擿瑕病，湊雖倉卒閱視，必指其姦倖之處，下筆決斷，無毫釐之差。掾吏非大過，不行笞責，而召面按問，詰責而釋之，吏尤惕厲，庶務咸舉。

文敬太子、義章公主相繼薨歿，上深追念，葬送之儀頗厚，召集工役，載土築墳，妨民農務。湊候上顧問，極言之。宗屬門吏以湊論諫太繁，恐上厭苦，每以簡約規之。湊曰：「聖上明哲，憂勞四海，必不以公主、太子之鍾念而忽疲民。但人多順旨不言，若再三啓諫，必動宸情，則生民受賜。長吏不言，是爲阿旨。如窮民上訴，罪在何人？」議者重之。以能政，兼兵部尚書。官街樹缺，所司植榆以補之，湊曰：「榆非九衢之玩。」亟命易之以槐。及槐陰成而湊卒，人指樹而懷之。

湊於德宗爲老舅，漢魏故事，多退居散地，纔免罪戾而已，湊自貞元已來，特承恩顧，歷中外顯貴，雖聖獎隆深，亦由湊小心辦事，奉職有方故也。

湊旣疾，不召巫醫，藥不入口，家人泣而勉之，對曰：「吾以凡才，濫因外戚進用，起家便授三品，歷顯位四十年，壽登七十，爲人足矣，更欲何求？古之以親戚進用者，罕有善終，吾得歸全以侍先人，幸也。」德宗知之，令御醫進藥，不獲已，服之。貞元十六年四月卒，時年七十一，贈尙書左僕射，罷朝一日。

竇覦，昭成皇后族姪。父光，華原尉。覦以親蔭，釋褐右衞率府兵曹參軍。鄜坊節度臧希讓奏爲判官，累授監察殿中侍御史、檢校工部員外郞、坊州刺史。興元元年，討李懷光於河中，詔覦以坊州兵七百人屯郃陽。賊平，以功兼御史中丞。遷同州刺史，入朝爲戶部侍郞。覦無他才伎，爲吏有計數，又以韓滉子壻，故藩府辟召，遂歷牧守。宰相竇參，覦再從姪，參少依覦，及參秉政，力薦於朝，故有貳卿之拜。數月，爲揚州大都督府長史、御史大夫、充淮南節度副大使、知節度事，旣非德舉，人咸薄之。赴鎭旬日，暴卒，詔贈禮部尙書。

柳晟者，肅宗皇后之甥。母和政公主，父潭，官至太僕卿、駙馬都尉。晟少無檢操，代宗於諸甥之中，特加撫鞠，俾與太子、諸王同學，授詩書，恩寵罕比。累試太常卿。德宗即位，以與晟幼同硯席，尤親之。涇師之亂，從幸奉天，晟密啓曰：「願受詔入京城，遊說羣賊，冀其攜貳。」德宗壯而許之。晟與賊帥多有舊，出入其門說誘之。事洩，爲朱泚所擒，械之於獄。晟有力，乃於獄中穿垣破械而遁，落髮爲僧，間道歸行在。遷將作少監。元和初，檢校工部尚書、興元尹、山南西道節度使。罷鎭入朝，以違詔進奉，爲御史元稹所劾，詔宥之。俄充入迴鶻册立使，復命，遷左金吾衞大將軍。元和十三年卒，贈太子少保。

王子顏，琅邪臨沂人，莊憲皇后之父也。祖思敬，少從軍，累試太子賓客。父難得，有勇決，善騎射，天寶初爲河源軍使。吐蕃贊普王子郎支都有勇，乘諳眞馬，寶鈿裝鞍，出陣求鬬，無敢與校者。難得挾槍奮馬突前，刺殺郎支都，斬其首，傳於京師。軍還，玄宗召見之，令於殿前乘馬挾槍作刺郎支都之狀，賜以錦袍金帶，累拜金吾將軍同正員。天寶七載，從哥舒翰擊吐蕃於積石軍，虜吐谷渾王子悉弄參及子壻悉頰藏而還，累拜左武衞將軍、關西遊奕使。九載，擊吐蕃，收五橋，拔樹敦城，補白水軍使。十三載，從收九曲，加特進。祿山之叛，從哥舒翰戰於潼關，關門不守，從肅宗幸靈武。時行在闕軍賞，難得進絹三千疋及金銀器等。至德初，試衞尉卿、興平軍使，兼鳳翔都知兵馬使。進收京城，與賊軍戰。其下靳元曜戰酣墮馬，難得馳救之，賊射之中眉，皮穿披下鄣目。難得自拔去箭，并皮掣落，馳馬復戰，血流被面，而抗賊不已，肅宗深嘉之。從郭子儀攻安慶緒於相州，累封琅邪郡公、英武軍使。寶應二年卒，贈潞州大都督。

子顏少從父征役，累官金紫光祿大夫、檢校衞尉卿，生后而卒。順宗內禪，以后生憲宗皇帝，褒贈先代：思敬司徒，難得太傅，子顏太師。

顏子重榮，官至福王傅；用，官至太子賓客、金吾將軍。

贊曰：戚里之賢，避寵畏權。不卹禍患，鮮能保全。福盈者敗，勢壓者顛。武之惟良〔六〕，明於自然。

校勘記

〔一〕吳陵　各本原作「吳陵」，據新書卷二〇六武承嗣傳、唐會要卷二一改。

〔二〕公主加五十戶　新書卷八三太平公主傳作「而主（指太平公主）獨加戶五十」，合鈔卷二三七武承嗣傳「公主」上有「長」字。

〔三〕寶曆二年　按「寶曆」是敬宗年號，新書卷一九三吳溆傳有「代宗立，詔贈后祖神泉爲司徒」云云，此處敍代宗時事，疑「寶曆」爲「寶應」之誤。

〔四〕寶曆中與兄溆同日開府　據上文，吳溆拜開府儀同三司當在代宗寶應年間，則此處之「寶曆」亦當爲「寶應」之誤。

〔五〕充十王宅使　「十王宅」，各本原作「十宅王」，據冊府卷三〇五改。

〔六〕武之惟良　按惟良爲攸緒之父，此處指攸緒，疑史文有誤。